风华百年
青春同行

2021年度"成渝地区双城经济圈建设与青少年发展"征文

—— 优秀论文集 ——

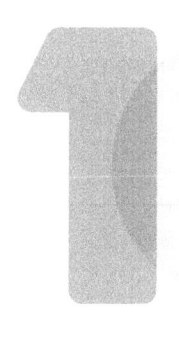

王 毅 李 星 ◎主编

西南大学出版社
国家一级出版社 全国百佳图书出版单位

图书在版编目(CIP)数据

风华百年 青春同行:2021年度"成渝地区双城经济圈建设与青少年发展"征文优秀论文集/王毅,李星主编;陈洋副主编.—重庆:西南大学出版社,2022.4
ISBN 978-7-5697-1497-5

Ⅰ.①风… Ⅱ.①王… ②李… ③陈… Ⅲ.①区域经济发展—成都—文集②区域经济发展—重庆—文集③青年工作—成都—文集④青年工作—重庆—文集 Ⅳ.①F127.711-53②F127.719-53③D432.6-53

中国版本图书馆CIP数据核字(2022)第085665号

风华百年 青春同行
——2021年度"成渝地区双城经济圈建设与青少年发展"征文优秀论文集

FENGHUA BAINIAN QINGCHUN TONGXING
——2021 NIANDU "CHENGYU DIQU SHUANGCHENG JINGJIQUAN JIANSHE YU QINGSHAONIAN FAZHAN" ZHENGWEN YOUXIU LUNWENJI

王毅 李星 主编
陈洋 副主编

责任编辑：	王传佳
责任校对：	张 丽
装帧设计：	汤 立
排 版：	吴秀琴
出版发行：	西南大学出版社(原西南师范大学出版社)
	地址:重庆市北碚区天生路2号
	邮编:400715
印 刷：	印通天下网络科技有限公司
幅面尺寸：	170 mm×240 mm
印 张：	13.25
字 数：	260千字
版 次：	2022年6月 第1版
印 次：	2022年6月 第1次印刷
书 号：	ISBN 978-7-5697-1497-5
定 价：	55.00元

编 委 会

主　任：廖传锦

副主任：叶力娜　黄永宜　张　珂　杜　远　杨大可
　　　　曾　凯　涂　凯

成　员：唐树森　王　毅　李　鹏　江　洋　杨春渝
　　　　程　希　张　斐　潘　毅　范　伟　刘华婷
　　　　刘俞佟　陈际秋　龙　江　陈　雪　陈　洋

前言 Preface

为深入学习贯彻习近平新时代中国特色社会主义思想，总结阐释中国共产党百年伟大历程、辉煌成就和宝贵经验，更好地服务党政大局、共青团事业发展和青少年健康成长，在共青团重庆市委和共青团四川省委的指导下，重庆市团校联合四川省团校，围绕党史国史团史研究、成渝地区双城经济圈建设、青少年和共青团工作等主题开展了2021年度"成渝地区双城经济圈建设与青少年发展"征文活动。

截至2021年9月，征文活动共征集到59篇来自全国各地青年理论研究者的优秀论文，由共青团中央理论专家牵头组建评审组，经过严格的初审、复审、终审程序，最终评选出一、二、三等奖共18篇。《风华百年 青春同行——2021年度"成渝地区双城经济圈建设与青少年发展"征文优秀论文集》重点收录了征文获奖文章，并通过多种渠道征集到部分符合主题的研究论文，其中一部分论文已在高质量学术期刊公开发表。本论文集共收录24篇学术论文，根据主题分为党史学习教育篇、成渝地区双城经济圈建设篇、青年工作与青年发展研究篇三个篇章,作者既有来自中国青年政治学院、重庆师范大学等高校的青年教师,也有来自华中师范大学、西南财经大学等高校的研究生,展现出较高的学术研究水平。

付梓在即,感谢各位作者的赐稿,感谢重庆市团校的涂凯、周亮、陈益,共青团四川省团校的黎永红、李东峰,西南大学出版社的王传佳等同志为本书出版给予的指导和付出的辛勤劳动。编纂期间,我们还广泛征集了中国青少年研究中心、共青团重庆市委、共青团四川省委等机构或组织的相关理论专家的意见,在此一并致以诚挚的谢意!

在中国共产主义青年团成立100周年之际,《风华百年 青春同行——2021年度"成渝地区双城经济圈建设与青少年发展"征文优秀论文集》终于成书出版,期待这本论文集能为成渝两地青少年理论研究工作增光添彩。

书中不足之处,欢迎广大读者朋友批评指正、不吝赐教。

2022年5月

目录 Contents

党史学习教育篇

红色文化融入大中小学思政课一体化建设的原则及路径研究(张楷芹) / 3

弘扬"赶考"精神 走好新时代"赶考"之路(罗丹) / 11

毛泽东进行重庆谈判的基本特点和启示(周仕付) / 21

新时代共青团开展党史学习教育的时代意义、内在要求和实践理路(闫冰) / 31

浅析中国共产党人初心与使命的内在逻辑与实践导向(余舒雅) / 39

中国共产党伟大建党精神与义务本位
—— 青年政治信任视角(马子恒 李军) / 47

安徽红色文化融入中小学思政课教学研究(杨琴) / 55

"全域教育"理念下青少年党史学习教育创新模式探索
—— 兼论新时代加强青少年思想政治工作守正创新发展(李春丽 马艾斯 张言湖) / 65

构建多重大学生党史学习教育资源利用机制
—— 新时代高校共青团党史学习教育的基本思路(李霞 黄倩 常春梅) / 74

中国共产党百年精神谱系的六大思想内核(王金旺) / 83

成渝地区双城经济圈建设篇

习近平总书记关于乡村振兴重要论述的马克思主义人学意蕴
　　（杨勇　张洪玉　李东锋）/ 93

城乡融合战略视域下的转型社区协同治理研究
　　——以南充市X社区为例（向上）/ 102

疫情防控下提升党组织领导基层社会治理能力探究（荣继伟）/ 112

全面建成小康社会视域下脱贫攻坚成效探究（姚恒伟）/ 121

青年工作与青年发展研究篇

建党百年高校社会主义意识形态传播与基本经验（赵忠琦）/ 131

高校学生党员政治能力提升路径浅析（郭佳鑫）/ 140

共青团基层团支部书记激励约束机制研究
　　——以重庆团支部书记背靠背测评为例（黄争）/ 147

建党百年来青年运动的特点（李杰伟　毕铭玉）/ 155

重大疫情时期新发展理念推动大学生思想政治教育发展研究
　　（张栩晨　武双欣）/ 162

抗击新冠肺炎疫情中"90后"青年"标签"变革研究（速清杰）/ 171

青年发展与共青团改革研究
　　——武隆区社会青年就业创业情况调查报告（林子琪）/ 178

大学生主题教育活动的思想政治教育功能发挥研究（陈立平　叶得）/ 185

新时代青年理想信念教育有效路径优化探究（罗啊飞　李涛）/ 191

加强高校共青团对继续教育青年大学生思想引领的对策研究
　　（段雨吟　毕春伟）/ 196

1 党史学习教育篇

十月革命一声炮响,给中国送来了马克思列宁主义。在中国人民和中华民族的伟大觉醒中,在马克思列宁主义同中国工人运动的紧密结合中,中国共产党应运而生。中国产生了共产党,这是开天辟地的大事变,深刻改变了近代以后中华民族发展的方向和进程,深刻改变了中国人民和中华民族的前途和命运,深刻改变了世界发展的趋势和格局。

中国共产党一经诞生,就把为中国人民谋幸福、为中华民族谋复兴确立为自己的初心使命。一百年来,中国共产党团结带领中国人民进行的一切奋斗、一切牺牲、一切创造,归结起来就是一个主题:实现中华民族伟大复兴。

——《习近平总书记在庆祝中国共产党成立100周年大会上的讲话》

一百年来,党领导人民浴血奋战、百折不挠,创造了新民主主义革命的伟大成就;自力更生、发愤图强,创造了社会主义革命和建设的伟大成就;解放思想、锐意进取,创造了改革开放和社会主义现代化建设的伟大成就;自信自强、守正创新,创造了新时代中国特色社会主义的伟大成就。党和人民百年奋斗,书写了中华民族几千年历史上最恢宏的史诗。

不忘初心,方得始终。中国共产党立志于中华民族千秋伟业,百年恰是风华正茂。过去一百年,党向人民、向历史交出了一份优异的答卷。现在,党团结带领中国人民又踏上了实现第二个百年奋斗目标新的赶考之路。时代是出卷人,我们是答卷人,人民是阅卷人。我们一定要继续考出好成绩,在新时代新征程上展现新气象新作为。

——《中共中央关于党的百年奋斗重大成就和历史经验的决议》

今天,实现中华民族伟大复兴进入了不可逆转的历史进程,我们正昂首阔步行进在实现中华民族伟大复兴的道路上。同时必须清醒看到,世纪疫情冲击下,百年变局加速演进,外部环境更趋复杂严峻和不确定,前进道路上仍然存在可以预料和难以预料的各种风险挑战。正如习近平主席强调的:"中华民族伟大复兴绝不是轻轻松松、敲锣打鼓就能实现的,也绝不是一马平川、朝夕之间就能到达的。"走好新的赶考之路,更需要焕发历史主动精神和历史创造精神,保持越是艰险越向前的英雄气概,保持敢教日月换新天的昂扬斗志,知重负重、攻坚克难,不断增强开拓前进的勇气和力量,牢牢把握未来发展主动权,书写新时代中国发展的伟大历史。

——《这一年,意义非凡——习近平主席二〇二二年新年贺词启示录》

红色文化融入大中小学思政课一体化建设的原则及路径研究

张楷芹[①]

摘要：红色文化融入大中小学思政课一体化建设是加快推动思政课建设内涵式发展的迫切需要，是深入挖掘红色文化时代价值的内在要求，也是助推落实立德树人根本任务的必行之策。红色文化融入大中小学思政课一体化建设应遵循整体规划、统筹布局，螺旋上升、层层递进，显隐结合、打通内外，因地制宜、各具特色的原则，从细化顶层设计、聚焦课程教学、完善队伍建设、构建协同体系四个层面来规划实践路径。

关键词：红色文化；大中小学思政课一体化；融入；学段

习近平总书记指出："在大中小学循序渐进、螺旋上升地开设思想政治理论课非常必要，是培养一代又一代社会主义建设者和接班人的重要保障。"[1]大中小学思政课一体化建设是现阶段推动思政课改革创新的必然选择，是强化思政课育人功能的关键之举。习近平总书记强调："加强革命传统教育、爱国主义教育、青少年思想道德教育，把红色基因传承好，确保红色江山永不变色。"[2]红色文化诠释了中国共产党坚定的理想信念、崇高的价值追求和优良的革命传统，既植根于中华优秀传统文化，又滋养着社会主义先进文化。要以红色文化来构筑青少年成长成才的铸魂阵地，以期赓续红色血脉，培育时代新人。同时，新时代大中小学思政课一体化建设进程的持续推进也为传承红色文化创新了思路。

一、红色文化融入大中小学思政课一体化建设的时代意义

红色文化蕴含着厚重的历史内涵和深刻的思想指向，在新时代具有强化理想信念、塑造道德情操、增强文化自信等重要价值。将其融入大中小学思政课一体化建设贴合时代诉求，契合育人使命，有利于推动思政课建设的内涵式发展、深入挖掘红色文化的时代价值以及助推落实立德树人的根本任务。

---

① 张楷芹（1998—），女，广东汕头人，广西民族大学2020届硕士研究生，主要研究方向为思想政治教育。

(一)有利于推动思政课建设的内涵式发展

习近平总书记指出:"要把统筹推进大中小学思政课一体化建设作为一项重要工程,推动思政课建设内涵式发展。"[1]思政课一体化建设是一个强调"打破学段壁垒"的创新过程,它的提出就是为了破解各学段教学目标相互独立、教学过程存在割裂、教学效果不明显等难题。思政课一体化建设的重难点就在于如何实现不同学段间的有效衔接,统筹提升思政课整体的教学效果。红色文化的内涵丰富、形态多样、载体多元,这正好契合了思政课教学层次不同、学生接受程度不同、学校办学条件不同的客观要求。因此,要将红色文化作为思政课教学改革的重要抓手,以丰富的内涵来拓宽思政课的教学内容,为教学提供鲜活的育人素材,以多样的形态来改进思政课的教学方式,为教学增添有效的育人途径,以多元的载体来迎合思政课的教学需要,为教学贡献生动的育人手段,从而以点带面、精准发力,做好做强思政课一体化建设工作。

(二)有利于深入挖掘红色文化的时代价值

红色文化跨越时空界限,始终随着社会发展而与时俱进。当前正是中华儿女奋力实现中国梦的关键时期,携带着先进基因的红色文化在实践中具有强大的引领作用,在新时期仍需不断激发其应有活力,持续焕发其时代价值。红色文化的时代价值得以实现的关键就在于要运用它来教育人、感染人、熏陶人以及激励人,并最后通过人的实践将其潜在的精神力量转化为实现中国梦的强大力量。红色文化融入大中小学思政课一体化建设是极其复杂的,需要多方主体的投身参与、多方合力的集结凝聚。在推进这一建设的进程中,更多的人有机会接触和关注到红色文化,也能在一定程度上激励和动员更多人去深入挖掘红色文化的内涵,去深刻领悟红色文化的价值,去努力探索红色文化的融入路径。这也为弘扬红色文化拓展了新思路,能成为当前传承红色基因、赓续红色血脉的重要渠道,有利于红色文化在新时代继续发挥其深厚力量,展现其时代魅力。

(三)有利于助推落实立德树人的根本任务

习近平总书记深刻地指出:"思政课是落实立德树人根本任务的关键课程。"[3]各个学段的思政课承担着筑牢学生的思想防线,引导学生坚定理想信念、厚植爱国情怀、树立正确"三观"的重大责任。无数革命先辈宁死不低头、不放弃的伟大事迹是红色文化的重要载体。这些可歌可泣的真人真事具有极强的说服力和感染力,是区别于其他众多思政课教学资源的特色所在,彰显了其独特的育人价值。红色文化具有强烈的政治属性,折射出共产党人坚定的理想信念、浓厚的爱国情怀、崇高的价值追求以及强烈的责任担当等,天然具有铸魂育人的显著优势。究其根本,红色文化的育人价值和思政课的实质不谋而合,其根本都是引导学生成长成才,最终培养出一代又一代有理想、有本领、有担当的时代青年。通过红色文化融入大中小学思政课一体化建设,深入挖掘红色文化的育人优势,助推落实立德树人的根本任务。

二、红色文化融入大中小学思政课一体化建设的实施原则

红色文化融入大中小学思政课一体化建设需要协调多方面的复杂关系,既要把握好学生身心发展规律和教育教学规律,也要兼顾到红色文化本身的文化形态和特点。红色文化融入大中小学思政课一体化建设必须遵循整体规划、统筹布局,螺旋上升、层层递进,显隐结合、打通内外,因地制宜、各具特色的原则。

(一)整体规划、统筹布局的原则

红色文化融入大中小学思政课一体化建设是一项程序复杂的系统工程。一方面,红色文化作为一个庞大的文化体系,内涵丰富深刻,呈现形态多种多样;另一方面,学生个体的身心发展遵循一定的规律,不同学段的教学目标、内容和方式等都存在着差异,各学段的思政课既要在横向维持好子系统内部的高效运作,又要在纵向兼顾到子系统外部的有效衔接,从而构成完整完备的思政课一体化大系统。基于"红色文化"与"思政课"各自的特点,要实现二者的融合发展,就必须做到整体规划、统筹布局。要秉承全局观念,在系统审视二者的本质和规律的基础上,积极寻求突破口,从而使红色文化能够成为思政课一体化建设的有力助推器。要在统筹全局中横向划分好红色文化融入思政课建设工作的分段任务,确保各个学段的教学目标明确、教学内容合理;又要纵向协调好各个学段的梯度衔接,确保学段之间衔接流畅、层次递进清晰。通过集结各学段思政课合力来共同下好"一盘棋",最终以分段目标的达成促成整体目标的实现,从而真正给予学生最符合他们学习接受程度、最适合他们成长发展需要的红色滋养,凝心聚力地打造出让学生受用一生的思政课。

(二)螺旋上升、层层递进的原则

红色文化资源丰富多样:既有"物态"的红色文化,也有"非物态"的红色文化;有的红色文化能直接向学生进行展示呈现,而有的红色文化需要引导学生去深入领会。学生对事物的认识是循序渐进的,这也造成不同学段的学生在认知水平高低、情感生成快慢、实践能力强弱等方面的差异。小学阶段的学生大多停留于具体形象思维阶段,更偏向于从直观事物中获取信息,这一阶段要引导学生对红色文化有浅层了解,也要奠定好学生的情感基调。中学阶段处于具体形象思维与抽象思维的衔接期,也是承上启下的关键期。此时要有针对性地选择教育内容,在教学中适当贯穿理论的学习,以此来提高学生的认知水平,打牢学生的思想基础。大学阶段要侧重于培育学生的问题意识,激发学生自主进行探究,深掘红色文化的价值内涵,促使学生的认知能上升到更为整体系统的层面。同时,要注重激发学生的责任感和使命感,使其经由思想上认可、情感上认同,并最终能进一步外化为实践上的落实,以行动来践行理念,表达情感。

(三)显隐结合、打通内外的原则

红色文化融入思政课既要注重理论上的知识传授,又要强化实践上的参与体验;既要立足于课内教学,也要拓展到课外教育。红色文化资源丰富,呈现形态多样,一味的理论灌输教育难以实现长效化发展。针对中小学阶段的学生,往往具象动态的事物更符合他们的接受水平,特别是年龄较小的学生对于各种事物普遍抱有更强的好奇心,更善于主动去接触身边新鲜的事物和活动,此时生动有趣的活动体验更具有吸引力。而大学阶段的学生思维逻辑更为缜密,动手操作能力也更强,实践上的参与体验反而能深化其认知,强化其情感。红色文化融入大中小学思政课一体化建设单凭教师一端发力是势单力薄的,要调动家、校、社的协同参与,统筹好各方力量,从而为红色文化融入大中小学思政课一体化建设搭建起更加广阔、更有作为的平台。不同学段的思政课要牢牢把握教育教学规律,始终坚持理论性和实践性相统一,把课堂教学和实践教学结合起来,打造校内教育与校外教育齐发力,显性教育与隐性教育相结合的教育体系,以此不断扩大红色文化育人的覆盖面,增强红色文化的渗透力。

(四)因地制宜、各具特色的原则

红色文化融入大中小学思政课一体化建设要不断拓宽教学视野,秉承开放的态度积极挖掘教学资源,以此来强化思政课的教学效果。不仅校外的红色展馆、遗址遗迹等可作为绝佳的教育教学素材,而且校内的物质文化、精神文化及制度文化等也都是融入红色文化的重要载体。在中国共产党领导中华儿女的革命、建设和改革过程中形成了丰富的红色文化资源。这些资源广泛分布于全国各地,但各地区的红色文化又不尽相同,具有明显的地方特色。在将红色文化融入各学段思政课的教学过程中,要秉承因地制宜、因地取材的原则,从学生身边熟悉的红色文化出发,结合本地区或周边地区已有的资源,精选具有典型性和代表性的红色文化作为教学素材和教学资源,以此增强思政课的感染力和说服力。各地区、各学校的办学理念、办学特色以及办学条件也不同,将红色文化融入校园文化建设也要坚持因地制宜、各具特色,充分考虑学校实际情况以及时代发展需求,将红色元素渗透到学校建设的方方面面中,打造出独特而浓厚的校园育人环境,在潜移默化中感染学生、熏陶学生。

三、红色文化融入大中小学思政课一体化建设的实践路径

红色文化融入大中小学思政课一体化建设的重要价值凸显了二者融合的迫切性。二者融合的原则为红色文化融入大中小学思政课一体化建设工作指明了方向。要从细化顶层设计、聚焦课程教学、完善队伍建设以及构建协同体系等方面来系统规划实践路径,从而打造出红色文化与大中小学思政课一体化建设的深度融合体系。

(一)首要任务:细化顶层设计,夯实改革基础

加强统筹建设,细化顶层设计是红色文化融入大中小学思政课一体化建设的首要任务。要精心谋篇布局,确保红色文化融入大中小学思政课一体化建设能够有条不紊、循序渐进地展开。第一,完善制度体系。应把思政课一体化建设纳入到国家教育领域的重点工作部署中,推动建设工作高效运转;要对红色文化进行合理地开发利用,充分发挥红色文化的效用,最大限度地强化思政课一体化建设。第二,建立管理机构。以红色文化融入思政课一体化建设为重要抓手,组建专门的研究中心,既能科学有效地谋划红色文化的

融入工作,也能从整体上来统筹、协调、指挥及监督思政课一体化建设工作,制定出切实可行的行动指南。第三,科学规划教材。在教材的开发编写环节要进行统筹规划,紧密结合不同阶段的教学层次,严密设计教材内容,在整体设计中准确无误地将红色文化嵌入到不同学段思政课的教材中。既要防止内容出现交叉重复,又要警惕内容存在缺失遗漏,增强教材的关联度和连贯性,破解教材纵向衔接断裂的难题。第四,组建交流机制。通过建立线上、线下协同发力的交流机制,推动跨区域、跨学校、跨学段的互学互通,促进教师交流互鉴的常态化,更好地将有效模式和经验技巧进行推广学习。第五,打造共享平台。打造一体化的教学资源平台,依托平台及时有效地汇集、发布、传播与红色文化相关的讯息资源,为全国各地的教师提供一个有着丰富且质量优良资源的"资源整合库",简化教师的信息索取方法,减轻教师的负担,也为优秀教学案例和课件提供了汇聚渠道。

(二)中心环节:聚焦课程教学,凸显渐进育人

课程教学是红色文化融入大中小学思政课一体化建设的中心环节。要做到教学重点明确,过程有效衔接。要在各个学段的教学目标、内容和方式上做好文章,下足功夫,以求达到目标设定有区分、内容安排有层次、方式选择有新意。第一,在目标设定上,要在充分把握好学生认知规律的基础上,明晰红色文化在对应学段应达到的教学层次,力图设定的教学目标能与学生的接受程度相匹配,实现培育的精准性。小学阶段重在了解、形成简单认识;中学阶段凸显理解、打牢思想基础;大学阶段突出探究、倡导行动落实。第二,在内容安排上,要在明确教学目标、厘清教学层次的基础上安排好教学内容,实现供给的递进性。在小学阶段,恰当融入红色故事,激发学生的好奇心,促使学生生成简单认知;在中学阶段,相应嵌入不同时期的历史事件,让学生了解其产生背景、内容以及意义等,奠定学生的理论基础;在大学阶段,适当梳理红色文化整体的演进脉络,引导学生进行深入探究,形成对红色文化的系统认知。第三,在方式选择上,既要注重学生的学习偏好,又要结合网络时代的发展趋势,精心打造教学模式,实现教学的针对性。小学阶段的学生处于思维发展的萌芽期,可选择"物态"的红色文化来辅助课堂教学,教学中要适当穿插角色扮演、问题引导等教学活动来调动学生的积极性。中学阶段的学生思维较为活跃,要紧扣课本教材,善于运用案例分析、情境教学等方法来活跃课堂氛围。大学阶段的学生已有一定的知识储备,除了利用好学科教材,

也要结合课程内容选择红色文献供学生阅读。在教学中要善于运用合作探讨、议题启发等方式来引发学生的思考探究。同时也要组织学生参观学习、撰写相关调研报告、参加讲座和研讨会等,在实践参与中强化学生的代入感,激发学生的共鸣感。

(三)必要保证:完善队伍建设,壮大中坚力量

专业的师资队伍、强大的师资力量是红色文化融入大中小学思政课一体化建设的必要保证。教师作为思政课改革创新的中坚力量,只有先学懂弄通红色文化,才能"知其所以然"地用好红色文化。第一是跨学段的师资培训。各学段教师的专业水平和研究方向存在差异,而以往的教师培训大多局限于同个学段,所以要以学习红色文化为契机,打破教师学习的"封闭圈",以先进带后进,推动教师的教学知识得以持续更新、教学水平得以渐进提升,帮助教师及时了解各学段学情,强化教师的共同体意识,使其树立共进共赢的理念。第二是日常活动的强化渗透。除了专业的系统培训外,校内外举办各类学习红色文化的活动也应该成为教师增进交流的重要渠道,甚至团建活动、党团活动等也可作为教师学习红色文化的途径。要善于抓住一切学习红色文化的机会,在日常生活中深化教师对红色文化的认知,增进教师的交流。第三是建立以赛促教机制。各个地区可以跨学段开展红色文化主题的教师技能大赛、微课及优秀课件制作比赛,以此来打通教师的交流渠道,增强学段间的联通性。第四是教师的自我学习。作为一名专业的思政课教师,要真正把学好、用好、教好红色文化作为自己的教学追求。首先,要不断提高政治素养,保持坚定的政治立场,做到对红色文化的真信。其次,要树立终身学习的理念,主动学习和钻研红色文化,达到对红色文化的真懂。最后,要更新教学理念,熟练掌握教学技巧,娴熟灵活地运用好红色文化,做到对红色文化的真用。多措并举,切实打造出一支又红又专的思政课教师队伍,让各个学段的思政课教师都能"种好责任田、守好一段渠"。

(四)保障机制:构建协同体系,凝聚多方合力

构建"家、校、社"协同体系、打造"大思政"育人格局是红色文化融入大中小学思政课一体化建设的重要保障。以红色文化来打破育人边界,摆脱思政课的"孤岛效应",凝聚起强大的育人合力。第一,家庭是塑造个体品德的起源地,父母是孩子的第一任老师,良好的家庭氛围、父母的言传身教对于孩子

的成长至关重要。父母要在日常生活中主动讲述革命先辈的英勇事迹,带领孩子前往红色基地接受熏陶,密切配合教师做好学习的引导工作。第二,学校作为学生学习成长的关键场地,势必要将红色文化贯穿于教育教学全过程。无论是校风、教风、学风以及校规、班规等,还是走廊、布告栏等,都是传播红色文化的重要渠道。大中小学要紧密结合学生所处学段开展系列主题活动,充分发挥好少先队、团支部、党支部以及学生组织等的桥梁纽带功能。同时也要打造好校园网络平台,实现线上、线下的红色宣传教育全覆盖,不断增强红色文化的渗透力度。第三,社会是学习红色文化的重要场所。习近平总书记指出,"全社会要担负起青少年成长成才的责任"[4]。要将红色文化的教学轨迹从校内延伸到校外,以此来打破内外壁垒,加强学校与社会的互动。各地的红色文化教育基地要最大限度地为教师和学生提供便利,各类企业及组织也要加强与学校的合作交流,联手打造校外教学基地,大力支持和服务学校教育,以此更好地整合校内外资源,增强思政课建设合力。以红色文化为突破口来构建起协同联动体系,凝聚众人合力,持续推进大中小学思政课一体化建设,不断增强思政课的育人实效。

注释

[1]用新时代中国特色社会主义思想铸魂育人 贯彻党的教育方针落实立德树人根本任务[N].人民日报,2019-03-19(01).

[2]坚定信心埋头苦干奋勇争先 谱写新时代中原更加出彩的绚丽篇章[N].人民日报,2019-09-19(01).

[3]习近平.思政课是落实立德树人根本任务的关键课程[J].求是,2020(17):4—16.

[4]坚持中国特色社会主义教育发展道路 培养德智体美劳全面发展的社会主义建设者和接班人[N].人民日报,2018-09-11(01).

[本文在2021年度"成渝地区双城经济圈建设与青少年发展"征文活动中获一等奖;本文原载于《豫章师范学院学报》2021年第5期,有改动]

弘扬"赶考"精神 走好新时代"赶考"之路

罗 丹[①]

(中共四川省委党校)

摘要:党的七届二中全会结束后,党中央就要离开西柏坡迁往北京,毛泽东将此行比作"进京赶考"。毛泽东等老一辈革命家在西柏坡形成了"赶考"精神,其展现了中国共产党人面对胜利时的清醒、克制以及忧患意识,表达了作为一个执政党对如何实现长期执政的深度思考,展现了中国共产党的责任担当与使命意识。自"赶考"一词第一次提出到目前为止,中国共产党大致经历了三次"赶考",在这三次"赶考"中,中国共产党虽面临不同的考题,但都交出了令人民满意的答卷。新时代下,中国共产党人的"赶考"之路远未结束,要想走好新时代"赶考"之路,必须要优化"赶考"的路径设计,要紧扣新时代考题,紧紧把握"赶考"重点,不断提升"赶考"能力,增强"赶考"意识。

关键词:"赶考"精神;内在实质;实践成效;考题与答卷;路径设计

西柏坡会议后,党中央即将离开西柏坡迁往北京,此行前夕,毛泽东将此行比作"进京赶考",这个比喻赋予了"赶考"新的时代内涵。2013年,习近平总书记在视察西柏坡时指出,虽然中国目前已经取得了许多成就,"但我们面临的挑战和问题仍然严峻复杂,应该说,党面临的'赶考'远未结束"[1]。此后,习近平总书记又曾多次强调中国共产党的"赶考"之路远未结束,中国共产党人应继续发扬"赶考"精神,努力向人民交出更加优异的答卷。从毛泽东初论"赶考"到习近平总书记再论"赶考",中国共产党经历了三次"赶考"历程,应对这三次不同的时代"考题",中国共产党都交出了令人民满意的答卷。走好新时代"赶考"之路,对实现中国共产党的长期执政、中华民族伟大复兴的愿景和建成社会主义现代化强国的目标具有重要意义。

一、"赶考"精神的形成及其内在实质

"赶考"精神的形成有着特定的时代背景,它蕴含着中国共产党人对治国

[①] 罗丹(1996—),女,山西忻州人,中共四川省委党校2019级硕士研究生,主要研究方向为科学社会主义。

理政的深度思考,体现了中国共产党人的斗争精神和勇气,展现了中国共产党人执政为民的理念和求真务实的工作作风,彰显了中国共产党人加强自身建设的决心和勇气。

(一)"赶考"精神的形成

1945年,黄炎培先生在延安考察时,曾与毛泽东就历史周期率问题进行了探讨。关于如何跳出历史周期率,毛泽东指出民主是跳出历史周期率的解决之道。唯有民主,才能实现长期执政,不会人亡政息。1949年3月23日,全国革命胜利前夕,党中央即将从西柏坡动身前往北京,毛泽东将迁往北京的那天称为"进京赶考的日子"[2]。在上京"赶考"前夕,党中央在西柏坡召开了一次著名的会议,即中共七届二中全会,又称为西柏坡会议。在这次会议上,毛泽东提出了"两个务必"的著名论断。他指出,"夺取全国胜利,这只是万里长征走完了第一步。……务必使同志们继续地保持谦虚、谨慎、不骄、不躁的作风,务必使同志们继续地保持艰苦奋斗的作风"[3]。"两个务必"的提出展现出了中国共产党人面对胜利时清醒、谨慎的态度,表现出了中国共产党人强烈的忧患意识。不论是对如何跳出历史周期率指出解决之道,还是"两个务必"的论断,都表露出了中国共产党人在面对胜利时的清醒、克制和忧患意识,都彰显了中国共产党人的"赶考"态度和"赶考"精神。

(二)"赶考"精神的内在实质

"赶考"精神的内在实质可以概括为以下几点。

第一,"赶考"精神内含了一种锐意进取、拼搏奋斗的斗争精神,彰显了中国共产党人面对危难时的勇气和信心。"赶考"二字本身就包含了一种奋斗的勇气和力量,体现了中国共产党人不断进取、奋力拼搏的精神。敢于斗争、勇于斗争、不畏艰难的革命英雄主义情怀在"赶考"精神中表现得淋漓尽致。赶考精神表明了中国共产党人将革命进行到底的勇气和决心,展现了中国共产党人的革命本色和斗争精神。

第二,"赶考"精神体现了中国共产党执政为民的理念和全心全意为人民服务的宗旨,彰显了中国共产党的初心和使命。中国共产党之所以高度重视上京"赶考",是为了跳出历史周期率,向人民群众交出满意的答卷。这就要求中国共产党人必须坚守全心全意为人民服务的根本政治立场,要坚持以人民为中心的发展理念,紧密联系人民群众,紧紧依靠群众,将人民群众的利益作为一切工作的出发点和落脚点。"赶考"精神中蕴含了中国共产党人全心全意为人民服务的根本宗旨和努力实现国家富强、民族复兴和人民幸福的初心和使命,是对中国共产党人初心和使命的高度概括。

第三,"赶考"精神展现了中国共产党人强烈的忧患意识和求真务实、严谨朴素的工作作风,彰显了中国共产党加强自身建设的决心。"两个务必"的提出是在全国革命即将胜利、中国共产党即将建立社会主义新中国的背景之下提出的,这展现出中国共产党在面对胜利时的清醒和克制,表现出中国共产党具有强烈的忧患意识。这种忧患意识要求中国共产党必须加强自身建设,做到全面从严治党,时刻保持自身的先进性和纯洁性,保持无产阶级政党的先锋队底色永不褪色。同时也要求中国共产党必须保持艰苦奋斗、求真务实的工作作风,如此方能扎根群众,真正赢得群众的支持与拥护,取得"赶考"的胜利。

二、"赶考"精神的实践成效:考题与答卷

2021年,在庆祝中国共产党成立100周年大会上,习近平总书记强调要继续发扬"赶考"精神:"过去一百年,中国共产党向人民、向历史交出了一份优异的答卷。现在,中国共产党团结带领中国人民又踏上了实现第二个百年奋斗目标新的赶考之路。"[4]自毛泽东提出"进京赶考",已经过去了70多年,在这70多年的历史实践中,中国共产党经历了三次"赶考"。在这三次"赶考"历程中,中国共产党分别回答了何以建国、何以兴国和何以强国的不同时代考题。面对这些不同的时代考题,中国共产党交出了令人民满意的答卷,带领中国人民实现了从站起来、富起来到强起来的历史性飞跃。

(一)第一次"赶考":何以建国的考题与站起来的答卷

1945年,中国人民抗日战争取得胜利。在这场战争中,中国共产党发挥了中流砥柱的作用。而抗日战争的胜利也为中国共产党带领中国人民实现彻底的民族独立和人民解放奠定了重要基础。1948年9月,在中央政治局召开的扩大会议上,毛泽东提出了建立人民民主专政的新中国的设想。1949年3月,党的七届二中全会在西柏坡召开,这次会议规定了党在全国胜利后在政治、经济、文化、外交等方面应采取的基本政策,指出中国由新民主主义社会转变为社会主义社会的发展方向。1949年,中国共产党带领中国人民打败了

国内的封建反动势力,建立了社会主义新中国,人民群众翻身成为国家的主人,中国人民真正站了起来。在社会主义新中国成立之初,整个国家百废待兴。面对这种情况,党中央以非凡的战略眼光和战略高度,开启了社会主义革命时期,实行了第一个五年计划和社会主义三大改造,恢复和发展了国民经济,建立了完整的工业体系,为社会主义建设奠定了坚实的物质基础,在经济层面确立了社会主义制度;颁布了新中国的第一部宪法,从政治层面确立了社会主义制度。1956年,中共八大召开,宣告了社会主义革命的基本完成和社会主义制度的基本确立。至此,中国实现了从新民主主义社会向社会主义社会的转变,社会主义制度在中国大地上正式建立起来了。社会主义制度在中国的正式确立意味着中国人民不仅真正站起来了,而且站稳了。随着社会主义制度在中国的确立,中国开始了独立自主探索社会主义建设的新时期。

(二)第二次"赶考":何以兴国的考题与富起来的答卷

当社会主义制度在中国全面建立以后,"如何实现兴国目标,如何解决人民的温饱问题,让人民群众真正富起来"成为中国共产党人面临的第二个考题。面对这个考题,中国共产党在改革开放和社会主义现代化建设新时期,通过改革和开放两大举措开启了现代化建设的征途,带领中国人民实现了富起来的第二个伟大历史性飞跃,向世界宣告中国人民真正富起来了。

改革开放是中国共产党的第二次伟大觉醒,在中国共产党第十一届三中全会上,党确立了实行改革开放和进行社会主义现代化建设的伟大决议,全面开启了改革开放和社会主义现代化建设时期。在这段时期,中国通过实行改革开放,一方面在国内大刀阔斧地进行一系列改革。在经济方面:在农村进行家庭联产承包责任制改革,实行包产到户,调动了农民的生产积极性,解放了农村地区的生产力;在广大城市地区,主要是对国有企业进行改革,扩大了企业的生产经营自主权,调动了企业的生产积极性;同时,在中国确立了以公有制经济为主体、多种所有制经济共同发展的经济制度,并相应地实行以按劳分配为主、多种分配方式并存的分配制度。在政治方面:进行政治体制改革,加强民主和法制建设,加强社会主义民主监督,精简国家机构,维护国家统一和民族团结。另一方面,中国实行对外开放政策,积极扩大同国外的交往,引进外来的技术、人才和资金,以此来发展中国的经济;同时,中国还开放了沿海经济城市,设立了经济特区,以此扩大与他国的交流,推动中国与国外的交往,带动中国经济的发展。这段时期,中国的经济飞速发展,经济实力明显增强,人民生活质量得到了极大的提高,国家综合实力明显增强,国际地位明显提高。总而言之,中国在这段时期真正实现了富起来的伟大历史性飞跃,这是继"站起来"之后中国取得的第二个历史性飞跃,是对"如何兴国"这一时代考题的最佳答卷。

(三)第三次"赶考":何以强国的考题与强起来的答卷

兴国之后,如何实现强国梦想?这是中国共产党人面临的第三个考题。面对这个考题,中国共产党在中国特色社会主义新时代实行了一系列改革举措,旨在实现国家富强、民族复兴,带领中国人民打赢脱贫攻坚战、全面建成小康社会,向世界宣告中国彻底摆脱了以往积贫积弱的局面,真正强起来了。

改革开放和社会主义现代化建设新时期,中国的经济飞速发展、民主政治建设踏上一个新台阶、整体综合实力得到飞速提升,中国人民富起来了。但是,中国处于社会主义初级阶段的基本国情仍然没有改变,中国仍是世界上最大的发展中国家。面对这种情况,党中央审时度势,提出"四个全面"战略布局和"五位一体"的总体布局,以新发展理念引领中国经济发展,不断加强经济、政治、文化、社会和生态各方面建设,带领中国实现了全面建成小康社会的目标,中国自此实现了从富起来到强起来的历史性跨越。同时,中国共产党仍不忘加强自身建设,勇于自我革命,推进全面从严治党,推进党的建设新的伟大工程,力求永葆中国共产党人的先进性和纯洁性。中国共产党在"赶考"路上交出了一份令人瞩目的答卷,这份成绩优异的答卷是中国共产党人不忘初心、牢记使命的成果,是中国共产党带领中国人民共同奋斗的结晶。在踏上新征程之际,中国共产党要始终保持执政党的高度自觉,不断加强自身建设,在新时代"赶考"路上展现中国共产党的执政为民本色,彰显中国共产党的百年大党魅力,带领中国人民在新的征程上交出更加令人瞩目的答卷。

三、奋力走好新时代"赶考"之路的路径设计

在中华民族伟大复兴的战略全局和世界百年未有之大变局这两个大局之下,中国共产党要想走好新时代"赶考"征途,必须要把握好"时代是出卷人,我们是答卷人,人民是阅卷人"[5]这一规律,要紧扣新时代考题,紧紧把握"赶考"

重点,不断提升"赶考"能力,增强"赶考"意识,努力向人民交出满意的答卷。

(一)紧扣时代考题,立足于"赶考"的新时代场域

"赶考"征途中谁是出题人?只有明确"考试"范围、充分把握出题人的出题风格和出题规律才能做到对症下药,在考试中取得好成绩。

第一,要明确"考试"范围,即要坚持社会主义道路和社会主义制度。新时代的"赶考"是社会主义前进道路中的一次重要考试,为此,中国共产党人要在社会主义道路和社会主义制度的大前提下来答题,不能够偏离这个大的考试范围。"赶考"征途中,如何始终确保前行方向和道路的正确性是一个重大问题。面对这个问题,中国共产党要坚定不移地走社会主义道路,毫不动摇地坚持社会主义制度,以中国独特的道路、理论、制度和文化来应对前进路上的种种疑问。中国特色社会主义是历史和人民的选择,是中国人民经由无数实践和探索、历经困难和挫折最终作出的慎重选择,饱含了中国人民的殷殷期盼和殷切梦想。中国特色社会主义不是什么别的主义,而是把马克思主义理论与中国实际相结合形成的符合中国国情的一种社会主义,这是中国共产党和中国人民独一无二的创造。在新的"赶考"征途中,要坚持中国特色社会主义,就要坚持正确的道路、理论、制度和文化,要坚定地沿着中国特色社会主义道路前进,坚持社会主义制度毫不动摇,坚持中国特色的社会主义理论和文化。要坚持中国特色社会主义,就要统筹推进"五位一体"总体布局和协调推进"四个全面"战略布局,从全局来推进中国特色社会主义事业的发展,为实现社会主义现代化强国的目标奠定坚实的基础。

第二,要掌握"考试"题型和适应多变的"考试"风格。新时代"赶考"与前面几次"赶考"的不同点突出体现在这次"考试"的难度更大。这次"考试"是在新时代这个大背景和大环境下进行的,因而"考题"更加多样,风格更加多变,故"考试"难度有所增加。中国共产党人要想在这场"考试"中交出亮眼的成绩,必须要把握多变的"考题",方能够对症下药,考出好成绩。中国特色社会主义进入新时代,这是中国共产党人新的"赶考"场域,要立足于这个新的"赶考"场域,熟悉"考试"题型和"考试"风格,这就要求中国共产党人必须要深刻理解新时代的特征。中国特色社会主义新时期,在"不变"中亦有"变"。首先,中国处于社会主义初级阶段这个基本国情没有变,中国是世界上最大的发展中国家这个实际没有变;但同时,社会主义初级阶段的矛盾发生了转变,中国在经济、政治、文化、社会和生态这五个方面出现了新的特点和发展。

中国共产党人在"考试"中要立足"不变",并要深刻理解中国在经济、政治、文化、社会和生态方面出现的新特点和新要求。在经济上,要求经济发展更加注重提质和增效,而不再满足于以往的粗放型增长模式,要坚持贯彻新的经济发展理念,建设现代化经济体系,更加注重发展的协调和平衡;在政治上,要坚持和完善中国特色社会主义民主制度,不断构建更加成熟、稳定的民主制度框架,同时要不断提高党的领导水平和执政水平,营造良好的政治生态环境;在文化上,要坚定文化自信,坚定共产主义理想信念,加快推进社会主义文化事业的繁荣和发展,提高中国在国际社会上的话语权;社会方面,要不断提升治理水平和治理能力,使社会治理更加科学化和民主化;生态方面,要加快生态文明体制改革,努力建设人与自然和谐共处的生态环境,建设美丽中国。中国共产党人要深刻把握新时代"赶考"中的这些"考试"题型,从而有针对性地应对,交出令人民满意的答卷。

(二)抓好"赶考"重点,坚守以人民为中心的政治立场

人民群众在新时代"赶考"征途中充当着阅卷人的角色,是评判中国共产党人的答卷是否合格的评判者。因而,人民群众的关注点自然就是"考试"的重点。中国共产党必须要把握"考试"重点,要坚守以人民为中心的根本政治立场,要始终坚持全心全意为人民服务的宗旨,密切同人民群众的联系,坚持群众观点,贯彻群众路线。只有这样,才能考出高分,交出令人民满意的答卷。

在新的"赶考"征途中,中国共产党人要做到不忘为中国人民谋幸福、为中华民族谋复兴的初心和使命。"江山就是人民,人民就是江山"。[6]中国共产党执政的合法性来源于人民,因此,中国共产党人的初心和使命就在于为人民谋幸福、为中华民族谋复兴。在革命年代,中国共产党坚持群众路线,带领中华儿女成立社会主义新中国,实现了民族独立和人民解放;在改革开放和建设时期,中国共产党人同样坚定地贯彻落实群众路线,将人民群众的利益作为一切工作的出发点,所以中国才能在短时间内实现飞跃式发展,在国际社会中争得一席之位。不论是站起来、富起来,还是强起来,这些历史性飞跃的实现都同中国共产党不忘初心、牢记使命密切相关。在新的"赶考"征途中,中国共产党要想考出优异的成绩,必须要做到初心不改、勇担使命,牢牢把握人民群众的利益这一"考试"重点。

在新的"赶考"征程中,中国共产党要牢牢坚持以人民为中心的根本政治

立场,牢记为人民服务的根本宗旨,将人民群众的切身利益放在首位,遵循群众观点,贯彻群众路线。要将人民的利益和需求放在党执政为民工作的首要位置,做到一切为了人民、一切依靠人民。要建立健全社会保障体系,完善现有的医疗卫生、文化教育、住房等体系,不断满足人民对美好生活的需要和向往。要坚持和完善各项民主制度,包括坚持和完善人民代表大会制度这一根本政治制度,坚持和完善中国共产党领导的多党合作和政治协商制度、民族区域自治制度和基层群众自治制度等基本政治制度,不断完善民主的制度体系,构建完善的民主制度框架,从而更好地贯彻落实民主原则和民主制度,保障人民群众的利益,增进人民群众的福祉。唯有这样方能赢得人民群众的支持和拥护,方能巩固执政根基,在新的"考试"中取得不凡的成绩。

(三)提升应考能力,加强党自身的执政能力建设

中国共产党作为答卷人,要想交出令人民满意的时代答卷,不仅要把握"考题"范围和"考试"重点,更要着眼于自身,提升自身的应考能力。这就要求中国共产党要不断加强自身建设,推进党的建设新的伟大工程。

从1949年中国共产党首次"进京赶考",带领中国人民实现了站起来的伟大飞跃,捍卫了民族尊严,实现了民族独立,到1978年中国共产党排除万难,以极大的魄力作出改革开放的伟大决议,带领中国人民实现了富起来的伟大飞跃,再到自2012年起中国共产党攻坚克难,将全面深化改革进行到底,带领中国人民实现强起来的伟大飞跃。这一系列伟大成就都体现了党的强大的应考能力。面对新时代考题,中国共产党必须要提升应考能力,加强自身建设,推进党的建设新的伟大工程,才能向人民交出满意的答卷。

第一,提升应考能力意味着在新的"赶考"征途中,要坚持党对社会主义事业的全面领导,确保党在社会主义事业中居于领导地位。党政军民学,东西南北中,党是领导一切的。要将党的领导作用切实贯彻落实到方方面面,在经济、政治、文化、社会、生态、军队等各方面都要坚持党的领导地位,以保证社会主义事业正确的前进方向。坚持党对社会主义事业的全面领导,要做到以下几点。首先,要坚决维护习近平总书记党中央的核心、全党的核心地位。在新的"赶考"征程中,维护领袖的权威有利于在全党形成集中统一的意见,从而凝聚力量,开启社会主义现代化建设的新篇章。其次,要坚决维护党中央权威和集中统一领导。维护党中央的权威和集中统一领导是为了保证全党令行禁止,为了确保党对社会主义事业的全面坚强领导,从而保证党和国家事业沿着正确的方向前行。最后,要增强"四个意识",即政治意识、大局意识、核心意识和看齐意识。"四个意识"是检验党员政治立场的试金石,增强"四个意识"有利于增强中国共产党党员意识,增强党员对党组织的认同感、归属感和忠诚度,从而切实维护习近平总书记的核心地位以及党中央的权威和集中统一领导,对实现中国共产党的长期执政和国家的长治久安有重要现实意义。

第二,提升应考能力意味着中国共产党要加强自身建设,不断推进党的建设新的伟大工程,保证党的先进性和纯洁性。打铁还需自身硬,不断加强党的自身建设是中国共产党永恒的历史使命。勇于自我革命,从严管党治党,是我们党最鲜明的品格,也是我们党最大的优势。在新的历史征程上,要不断加强自身建设,以刮骨疗伤的勇气和壮士断腕的魄力不断推进党的建设新的伟大工程,确保党永葆先进性和纯洁性,确保党的先锋队性质永不变质。要从政治建设、思想建设、组织建设、作风建设、纪律建设和制度建设六个方面来加强党自身的建设,实现党的自我净化、自我完善、自我革新、自我提高,进而提高党的执政能力和执政水平,推进新时代党的建设新的伟大工程。全面从严治党永远在路上,在任何时期都要不断加强党的自身建设,始终保持清醒的头脑,以谨慎、克制的态度,居安思危的政治自觉全面从严加强党的自身建设,不断推进全面从严治党向纵深方向发展。

(四)增强"赶考"意识,常怀"赶考"之心

在"赶考"征途中,中国共产党要不断增强"赶考"意识,常怀"赶考"之心。这要求中国共产党人要发扬斗争精神,掌握正确的斗争方法和斗争策略。

"赶考"精神中蕴含了敢于拼搏、不断奋斗的斗争精神和斗争勇气。这种斗争精神激励着中国共产党人不断克服前进道路上的种种困难,不断突破自我,实现前进道路上一个又一个伟大飞跃。踏上新的"赶考"征程,中国共产党面临的"考试"环境更加复杂,"考题"更加多样,要想在这场"考试"中取得好的成绩,必须要克服"考试"中可能出现的种种困难,既要处理国内的种种矛盾,防范和化解各种风险,又要有力抵制国外反动势力的渗透,对国外的各种不实言论进行有力回击。要想在这场"考试"中取得好的成绩,就必须要掌握正确的斗争方法和策略,以无所畏惧的斗争勇气和姿态来积极应对"赶考"征途中的种种困难,要有逢山开路、遇水架桥的魄力和决心。中华民族一直以来就是一个善于斗争、勇于斗争的民族,中国共产党也善于利用正确的斗争策略和方法,带领中国人民在实现中华民族伟大复兴和全面建成社会主义

现代化强国。在新时代的"赶考"征程中,中国共产党仍需要继续发扬斗争精神,以无所畏惧的勇气来面对新形势、新问题,以坚定的信心来同各种各样的错误思潮作斗争,带领中国人民继续前行,开创中国特色社会主义新局面。正如习近平总书记在2019年秋季学期中央党校(国家行政学院)中青年干部培训开班式上所讲,面对百年未有之大变局、面对新的历史机遇和挑战,广大党员干部"必须发扬斗争精神,增强斗争本领"[7]。伟大工程的建设离不开斗争精神,中华民族伟大复兴的历史重任也"绝不是轻轻松松、敲锣打鼓就能实现的"[8]。新形势下,面对更加严峻复杂的局势,广大党员干部要经受更加严格的淬炼和打磨,不断发扬斗争精神,增强斗争意识和斗争本领,增强"四个意识",坚定"四个自信",做到"两个维护",为实现社会主义现代化强国的伟大目标奋力拼搏。

注释

[1]习近平关于全面建成小康社会论述摘编[M].北京:中央文献出版社,2016:190.

[2]黄宏.延安精神[M].北京:人民出版社,2005:317.

[3]毛泽东.在中国共产党第七届中央委员会第二次全体会议上的报告[M].北京:人民出版社,2004:23—24.

[4][6]习近平.在庆祝中国共产党成立100周年大会上的讲话[M].北京:人民出版社,2021:22,11.

[5]论学习贯彻习近平总书记"1·5"重要讲话[M].北京:人民出版社,2018:3.

[7]习近平.习近平谈治国理政(第三卷)[M].北京:人民出版社,2020:225.

[8]习近平.决胜全面建成小康社会 夺取新时代中国特色社会主义伟大胜利——在中国共产党第十九次全国代表大会上的报告[M].北京:人民出版社,2017:15.

[本文在2021年度"成渝地区双城经济圈建设与青少年发展"征文活动中获二等奖;本文原载于《中共乌鲁木齐市委党校学报》2021年第4期,有改动]

毛泽东进行重庆谈判的基本特点和启示

周仕付[①]

摘要:抗日战争胜利后,中华民族走到战争与和平的十字路口。面对两种前途、两种命运的抉择,毛泽东把握历史趋势,顺应人民期待,义无反顾地奔赴重庆同国民党开展谈判,展示了中国共产党强大的思想理论优势、政治优势、精神优势、道德优势,给新时代中国共产党人奋进新征程,在新的"赶考"之路上争取更大光荣以重要历史启示。

关键词:重庆谈判;中国共产党的优势;基本特点;历史启示

抗日战争胜利后,中华民族面临两种前途、两种命运的关键抉择,毛泽东把握历史趋势,顺应人民期待,亲赴重庆与国民党开展谈判,迫使国民党签订《政府与中共代表会谈纪要》(也称《双十协定》,以下简称《会谈纪要》)。通过开展重庆谈判和签署《会谈纪要》,全国人民特别是国统区人民清晰地感知到了中国共产党关于和平建国的基本主张,推进了当时中国的民主进程。毛泽东在进行重庆谈判的过程中,展示出了中国共产党在重大历史节点上一以贯之的基本特点。深入研究这种基本特点,对于中国共产党人牢记初心使命,奋斗新时代、奋进新征程,在第二个百年奋斗目标新的"赶考"之路上,继续为实现人民对美好生活的向往不懈努力,为党和人民争取更大光荣有着重要现实意义。

一、重庆谈判的主要过程

(一)促成重庆谈判的各种因素

1.中国共产党争取和平的努力

在抗日战争即将走向胜利的重要关头,中国面临着严重的内战危机,中国共产党深入分析、深刻把握国际国内形势,主动提出了新的口号"和平、民主、团结"[1],针对蒋介石的内战阴谋制定了"坚决反对内战,不赞成内战,要

[①] 周仕付(1986—),男,重庆城口人,重庆市团校教师,主要研究方向为红岩精神、青少年思想政治教育等。

阻止内战"[2]的方针,展示出了中国共产党站在人民的立场谋求和平的坚定决心。1945年8月11日,中共中央在《关于日本投降后我党任务的决定》中提出,将依据时局情况考虑恢复国共谈判。这就说明,针对抗战胜利后的新形势,中国共产党要争取和迎接新的和平谈判。8月13日,毛泽东在延安干部会议上的讲演中指出,我们的方针是不要打内战,同时也要做好相应准备,按照蒋介石"拿着刀"的办法"也拿起刀来"。[3] 8月23日,中共中央政治局召开扩大会议,讨论同国民党进行谈判的问题,决定去给蒋介石"洗脸"而不是"砍头"。8月25日,中共中央在《对目前时局的宣言》中提出并阐释关于"在和平民主团结的基础上实现全国统一,建设独立自由与富强的新中国"的主张。当晚,中共中央政治局决定:毛泽东、周恩来、王若飞立即赴重庆同国民党进行谈判。[4]同时,中国共产党已经作出了在不损害人民根本利益的前提下做出某些让步的准备,以取得国际国内舆论的同情和支持,充分展示了中国共产党争取和平、和谈的努力和诚意。

2.毛泽东个人的"大智大勇"

可以说,毛泽东决定亲赴重庆进行谈判,除中国共产党科学决策外,还带有明显的毛泽东个人的大智大勇。对于前往重庆同国民党谈判可能存在的个人生命危险和谈判无果,毛泽东是有充分考量和准备的。在8月26日召开的中共中央政治局会议上,毛泽东认为:去重庆谈判"可以取得全部主动权";同时要充分估量到被动谈判的局面和被迫签字的可能,但是谈判签字的主动权在我们这边;如果做出了让步还是不能取得成果,就准备"城下之盟",准备"坐班房"。毛泽东还说,"我党的历史上还没有随便缴枪的事,所以决不怕;如果要软禁,那倒不怕,将来中外的注意力集中于上海、南京,正是要在那里办点事情"。[5]在毛泽东内心,他最初的判断是谈判无结果有较大可能。因此,在从延安飞往重庆的飞机上,面对秘书胡乔木"能不能回来"的问题,毛泽东说,"不管他,很可能是不了之局"[6]。面对这种形势判断,毛泽东仍然决定亲赴重庆谈判,显然与他个人的智慧和勇气有着极强的正相关。

3.国民党弄巧成拙的和谈邀约

抗日战争胜利的到来是很突然的。《大公报》编辑王芸生等人回忆:"日本宣布投降了,坐等抗战胜利的蒋介石居然等到了胜利。但对国民党说来,这是一个'惨胜'。国民党军刚在日军的最后进攻下从河南长溃到贵州,惊魂未定,胜利突然而来,蒋介石真是又喜又急。"[7]对蒋介石来说,不管抗日战争过程有多惨烈、胜利来得有多突然,他始终掌握着处理国共关系的主动权,但蒋介石没有做好准备用好这个主动权。相关资料表明,8月13日,得知日本即将投降的消息后,国民党政学系头目吴鼎昌向蒋介石献策,邀请毛泽东赴渝商谈,立即为蒋介石所采纳。事出突然,在蒋介石的幕僚圈子中似乎没有什么人了解详情。据当时《中央日报》的编辑王抢楦回忆,蒋介石侍从室第二处主任陈布雷也未参与邀请毛泽东来渝和谈的策划。[8]如今,对于蒋介石邀请毛泽东来重庆谈判的动机和目的已是学界共识——缓兵之计。从8月14日开始,不到十天,蒋介石连续公开发出三份电报,在全国乃至全世界人民面前公开邀请毛泽东来重庆谈判。与此形成强烈反差的是,蒋介石没有做任何与谈判相关的准备。胡乔木说,国民党没有准备、没有诚意,连个预案都没有。可见,蒋介石公开电邀毛泽东来重庆和平谈判只是他的欺骗手段和伎俩。没想到中国共产党突然宣布由毛泽东等人来重庆谈判,就使得蒋介石的欺骗手段弄巧成拙。

4.国际形势的客观推动

中国在第二次世界大战中起到了重要作用,为胜利付出了巨大牺牲,因而考察重庆谈判的促成因素时不能忽视国际形势的影响。从世界大趋势来看,第二次世界大战后世界各国人民普遍希望和平,美、苏、英等国从各自的利益出发,也都不赞成中国发生大规模内战。[9]控制中国是第二次世界大战后美国全球战略的既定战略和重要一环,它希望建立一个稳定、统一的亲美政府。[10]苏联也希望国共两党和平谈判、停止内战。据师哲回忆,当时苏联曾给中国共产党先后发来两份电报,第一份电报中苏联的基本态度是希望中国不要打内战,第二份电报中苏联的基本态度也是要求中国和平,要求毛泽东到重庆与蒋介石会谈等等。[11]正如毛泽东当时判断:苏、美、英需要和平,不赞成中国内战。因此,外部的国际形势客观上推动促成了国共双方进行重庆谈判。

(二)重庆谈判的主要过程

关于重庆谈判的主要过程,国内相关专家已有较多考证,经过对比分析,本人在中央文献研究室第一编研部原主任熊华源研究员的研究[12]基础上,综合其他相关资料,认为谈判大致经历了三个阶段、两个层面。三个阶段:第一阶段普遍交换意见,第二阶段就实质问题进行商谈,第三阶段最后基本达成协议。两个层面:第一个层面是两党最高领导人毛泽东与蒋介石顶层会谈,第二个层面是在共产党代表周恩来、王若飞与国民党代表张群、张治中、邵力子等人之间具体磋商。据相关统计,在重庆谈判期间,毛泽东与蒋介石之间直接会面的次数多达11次,大多是在公开场合,但有几次重要谈话都是秘密的,无其他人在场。[13]

第一阶段:8月29日至9月3日,普遍交换意见,主要是互相摸底。

第二阶段:9月4日至22日,商谈实质问题,前后举行了八轮会谈。9月4日晚举行第一轮谈判,主要讨论军队整编、解放区等问题。9月8日举行第二轮谈判,国民党提出对案将中国共产党提出的基本要求都予以拒绝。9月10日下午举行第三轮谈判,主要讨论政治会议问题和国民大会问题。9月11日下午举行第四轮谈判,讨论国民大会的代表及会议延期问题。9月12日下午举行第五轮谈判,讨论国民大会、政治会议、共同施政纲领、各政党参加政府和解放区问题。9月15日下午举行第六轮谈判,讨论行政区划、地方政府人事安排、军队等问题。9月19日下午举行第七轮谈判,讨论中国共产党提出的军队新方案。9月21日举行第八轮谈判,继续讨论此前未能解决的军队、解放区等相关问题。由于蒋介石在谈判中始终坚持政治与军事彻底解决的企图,第二阶段会谈国共双方基本没有取得一致的地方,谈判陷入僵局。

第三阶段:9月27日至10月11日,最后达成协议,经历五轮谈判。9月27日举行第九轮谈判,讨论军队整编,同意设立技术小组专门讨论,以此获得军队整编问题的暂时解决办法,成为继续开展谈判的突破口。9月28日举行第十轮谈判,围绕政治会议问题开展讨论。10月2日举行第十一轮谈判,围绕政治会议问题、解放区问题等继续开展讨论,双方同意将一个月以来的谈判情况择其能发表的予以发表。10月5日举行第十二轮谈判,集中讨论解放区问题。关于解放区问题,谈判费时最多,也是整个谈判的症结所在,最终仍未能获得结果。10月8日举行第十三轮谈判,讨论会谈纪要文本,最终确定文本名称为"政府与中共代表会谈纪要",并商定签字时间。10月10日,国共双方签署《政府与中共代表会谈纪要》。10月11日,毛泽东离开重庆返回延安。本文所述的重庆谈判至此结束。

(三)重庆谈判的结果分析

1.《会谈纪要》文本概况

《会谈纪要》表示双方"在友好和谐的空气中,进行商谈,已获得左列之结果,并仍将在互信互让之基础上,继续商谈,求得圆满之解决"。全文共12条,如实记录双方态度立场一致之处和分歧之地。其中,关于和平建国的基本方针、政治民主化问题、人民自由问题等三条双方意见一致,关于特务机关问题、地方自治问题此两条双方意见基本相同,关于党派合法问题双方意见比较接近,关于国民大会问题、释放政治犯问题、军队国家化问题、解放区地方政府问题、奸伪问题、受降问题等六条双方分歧较大。特别是在关键的解放区问题上着墨最多,未能取得任何实质性协议,双方虽然表示愿意继续商谈,但都感到十分失望,这也同时意味着国共双方都保留着实现自己意图的机会,因而没有结果的结果也就被双方接受了。[14]

2. 中国共产党的评价

重庆谈判结束返回延安的当晚,毛泽东和王若飞向中共中央政治局全面汇报了重庆谈判情况,毛泽东对谈判的结果表示基本满意,认为"这次谈判是有收获的"[15]。王若飞认为我们在政治上取得了阵地,没有被国民党套住,国民党有些东西被我们抓住了。10月12日,在重庆的《新华日报》发表社评,高度评价重庆谈判的结果,从符合世界潮流、符合广大人民意愿的高度肯定了谈判达成的"和平建国的基本方针",积极评价谈判所带来的和平民主统一希望,认为国内的团结因这次会商而加强,将对推动民主有显著贡献。与此同时,评论也指出应该承认困难是有的。10月13日,在延安的《解放日报》发表社评,指出重庆谈判在国际国内具有重要意义,谈判结果是给了公众一个不负人民期望的回答,此次会谈获得了重要的成果,表示了中国的前途是光明的。综合起来看,中国共产党对重庆谈判及其成果是持积极、肯定态度的。

3. 国民党的态度

从国民党的角度来看,重庆谈判是蒋介石的彻底失败,因为蒋介石企图一次性彻底解决中共问题的幻想在实践上完全失败了。据中共方面当时了解的情况,谈判期间国民党有派系就斥责政学系是"联共坍党"。国民党中常会讨论《会谈纪要》时,多数人持反对意见,后来邵力子说是蒋介石倡导的才得以通过。或许蒋介石本身就不重视重庆谈判,边谈边打、边打边谈。谈判结束后,国共双方军事冲突立刻变得激烈起来。这说明,国民党认为通过谈判的政治方式解决中共问题遭到失败,仍然需要诉诸武力解决。最后,国民党以内战的方式表达了自己对重庆谈判失望的态度。

二、毛泽东进行重庆谈判的基本特点

毛泽东赴重庆进行谈判,在中国共产党百年奋斗史上、在重庆发展历史上写下了光辉的篇章,毛泽东所表现出的革命精神和领袖魅力与中国共产党的精神气质一脉相承、一以贯之。毛泽东在重庆谈判的革命斗争实践展示出了如下特点。

(一)展现了中国共产党强大的思想理论优势——坚守理想、坚定信念

中国共产党人的理想信念源于对马克思主义的真学真信,基于对历史规律的科学洞察。中国共产党人准确把握抗日战争胜利后中国人民对和平民主的强烈愿望,为和平建国积极努力。毛泽东使用"洗脸"而不是"砍头"来形象表述去重庆谈判的任务,强调通过达成这样的任务,使我们党更成熟,"中国人民更觉悟,然后实现新民主主义的中国"。为了实现这个目标,毛泽东做了最坏的打算,哪怕蒋介石逼自己"城下之盟"、哪怕"软禁"、哪怕"坐班房"也无所畏惧。在到重庆的飞机上,面对秘书胡乔木"能不能回来"的问题,毛泽东也说去重庆谈判很可能是个"不了之局"。在理想的指引、信念的激励下,毛泽东运用马克思主义基本原理,把握历史规律,洞察时代大势,坚持实事求是,从中国实际出发,亲赴重庆谈判,迫使国民党签订《会谈纪要》、作出和平承诺,赢得历史主动,这是中国共产党人坚守理想、坚定信念的强大思想理论优势的胜利。

(二)展现了中国共产党强大的政治优势——践行初心、担当使命

为中国人民谋幸福、为中华民族谋复兴的初心和使命,是激励着中国共产党人不断前进的根本动力,是贯穿中国共产党百年奋斗史的一条红线。对于为什么来重庆与国民党进行谈判,毛泽东在他的政论诗《七律·重庆谈判》中给出的答案是"无非一念救苍生"。这个"救苍生",就是为中国人民谋幸福、为中华民族谋复兴。对来重庆如何与国民党进行谈判,毛泽东强调要保护人民的基本利益,"人民的武装,一枝枪、一粒子弹,都要保存,不能交出去"。[16]这个"保存",就是在践行为中国人民谋幸福、为中华民族谋复兴的初心和使命。重庆谈判,就是一篇践行初心、担当使命的伟大乐章。毛泽东以"越是艰险越向前"的英雄气概、"敢教日月换新天"的昂扬斗志,事不避难、义不逃责,开展了艰苦卓绝的谈判工作,迫使国民党承认人民的某些民主权利,有力地推动了国民党统治区的民主运动,这是中国共产党人践行初心、担当使命的强大政治优势的胜利。

(三)展现了中国共产党强大的精神优势——敢于斗争、敢于胜利

敢于斗争、敢于胜利是中国共产党人鲜明的政治品格。这种鲜明的政治品格在毛泽东身上表现得尤为显著,在毛泽东开展重庆谈判上表现得更加突出。毛泽东概括重庆谈判的特点是"针锋相对"。他说:"有时候不去谈,是针锋相对;有时候去谈,也是针锋相对。……成立了《双十协定》以后,我们的任务就是坚持这个协定,要国民党兑现,继续争取和平。如果他们要打,就把他们彻底消灭。事情就是这样,他来进攻,我们把他消灭了,他就舒服了。消灭一点,舒服一点;消灭得多,舒服得多;彻底消灭,彻底舒服。"[17]不论是毛泽东与蒋介石的多次直接会面,还是开展的13轮具体谈判,以及权衡利弊作出的妥协让步,都需要高超的斗争艺术。重庆谈判虽然没能彻底解决中国共产党最重视的军队和解放区这两个问题,但是"谈判的结果,国民党承认了和平团结的方针。这样很好。国民党再发动内战,他们就在全国和全世界面前输了理"[18]。从这个方面讲,重庆谈判是胜利的。在总结重庆谈判的经验时,毛泽东提出了"前途是光明的,道路是曲折的"这一著名论断。毛泽东通过重庆谈判,最终把"和平、民主、团结"的旗帜牢牢握在中国共产党手中,从政治上赢得主动,这是中国共产党人敢于斗争、敢于胜利的强大精神优势的胜利。

(四)展现了中国共产党人强大的道德优势——对党忠诚、不负人民

对党忠诚是中国共产党人首要的政治品质,不负人民是中国共产党人鲜明的崇高情怀。毛泽东在重庆时,深深感到广大人民热烈地支持中国共产党,广大人民"不满意国民党政府"[19]。在重庆谈判看似已不能取得实质性突破的最紧要、最危急关头,在党中央提出毛泽东尽快离开重庆返回延安的意见之时,他决定继续留在重庆,利用蒋介石的高压展开政治攻势,进一步争取中间派,把重庆谈判进行到底。在总结重庆谈判时,毛泽东说出了那句至理名言:"我们共产党人好比种子,人民好比土地;我们到了一个地方,就要同那里的人民结合起来,在人民中间生根、开花。"[20]这是毛泽东对重庆谈判的深刻体悟,表现出了一名共产党员对党的无限忠诚,对人民的无限热爱。同人民风雨同舟、血脉相通、生死与共,是我们党战胜一切困难和风险的根本保证。毛泽东以对党的无限忠诚和对人民的无限热爱把重庆谈判进行到底,最后取得"谈判是有收获的"的成果,没有辜负党,没有辜负人民,这是中国共产党人对党忠诚、不负人民的强大道德优势的胜利。

三、毛泽东进行重庆谈判的历史启示

党的历史是最生动、最有说服力的教科书。在"两个大局"交织、"两个一百年"奋斗目标交汇的今天,在新的"赶考"之路上,中国共产党人要从重庆谈判的历史中汲取奋斗新时代、奋进新征程的智慧和力量。

(一)在奋斗新时代、奋进新征程上始终坚定理想信念

革命理想高于天,理想信念是中国共产党人的精神之钙和政治灵魂。毛泽东冒险赴重庆谈判,践行的是共产党人的初心使命,展示的是共产党人的理想信念。这个理想信念,在革命年代就是为人民求解放、为民族争独立,在今天就是马克思主义信仰、共产主义远大理想、中国特色社会主义共同理想。毛泽东进行重庆谈判的革命实践充分说明,坚定理想方能始终不渝、百折不挠,坚定信念方能义无反顾、一往无前。理想指引人生方向,信念决定事业成败。奋斗新时代、奋进新征程,我们要坚持马克思主义信仰,坚守共产主义远大理想,坚定中国特色社会主义共同理想,将坚定理想信念作为安身立命之本,把牢不可破、坚不可摧的理想信念作为终身课题信一辈子、守一辈子。要把理想信念付诸行动,外化为执着追求奋斗目标的实干、默默无闻尽忠职守的踏实、涵养高尚道德情操的坚毅、勇于战胜风险难关的担当,用理想之风扬起奋斗之帆,用信仰之笔书写美好未来。

(二)在奋斗新时代、奋进新征程上始终敢于斗争

历史已经证明,中国共产党依靠斗争走到今天。毛泽东在重庆谈判这个特殊的战场上展开政治斗争、军事斗争、外交斗争、新闻舆论斗争等各方面斗争并取得重大胜利,充分展现了中国共产党人高超的斗争艺术。历史还将证明,中国共产党人要把不畏强敌、不惧风险、敢于斗争、勇于胜利的风骨和品质继承下去,依靠斗争赢得未来。奋斗新时代、奋进新征程,我们要高举习近平新时代中国特色社会主义思想伟大旗帜,严格进行思想淬炼、政治历练、实践锻炼、专业训练,在武装头脑上下功夫、在指导实践上下功夫,在推动工作上下功夫,真正锻造烈火真金,做到头脑特别清醒、立场特别坚定。要丢掉幻想、勇于斗争,不怕牺牲、英勇斗争,在原则问题上寸步不让、寸土不让,保持"踏平坎坷成大道,斗罢艰险又出发"的斗争姿态,锤炼不信邪、不怕鬼、不当软骨头的风骨、气节、胆魄,在各种重大斗争考验面前"明知山有虎,偏向虎山行",做敢于斗争、善于斗争的战士。

(三)在奋斗新时代、奋进新征程上始终坚持党的群众路线

群众路线是我们党的生命线和根本工作路线,是我们党永葆青春活力和战斗力的重要传家宝。在重庆谈判期间,毛泽东既参加谈判又领导谈判,既与蒋介石直接交锋又与各界人士广泛会面,积极宣传中国共产党的路线、方针、政策,赢得了广泛的支持。人民是我们党的力量源泉,我们党根基在人民、血脉在人民。奋斗新时代、奋进新征程,我们要把人民放在心中最高位置,始终以百姓心为心,坚持一切为了群众,一切依靠群众,解决好"我是谁、为了谁、依靠谁"的问题,不断追求"我将无我,不负人民"的精神境界。要坚持从群众中来,到群众中去,把群众路线贯彻到各项工作之中,努力提高宣传群众、组织群众、服务群众的能力和水平,把党的正确主张转变为群众的自觉行动,最大限度地把人民群众的主体地位和主观能动性发挥出来。要始终牢记中国共产党人的初心和使命,始终牢记全心全意为人民服务的根本宗旨,拜人民为师,向群众学习,甘当小学生,既要"身入"基层,更要"心到"基层,听真话、察真情,真研究问题、研究真问题,为实现人民对美好生活的向往而不懈奋斗。

(四)在奋斗新时代、奋进新征程上始终坚持党的统一战线

统一战线是中国共产党凝聚人心、汇聚力量的重要法宝。毛泽东在重庆谈判期间,在最困难的关头,与民主党派深入交换意见,与社会贤达广泛交往接触,与国民党各派人士主动会谈会商,取得了重要成果,既促成了谈判继续进行,又卓有成效地扩大了党的统一战线。重庆谈判期间,毛泽东多次与宋庆龄见面,宋庆龄感受到毛泽东"思想敏锐,识见远大",从心底里认识到他不但是"领袖",并且是"导师"。毛泽东三次拜访民盟主席张澜,在毛泽东的影响下,张澜从旧的"民主之家"走到新的"民主之国"。在国民政府陪都重庆的民主人士都是毛泽东重庆谈判期间统战工作的重要对象。中国特色社会主义事业越是向前推进,越需要凝聚最广泛的力量。奋斗新时代、奋进新征程,我们要始终高举爱国主义旗帜,坚持大团结大联合,不断巩固和发展最广泛的爱国统一战线,广泛凝聚中华民族的一切智慧和力量,形成海内外全体中华儿女万众一心、共襄民族复兴伟业的生动局面。要始终高举中国特色社会主义伟大旗帜,加强思想政治引领,把思想和行动统一到党中央决策部署上来,广泛凝聚共识,广聚天下英才,找到最大公约数,画出最大同心圆,携手向着中华民族伟大复兴的目标一往无前。

注释

[1][9]金冲及.二十世纪中国史纲(第二卷)[M].增订版.北京:生活·读书·新知三联书店,2021:659,658.

[2][3][15][16][17][18][19][20]毛泽东选集(第四卷)[M].北京:人民出版社,1991:1125,1126,1156,1161,1159,1159,1158,1162.

[4]中共中央党史研究室.中国共产党历史·第一卷(1921—1949)下册[M].北京:中共党史出版社,2011:681.

[5][7][8][13][14]中共重庆市委党史研究室等.重庆谈判纪实[M].重庆:重庆出版社,2016:722—723,594,603,725,741.

[6]胡乔木.胡乔木回忆毛泽东(增订本)[M].北京:人民出版社,2014:82.

[10]中共中央党史研究室.中国共产党的九十年(新民主主义革命时期)[M].北京:中共党史出版社,2016:268.

[11]师哲,李海文.在历史巨人身边:师哲回忆录[M].北京:九州出版社,2015:226.

[12]熊华源.毛泽东等中共领导人重庆谈判始末[J].湘潭大学学报(哲学社会科学版),2015,39(1)(2).

[13][14]中共重庆市委党史研究室,等.重庆谈判纪实[M].重庆:重庆出版社,2016:725,741.

[本文在2021年度"成渝地区双城经济圈建设与青少年发展"征文活动中获二等奖]

新时代共青团开展党史学习教育的时代意义、内在要求和实践理路

闫 冰[①]

摘要：新时代共青团开展党史学习教育具有重要意义,不仅有助于坚定青年的马克思主义信仰,增强"四个自信",而且能够涵养青年爱党、爱国、爱社会主义的情怀,利于培养担当中华民族伟大复兴大任的时代新人。共青团开展党史学习教育,不仅要向青年传授党史知识,更要着重培养青年的正确党史观,引导青年从党史中汲取历史经验,激励青年以实际行动传承与弘扬党史文化。在开展党史学习教育的实践中,共青团应坚持时间与空间相统一、历史与现实相统一、知识与价值相统一、显性与隐性相统一,把开展党史学习教育的力度转化为引导青年为实现中华民族伟大复兴中国梦而奋斗的精神动力。

关键词：中国共产党；党史；共青团；青年

习近平总书记在庆祝中国共产党成立100周年大会上的讲话中指出："我们要用历史映照现实、远观未来,从中国共产党的百年奋斗中看清楚过去我们为什么能够成功、弄明白未来我们怎样才能继续成功,从而在新的征程上更加坚定、更加自觉地牢记初心使命、开创美好未来。"[1]未来属于青年,希望寄予青年。习近平总书记特别重视青少年的党史学习教育,他在党史学习教育动员大会上强调："要抓好青少年学习教育,着力讲好党的故事、革命的故事、英雄的故事,厚植爱党、爱国、爱社会主义的情感,让红色基因、革命薪火代代传承。"[2]共青团是中国共产党领导的先进青年的群团组织,深入持续开展党史学习教育,是共青团一项义不容辞的政治任务。要光荣地完成这项政治任务,共青团就要把握开展党史学习教育的时代意义、内在要求和实践理路。

[①] 闫冰(1986—),男,安徽亳州人,广西幼儿师范高等专科学校副教授,东北师范大学博士在读,主要研究方向为青少年思想政治教育。

一、共青团开展党史学习教育的时代意义

中国共产党成立100年来的党史承载了中国共产党人波澜壮阔的革命史、艰苦卓绝的奋斗史、探索真理的发展史,蕴含着中国共产党人崇高的理想、坚定的信念、光荣的传统和优良的作风。对青年成长与发展而言,共青团深入持续开展党史学习教育具有重要的时代意义。

(一)坚定青年信仰信念的现实需要

信仰信念任何时候都至关重要。共产主义远大理想和中国特色社会主义共同理想,是中国共产党人的精神支柱和政治灵魂。共青团作为中国共产党的助手和后备军,根本任务是培养具有坚定的共产主义信仰和中国特色社会主义信念,能够担当中华民族伟大复兴大任的时代新人。然而,当前影响青年信仰信念的因素有很多,其中两种因素影响较大。一种是西方国家倡导的自由主义、个人主义、利己主义等意识形态。随着信息化技术发展,西方各种意识形态扑面而来,一些青年深受西方思想文化影响,崇洋媚外,沦为西方错误思想文化的俘虏,迷失了人生方向。另一种是历史虚无主义。历史虚无主义是一股政治思潮,它通过各种形式,重新解读历史,割裂历史,抹黑历史,最后达到否定历史的目的。一些青年受到历史虚无主义的影响,动摇信仰信念,对共产主义和中国特色社会主义产生怀疑。共青团开展党史学习教育正当时,通过开展党史学习教育,让青年深刻认识到中国共产党为什么能、马克思主义为什么行、中国特色社会主义为什么好,积极应对西方国家意识形态的渗透和历史虚无主义的挑战,坚定青年对共产主义的信仰和对中国特色社会主义的信念。

(二)增强青年"四个自信"的逻辑前提

习近平总书记指出,中国共产党人"坚持不忘初心、继续前进,就要坚持中国特色社会主义道路自信、理论自信、制度自信、文化自信"[3]。党的百年奋斗历程和伟大成就是青年增强"四个自信"最坚实的基础。只有社会主义才能救中国,只有中国特色社会主义才能发展中国。实践已经证明,中国特色社会主义道路是一条正确的道路。我们走在这条光明大道上,无比自信。中国共产党成立以来,一代又一代中国共产党人筚路蓝缕,披荆斩棘,团结和带领全国各族人民战胜各种磨难,取得新民主主义革命胜利,在社会主义革命和建设时期、改革开放和社会主义现代化建设时期以及中国特色社会主义

新时代取得世人瞩目的成就,一个重要原因就在于党始终把马克思主义基本原理与中国具体实际相结合,形成中国化的马克思主义,指导中国革命、建设和改革的伟大实践,彰显了科学理论的强大生命力,体现了党的理论自信。中国特色社会主义具有制度上的优越性。从抗洪抢险到抗震救灾,再到应对新冠肺炎疫情,从我国国内生产总值跃居世界第二,到决胜脱贫攻坚、全面建成小康社会等,中国特色社会主义制度总是能在关键时刻发挥强大作用,战胜各种风险挑战。道路自信、理论自信、制度自信又源于文化自信。中国共产党从成立之日起,就是中华优秀传统文化的忠实传承者和弘扬者,也是社会主义先进文化的创造者和引领者。在中国共产党的领导下,社会主义文化大发展大繁荣,奠定了我们文化自信的底气。百年党史是增强青年"四个自信"的源泉,共青团开展党史学习教育能够使青年从内心深处增强"四个自信"。

(三)涵养青年爱党、爱国、爱社会主义情怀的应有之义

爱国主义的本质要求坚持爱党、爱国、爱社会主义高度统一。对于青年来说,要实现三者的高度统一,可以从党史中汲取力量。首先,开展党史学习教育,能使青年更爱党。习近平总书记指出:"中华民族近代以来180多年的历史、中国共产党成立以来100年的历史、中华人民共和国成立以来70多年的历史都充分证明,没有中国共产党,就没有新中国,就没有中华民族伟大复兴。"[4]开展党史学习教育,能使青年更深刻地认识到党的领导是历史和人民的选择,进而使其自觉坚持党的领导,拥护党的领导。其次,开展党史学习教育,能使青年更爱国。党的百年历史就是一部爱国史诗,中国共产党是爱国主义精神最坚定的实践者和弘扬者,并通过爱国主义凝聚磅礴力量。开展党史学习教育,必然能使青年感受到中国共产党人始终不渝的爱国情怀,从党史中汲取爱国主义精神的营养,激发青年在新时代以实际行动铭爱国之心,强报国之志。最后,开展党史学习教育,能使青年更爱社会主义。百年党史孕育了中国特色社会主义。通过党史学习教育,能让青年真正理解中国特色社会主义不是从天上掉下来的,是党和人民历尽千辛万苦、付出巨大代价探索和奋斗出来的。爱党、爱国、爱社会主义蕴含在百年党史之中,是涵养青年爱党、爱国、爱社会主义情怀的土壤。

二、共青团开展党史学习教育的内在要求

共青团开展党史学习教育,不仅要给青年传输党史知识,更重要的是要培养青年的正确党史观,引导青年从党史中汲取历史经验,激励青年以实际行动传承和弘扬党史文化。

(一)注重培养青年的正确党史观

当代青年一般已经有一定的党史知识储备,共青团开展党史学习教育不应停留于传授党史知识,而要重在培养青年的正确党史观。习近平总书记在党史学习教育动员大会上强调要树立正确党史观。党史观是指人们在看待党史问题时所坚持的立场、观点和方法。培养青年正确的党史观应从三个方面着手。一是引导青年实事求是,尊重党史。在党史学习教育中要教育青年以严肃和严谨的态度来正视和尊重党史。尊重党史是对党和人民最大的负责与尊重,把党史作为娱乐的素材和谋利的工具必然会受到公众的谴责甚至法律的制裁。二是坚持以唯物史观看待党史。唯物史观是中国共产党人认识把握历史的根本方法。要在党史学习教育中教会青年利用历史唯物主义分析历史现象、历史人物、历史事件,解释历史发生背后的原因,从而把握历史发展规律和大势,以史为鉴,更好前行。三是牢固树立"人民是历史创造者"的观点。习近平总书记指出:"人民是历史的创造者。"[5]在党史学习教育中要引导青年认识人民的力量,深刻理解历史发展和社会进步是由人民来推动的,使青年心中装着人民,在实践中同人民想在一起、干在一起,为实现人民对美好生活的向往而奋斗。

(二)注重引导青年从党史中汲取历史经验

习近平总书记指出:"我们党一步步走过来,很重要的一条就是不断总结经验……党的经验不是从天上掉下来的……而是我们党在历经艰辛、饱经风雨的长期摸索中积累下来的,饱含着成败和得失,凝结着鲜血和汗水,充满着智慧和勇毅。"[6]在党史学习教育中着重引导青年从党史中汲取历史经验。一方面,引导青年把握党史主题与主线。如果不能正确把握百年党史的主题与主线,就无法从党史中汲取有益历史经验。牢牢把握党的历史的主题和主线、主流和本质,是科学全面地总结历史经验的基本原则和重要体现。[7]习近平总书记指出:"我们党的历史,就是一部不断推进马克思主义中国化的历史,就是一部不断推进理论创新、进行理论创造的历史。"[8]另一方面,引导

青年总结正反两方面经验。邓小平指出:"每个党、每个国家都有自己的历史,只有采取客观的实事求是的态度来分析和总结,才有好处。"[9]"历史的经验值得注意,历史的教训更应引以为戒。"[10]党的百年历程是曲折性与前进性的统一。党史学习教育中,要引导青年正确看待党经受的挫折和党取得的成功,善于抓主要矛盾和矛盾的主要方面,坚持两点论和重点论相统一,区分主流与支流,厘清党史发展的来龙去脉,做到主观认识和客观实践具体的历史的统一。

(三)激励青年以实际行动传承党史文化

文化是一个国家、一个民族的灵魂。百年党史当中蕴含着丰富的革命文化、社会主义先进文化与中华优秀传统文化。开展党史学习教育,激励青年以实际行动传承党史文化,三个方面必不可少。一是传承与弘扬中国共产党领导人民在革命、改革和建设的伟大实践中锻造的精神品质。例如新民主主义革命时期形成的伟大建党精神、红船精神、苏区精神、井冈山精神、长征精神、延安精神、红岩精神、西柏坡精神以及社会主义建设和改革开放时期形成的大庆精神、红旗渠精神、"两弹一星"精神、抗洪精神、抗击"非典"精神、载人航天精神、抗疫精神等伟大精神。这些精神构筑起中国共产党人的精神谱系,历久弥新,是党带领人民战胜一切困难的精神动力。青年是民族的希望和未来。在党史学习教育中要引导青年做民族精神的传播者、弘扬者和践行者。二是传承和弘扬红色家风。红色家风是中国共产党人在长期革命斗争中在家庭层面传承的价值观念和行为规范。红色家风作为党史文化的结晶,承载着党的初心和使命,蕴含着中国共产党人崇学、崇德、崇俭、崇廉的风尚。在开展党史学习教育中要善于融入中国共产党人的红色家风,用红色家风滋润青年的心灵,激发青年在日常生活中将红色家风发扬光大。三是传承与弘扬党的优良传统和作风。党在百年历史长河中锤炼了优良传统和作风,如理论联系实际的作风、密切联系群众的作风、批评与自我批评的作风、艰苦奋斗的作风等。这些优良传统和作风对于今天干事创业仍然具有现实意义。开展党史学习教育,就要引导青年把党的优良传统和作风体现在行动上,落实到实践中。

三、共青团开展党史学习教育的实践理路

只有把开展党史学习教育的内在要求转化为实践的力量,才能实现开展党史学习教育的时代价值。共青团开展党史学习教育要坚持"四个统一"。

(一)坚持时间与空间相统一

时空观念是历史学科重要的核心素养,指对事物与特定时间及空间的联系进行观察、分析的观念。[11]时空观念一般以历史纪年、历史时间、年代尺、阶段特征、历史大事年表、历史地图等形式呈现出来。其中,历史时间是历史学科中的一个重要概念,它不仅仅指时间点或阶段性的时间年代,而且还有特定的历史内涵。历史时间能够反映历史变迁,具有特定的历史意义。理解历史时间的历史意义,离不开历史空间。这里的历史空间是指以人的活动为表现形式的现实存在,并非独立于人的活动之外的抽象存在。历史地图具有承载历史时间和空间信息的独特功能,它以图文结合、时空结合、自然与人文结合为特质,对进一步理解历史知识、分析历史事件有着不可替代的作用。开展党史学习教育要注重发挥历史地图的作用,把历史时间与空间结合起来,把青年置于具体的历史时空中,深化青年对党史中的概念、事件、人物、会议等的认识。以"红军长征"为例,红军长征的路线图呈现了红军在长征中跨越的近百条江河、攀越的数十座险峰、进行的数百次大小战斗。通过地图,让青年深刻体会中国共产党人和红军将士用生命和热血铸就的伟大长征精神,激发青年为走好新时代的长征路而努力奋斗。

(二)坚持历史与现实相统一

习近平总书记指出:"历史、现实、未来是相通的。"[12]历史和现实在时间上是连续的整体,历史是昨天的现实,现实是明天的历史,两者互相联系。开展党史学习教育要坚持历史与现实结合。要把党史与社会热点、焦点联系起来,通过"古今对照""中外比较",引导青年思考,认识社会热点、焦点背后的实质问题。再以"红军长征"为例,学习红军长征这一历史事件,要这样引导青年:红军长征的艰难困苦是不可想象的,新时代的长征路与红军长征相比,虽然时代变了,环境条件、目标任务等也不相同,但都是具有开创性、艰巨性、复杂性的伟大事业。实现中华民族伟大复兴,没有平坦的大道可走,也不是轻轻松松、敲锣打鼓就能够实现的,新时代的长征路也有许多"雪山""草地"需要跨越,也有许多"娄山关""腊子口"需要征服,要激励青年坚定理想信念,

在新的长征路上接续奋斗。同时,还要把党史与生活联系起来。有些青年认为党史距离自己很遥远,因此,开展党史学习教育要拉近青年与党史的距离。有的青年的爷爷奶奶、外公外婆就是老红军、老战士,有的青年就在革命老区长大,有的青年身边就有优秀共产党员,开展党史学习教育要善于联系生活,这样的学习教育对青年才更有影响力和感染力。

(三)坚持知识与价值相统一

习近平总书记指出:"要坚持价值性和知识性相统一,寓价值观引导于知识传授之中。"[13]知识性体现的是满足受教育者对知识的渴望,价值性强调的是塑造受教育者的价值观念,两者统一于教育实践之中。党史具有鲜明的知识性和价值性特征,共青团开展党史学习教育要坚持知识性和价值性相统一。仍以"红军长征"为例,青年对红军长征的历史背景、缘由经过以及历史意义有一定掌握,开展党史学习教育要重点放在帮助青年建构国家观、民族观、历史观和价值观上。特别是通过长征路上英雄人物的感人事迹,引导学生学习英雄、铭记英雄、崇尚英雄,坚决反对那些抹黑人民英雄的历史虚无主义行径,传承民族气节,担当历史使命,在中国特色社会主义伟大实践中实现人生价值与社会价值的统一。

(四)坚持显性与隐性相统一

显性教育和隐性教育是教育的两种基本形态。两者相互补充,相互促进,相得益彰。开展党史学习教育要坚持显性教育和隐性教育相统一,既要旗帜鲜明地讲党史,理直气壮地阐述中国共产党的领导地位是历史和人民的选择,引导青年知史爱党、知史爱国。同时,也要发挥隐性教育的价值。仍以"红军长征"为例,可以借助现代化技术创造历史情境,让青年在情境中体验爬雪山、过草地的艰辛。通过演绎长征路上的小故事,唱响长征路上的红色歌曲,激发青年爱党爱国的情感。有条件的可以组织青年重走长征路,参观长征路上的红色景点,发挥红色旅游景点的环境育人价值。

总之,共青团开展党史学习教育,要明确其时代意义,把握其内在要求,坚持"四个统一",突出政治性、历史性、实践性和价值性,通过开展党史学习教育,培育实现中华民族伟大复兴的强大精神动力。

注释

[1][4]习近平.在庆祝中国共产党成立100周年大会上的讲话[N].光明日报,2021-07-02(02).

[2]习近平.学好"四史"永葆初心、永担使命[J].求是,2021(11):4—10.

[3]习近平.在庆祝中国共产党成立95周年大会上的讲话[N].光明日报,2016-07-02(02).

[5]十八大以来重要文献选编(中)[M].北京:中央文献出版社,2016:81.

[6]习近平.在党史学习教育动员大会上的讲话[J].求是,2021(7):4—10.

[7]王树荫,耿鹏丽.中国共产党汲取百年历史经验的思想自觉[J].马克思主义理论学科研究,2021(4):24—33.

[8]学党史悟思想办实事开新局 以优异成绩迎接建党一百周年[N].人民日报,2021-02-21(01).

[9]邓小平文选(第三卷)[M].北京:人民出版社,1993:272.

[10]习近平.习近平谈治国理政(第一卷)[M].北京:外文出版社,2018:390.

[11]胡刘,祝莉萍.马克思实践论视域的社会历史时空观及其当代意义[J].教学与研究,2012(4):24—31.

[12]以更大的政治勇气和智慧深化改革 朝着十八大指引的改革开放方向前进[N].人民日报,2013-01-02(01).

[13]用新时代中国特色社会主义思想铸魂育人 贯彻党的教育方针落实立德树人根本任务[N].人民日报,2019-03-19(01).

[本文在2021年度"成渝地区双城经济圈建设与青少年发展"征文活动中获三等奖;本文系2019年广西高校大学生思想政治教育理论与实践研究课题(编号:2019LSZ010)阶段性成果;本文原载于《新生代》2022年第2期,有改动]

浅析中国共产党人初心与使命的内在逻辑与实践导向

余舒雅[①]

摘要：回顾百年大党发展历程，中国共产党"为中国人民谋幸福、为中华民族谋复兴"的初心和使命具有深刻的内涵与特征。从逻辑架构看，党的初心和使命根植于传统民本文化，形塑于马克思主义政党学说，发展于对中国共产党探索成果的科学把握。从价值逻辑看，坚守党的初心和使命是中国共产党跳出历史周期率的本质要求、加强使命型政党建设的现实需要。因此，践行初心与使命需要中国共产党不断完善执政方式、提升执政能力，加强教育机制建设、加强党员党性修养，健全群众工作制度、坚持人民至上理念，建立政治体检制度、完善党内政治生活。

关键词：初心；使命；路径

党的十九大正式提出开展"不忘初心、牢记使命"主题教育。以习近平同志为核心的党中央高度重视党员的初心与使命意识，旨在夯实党员思想基础，提升党内治理能力。2013年12月26日，习近平总书记在纪念毛泽东同志诞辰120周年座谈会上的讲话中指出："勿忘昨天的苦难辉煌，无愧今天的使命担当，不负明天的伟大梦想。"2019年10月，党的十九届四中全会提出建立"不忘初心、牢记使命的制度"，体现了党对百年历程经验的深刻总结，彰显了百年大党的政治自信与崇高的政治信仰。不忘来时路，方知向何行，从逻辑架构、价值逻辑、实践导向剖析中国共产党的初心与使命，对探寻"中国共产党为何永葆活力与朝气"这一问题具有重要意义。

一、中国共产党人初心与使命的逻辑架构

（一）根植于传统民本文化底蕴

博大精深的中华文化中蕴藏的民主思想是习近平总书记关于不忘初心、牢记使命重要论述的理论来源之一。《尚书·五子之歌》中"民惟邦本，本固邦

[①] 余舒雅(1998—)，女，四川绵阳人，西南财经大学2023届硕士研究生，主要研究方向为执政党建设理论与实践。

宁"[1]强调了人民的重要性。《论语·颜渊》记载,子贡向孔子询问治理国家之道,孔子回答"足食,足兵,民信之",若必选其一,在三者权衡下,孔子认为"民无信不立",如果老百姓不信任统治者,则国家无存在之根基。孟子则将孔子的思想进一步升华,提出了"民贵君轻"等重要观点,阐明了民于君的重要性,"保民而王,莫之能御也"。虽然传统的民本思想与君王统治密切相关,其只是统治阶级维护社会稳定的一种手段,受限于专制制度,但君主仍将尊民意、得民心作为执政的根基和国家存在的重要基础。有鉴于此,"为中国人民谋幸福、为中华民族谋复兴"的初心与使命是厚植于传统民本文化中的,并将其作为文化基因不断发展升华。人民是社会发展的基石和动力之源,中国共产党秉持"立党为公、执政为民"的执政理念,以人民支持作为执政的最大底气,始终坚持以人民为中心,推动党和人民事业不断向深、向实发展。

(二)形塑于马克思主义政党学说

马克思在《1844年经济学哲学手稿》中深入分析人的本质,体现了对人本身的关照。《共产党宣言》明确指出"无产阶级的运动是绝大多数人的,为绝大多数人谋利益的独立的运动"[2],表明无产阶级的价值追求是为了人民。1871年,巴黎公社在共产主义运动中诞生,其主张政府应是人民的公仆,其倡导的民主原则鲜明地彰显了无产阶级革命的方向。马克思主义政党坚持人民至上,提出"共产党人不是同其他工人政党相对立的特殊政党。他们没有任何同整个无产阶级的利益不同的利益"[3]。由此可见,马克思主义政党的人民性特征与中国共产党的初心和使命高度契合。中国共产党在成立之初就明确了建党究竟是为了谁、目标是什么及怎样实现目标,并将马克思主义政党理论与中国内忧外患的艰难处境相结合,做到人民、民族和国家利益的内在统一,将人民性的价值理念转化为执政所应遵循的重要原则,在实践中丰富建党治党理论,以马克思主义科学理论的人民性原则作为不忘初心、牢记使命的价值起点和理念指引,在传承初心中谱写新篇章。

(三)发展于对中国共产党探索成果的科学把握

中国共产党始终以马克思主义为指导思想,将马克思关于人类彻底解放的学说与中国现实境遇相结合,将抽象的"初心与使命"具体化、阶段化,在不同的时期制定不同的任务,明确奋斗目标。党的二大制定了最高纲领,即"组织无产阶级,用阶级斗争的手段,建立劳农专政的政治,铲除私有财产制度,渐次达到一个共产主义的社会"[4]。正如毛泽东所说:"共产党是为民族、为人民谋利益的政党,它本身决无私利可图。"[5]以此为价值引领,中国共产党始终不忘初心、牢记使命与担当,领导群众打土豪、分田地,在困顿逆境中奋勇前进。新民主主义革命胜利后,面对重获新生却千疮百孔的新中国,党带领人民加强政治、经济等领域的建设,推动政治制度、经济体系和工业体系的建立,为民族复兴提供肥沃土壤。在改革开放时期,党绘制出市场经济的新蓝图,同时,思想的不断创新发展为开辟新征程提供了强有力的精神支持。在新时代下,党统筹推进社会结构的调整,在追求美好生活的过程不断创造"中国奇迹"。中国共产党在百年探索的奋斗历程中实现了三大历史性飞跃,逐渐形成了以长征精神等为主要内容的百年精神谱系,涌现出无数的先锋模范党员。习近平总书记曾说过:"初心不会自然保质保鲜,稍不注意就可能蒙尘褪色,久不滋养就会干涸枯萎,很容易走着走着就忘记了为什么要出发、要到哪里去,很容易走散了、走丢了。"[6]而"不忘初心、牢记使命"主题教育的开展旨在提醒9000多万党员为何出发,激励党员保持高昂斗志,迎难而上,坚守初心,在新时代推动中华民族强起来。

二、中国共产党人初心与使命的价值逻辑

(一)目标维度:跳出历史周期率的本质要求

黄炎培在延安考察时与毛泽东谈到历史周期率的问题。黄老所指的"历史周期率"即中国历朝历代,早期执政者励精图治,随着环境好转,却也安于现状,难求发展,最终衰落,形成"开国—中兴—平稳—衰亡"的规律。时隔70多年,在中国共产党成立100周年时,中国实现了第一个百年奋斗目标,中国共产党将带领中国人民向第二个百年奋斗目标进军,在这样的背景下,历史周期率依然是中国共产党所面临的问题,而"不忘初心、牢记使命"主题教育的开展是对中国共产党跳出历史周期率的时代回答。

牢记初心与使命为党内自我革命提供了重要遵循。首先,牢记初心与使命有助于抓住党内存在的矛盾,并以此为突破口,解决主要问题,加强党的建设。习近平总书记曾明确指出:"做到不忘初心、牢记使命,并不是一件容易的事情,必须有强烈的自我革命精神。"[7]在充分认识执政规律的基础上,必须高度警惕党员的堕落腐化,在正视自身的同时加强自我管理,在实践中寻

找思想上的差距,自律自省,加强理念信念教育。

其次,牢记初心与使命是从严治党的重要保障。党员人数不断攀升,党员管理是党员人数众多的政党一个极为重要的问题。"办好中国的事,关键在党",新时代下党内规章制度建设已见成效,守住党的初心和使命有助于构建风清气正的党内生态,推动从严治党向党内各领域、多环节持续推进,建设充满朝气、与时俱进的先进政党。

最后,牢记初心与使命体现党优良的政治传统,是加强监督的迫切要求。毛泽东指出我们党已经探索到了以民主为主要内容的新路径,"让人民来监督政府"。目前党内存在着贪污腐败的问题,部分党员无视党章党规党纪,这都是要求加强党内外监督的客观现实。我国是工人阶级领导的国家,在这样的背景下,必然要"让人民来监督政府",推动监督体系向可操作、科学化发展,让党内"透明化",受到人民群众有效的监督,避免权力异化,让政府取信于民,同时扩大人民民主,群众以自下而上的方式有序且广泛地参与政治生活,实现政府运行与人民监督的深度嵌套。

(二)主体维度:加强使命型政党建设的现实需要

马克思主义将人民放在重要位置,认为人民群众是社会历史发展的主体,主张全人类的彻底解放、人自由且全面的发展。基于此,中国共产党作为马克思主义政党,坚定不移地将人民群众的发展放在显著地位。

党的历代领导人格外重视人民问题。毛泽东阐明了人民与党的关系,指出人民对于党的突出地位,党员应要明确任务和权利,在工作和生活中落实人民观;邓小平在认识到社会主义总的趋势的背景下,指出应充分发扬民主,重视群众幸福感、满意度,为建设社会主义提供了重要思想指导;江泽民强调中国共产党的先锋队属性,坚持群众路线,将人民观具体落实在"全面建设小康社会的战略"中,保证人民群众的根本利益;胡锦涛则进一步强调深入基层的重要性,提出"三种公平"助力和谐社会建设,为人民办实事,改善人民生活水平;习近平主张在调研的基础上加强党群关系发展,并将人民发展上升为治国理政的价值引领,指出始终牢记初心与使命是得到群众拥护的关键因素。

而当下执政环境的复杂化使党面临着脱离群众的危险,党长期的执政地位使部分党员养成惰性,高高在上,在情感上远离群众,党与人民群众的缝隙逐渐拉大,矛盾增多。近年来,党的重要会议中多次提及有关"人民"的内容,明确了党的初心与使命的核心价值取向,践行与人民的精神契约,强调人民至上的价值取向,加强了党的思想引领力,建立与人民有效互动的新模式,为党的建设及其蓬勃发展增添民主的砝码。

三、中国共产党人初心与使命的实践导向

(一)完善执政方式,提升执政能力

1.坚持科学执政、民主执政、依法执政相统一

党自身发展和外部环境的不确定性变化要求中国共产党要顺应时势,不断优化党的执政方式,为党践行初心与使命提供坚实的组织保障。首先,我国正经历着历史上最为广泛深刻的社会变革,中国共产党面对纷繁复杂的局势,只有做到科学执政、民主执政、依法执政相结合,才能不断寻求新突破,永葆本色。新时代,党的任务无比艰巨,面临的矛盾无比尖锐,践行初心与使命的过程漫长。因此,党必须在实践中把握历史发展规律,深入了解中国的实际情况,进而研究党自身的执政规律,做到科学执政。其次,中国共产党作为执政党,是中国发展的主心骨。这就决定了党必须要民主执政,充分听取民意,以党内民主推进人民民主,为践行党的初心与使命凝神聚力。最后,践行初心与使命必然需要相关的法律法规作支撑。这要求党要深化执政规律,加强自身法治化建设,妥善处理党与民主党派等的关系,增强党执政的规范性、自身治理的有效性。

2.推动执政方式向现代化发展

我国治理体系现代化的不断推进对党的执政方式提出了更高的要求,启示党内要实现执政方式的现代化发展。首先,充分运用科学技术的有益成果是提升工作效率强有力的手段。现阶段,在各级党组织进行组织决策时,应充分发挥科技的作用,统筹谋划,以提升决策的可预见性。其次,将民主化管理与我国集中力量办大事的政治优势相结合,构建专业化的党建工作体系,提升各项工作的效率。再次,打造高素质的党员干部队伍。党员干部的执行力是党执政能力的集中表现,因此,要推动党执政能力的现代化,就要构建高素质的党员干部队伍。总之,执政方式向现代化方向发展是必然趋势,通过对加强党的建设新途径的探索,以实现党的执政方式不断完善。

(二)加强教育机制建设,加强党员党性修养

1.开展警示教育活动

党员的举止行为不仅代表其自身,也体现了政党形象。近年来,人民见证了党内反腐的力度和成效,党和政府的公信力得到提升。同时,反腐倡廉的事例也为开展一系列警示教育活动提供了鲜活的素材。组织党员干部观看反腐专题纪录片,以告诫其牢牢守住政治底线,吸取教训,避免踏上不归路。同时,开展廉政教育,组织党员聆听相关事迹汇报,使其从中获取精神养分。通过开展正反两方面的教育,以加强党员的思想建设,从思想源头强化党员的意识,使其时刻牢记初心和使命,铭记党和人民的嘱托。

2.不断加强理论教育

中国共产党作为学习型政党,广大共产党员必须不断加强理论学习,提升理论修养,以扎实的理论功底作为支撑。首先,要加强马克思主义的基本立场、观点和方法的学习,以习近平新时代中国特色社会主义思想为思想主线。纵观苏联亡党亡国的历史,究其根本是党内意识形态受到腐蚀,导致思想混乱,偏离了正确的治国方向,最终酿成苦果。践行初心与使命,要深入学习贯彻习近平新时代中国特色社会主义思想,掌握其精神基点和内核要义,并将其作为检验工作有效性的隐性标准和重要遵循,进而有效保证"不忘初心、牢记使命"的制度沿着正确的轨道扎根落实,并在实践的过程中深入到党员教育中,推动理论学习往实处发展,增强党员的凝聚力和政治自觉,用初心引领广大党员,增强党员干部对于实现共产主义的信心、信念和信仰,建设有能力、有责任、敢担当的先锋党。其次,要在深入实践的基础上让马克思主义的科学理论贴合当下中国的现实情况,让政治话语在社会实践中汲取养分,为理论创造提供实践依据。同时,高举中国特色社会主义伟大旗帜,以初心和使命为思想红线,使全体党员在投身实践中涵养党性,做到知行统一。纵观党的百年发展史,党的成长壮大不仅来源于在实践中积极探索,还来自对马克思主义理论的学习。通过学习马克思主义理论,用其指导中国特色社会主义建设的实践,在实践中摸索,进而推进马克思主义中国化。

(三)健全群众工作制度,坚持人民至上理念

1.完善群众利益诉求表达机制

进入新时代,我国的社会主要矛盾集中于"发展"与"需求"二者间,即我国社会的主要矛盾是人民日益增长的美好生活需要和不平衡不充分的发展之间的矛盾。社会主要矛盾是推动社会向前发展的重要动力。当前,我国党群工作仍面临诸多问题,影响群众工作的顺利开展,其中最为明显的是群众利益诉求表达机制不完善。目前,我国处于利益多元化的时代,新社会阶层的出现要求完善现有的群众利益诉求表达机制。完善利益诉求表达机制,最关键的是畅通利益诉求表达的渠道。首先,实现群众与干部的双向互动以实现信息对等,党员干部和政府应真正从实际调研中了解转型期不同阶层的需求,以走访、举行座谈会等方式听取群众的核心利益需求,最终形成能反映民意的相关制度并推动其有效落实。其次,要充分发挥党员的先锋模范作用,构建组织网络。各地基层党组织要充分发挥阵地作用,扩大利益诉求表达平台,充分调动各类群体的积极性,通过规范且有效的途径满足群众的利益需求,以实现上通下达的良好效果。

2. 推动党群融合发展

中国共产党的初心与使命要求必须树立人民主体观,推动其有效转化为实践效能的关键途径是要实现与群众的深度融合,将人民纳入党的话语语境中。"为人民谋幸福"并不只是空喊的口号,而是要落实到党的各项工作中,如此才能提升人民对党的认同度。在"互联网+"的时代背景下,各级党组织要逐渐转变工作方法,充分发挥"互联网+"效应以提升群众工作的效率,运用"两微一抖"平台进行信息发布、政务公开,便于群众及时掌握相关动态。同时,要利用互联网平台及时了解民意、征求各方建议,供决策参考,并在决策后建立反馈机制,实现党和群众的有效沟通,使得党群关系的良好发展成为新常态。

(四)建立政治体检制度,完善党内政治生活

1. 完善党员监督机制

目前,中国共产党正处于百年历史的交汇点,是否能够营造良好的政治生态是关系党是否能够实现长期执政的关键因素。而建立政治体检制度是保持党员初心与使命的重要路径。中国共产党是中国唯一的执政党,党员的权力必须受到监督,要运用自身约束与外部监督来防止权力的"异化",为政治体检提供有效依据。首先,要加强法规制度建设。政治体检不仅涉及政治生活层面,还要体现在思想建设层面。法律法规是检验"体检"是否合格的强有力的衡量标准,将其作为审视党员言行举止的准绳,通过硬性化、规范化的制度约束党员行为,能有效提升监督机制的效度和信度。其次,要建立健全

考核评价机制,以实现对党员的有效监督,做到批评与自我批评相统一。党员在生活和工作中要做到"吾日三省吾身",通过发现自我存在的不足并加以改进,从而实现个人的进步。此外,要运用好"批评"的武器,广泛接受人民群众的监督,并及时整改所发现的问题,确保"体检"的有效性。

2.加强党内政治建设

践行党的初心与使命需要以提高党内政治生活质量为重要前提。党内政治生活要顺应时代要求不断进行创新发展,但诸多党组织的政治生活形式上仍偏于陈旧,内容上偏于传统,导致党员凝聚力弱化、政治意识淡薄等情况的出现。为解决此种情况,应在立足于党的建设总目标的基础上将时代问卷融入党内政治生活,以正确思想指导工作,将初心与使命厚植于伟大的实践中;同时,以调动党员的主动性来形成良好的政治生态,永葆党内生机活力。将创新党内政治生活方式作为关键一环,贴合时代需求,鼓励各级党组织利用当地特有的红色文化元素,采用多样化的方式以增强组织生活的活力。此外,坚持以党章作为根本遵循,严格执行相关规章制度,推动政治生活高质量地展开,发挥党员的主体性,为党员铭记初心与使命提供坚实的政治保障。

注释

[1]尚书[M].王世舜,王翠叶译注.北京:中华书局,2012:369.

[2]共产党宣言[M].北京:人民出版社,2018:39.

[3]马克思恩格斯文集(第二卷)[M].北京:人民出版社,2009:44.

[4]中央档案馆.中共中央文件选集(第一册)[M].北京:中共中央党校出版社,1989:116.

[5]毛泽东选集(第三卷)[M].北京:人民出版社,1991:809.

[6]习近平.在"不忘初心、牢记使命"主题教育总结大会上的讲话[N].人民日报,2020-01-09(02).

[7]习近平在中央政治局第十五次集体学习时强调 全党必须始终不忘初心牢记使命 在新时代把党的自我革命推向深入[J].党建,2019(7):4—5.

[本文在2021年度"成渝地区双城经济圈建设与青少年发展"征文活动中获三等奖;本文原载于《光华思想政治教育论坛2021》,有改动]

中国共产党伟大建党精神与义务本位
——青年政治信任视角

马子恒 李 军[①]

摘要:习近平总书记在"七一"重要讲话中深刻阐释了伟大建党精神。伟大建党精神来自中国共产党革命先驱基于中华优秀传统文化与马克思主义在人民立场、大同理想、实事求是、忠诚奉献等四方面的深度契合而作出的政治选择。中国共产党及党内法规的义务本位立足于伟大建党精神,推进党的建设新的伟大工程,能够克服西方政党维护少数人利益这一令青年马克思苦恼的疑问,并以使命型政党文化与制度建设,在"党—团—青"三重同心圆的价值传导中唤起中国青年的高度政治信任。

关键词:伟大建党精神;义务本位;党内法规;青年;政治信任

一、中国共产党伟大建党精神:青年先驱的政治选择

以史为鉴,可以知兴替。党的百年,是在中华民族积贫积弱之时寻求正确的中国道路,在内忧外患的重重逆境中涤荡积秽、推翻三座大山夺取革命胜利,在一穷二白的中华土地上实现赶超发展、全面建成小康社会,高举中国特色社会主义伟大旗帜推进世界和谐、关注人类前途命运的伟大征程。习近平总书记在庆祝中国共产党成立100周年大会上的讲话(以下简称"七一"重要讲话)中深刻总结:"中国共产党领导是中国特色社会主义最本质的特征,是中国特色社会主义制度的最大优势,是党和国家的根本所在、命脉所在,是全国各族人民的利益所系、命运所系。"[1]中国共产党走过了百年光辉历程,取得了伟大成就,这在青年革命先驱践履政治选择时就已铺设伏笔:"一百年前,中国共产党的先驱们创建了中国共产党,形成了坚持真理、坚守理想、践行初心、担当使命,不怕牺牲、英勇斗争,对党忠诚、不负人民的伟大建党精神,这是中国共产党的精神之源。"[2]

青年毛泽东在湖南第一师范求学期间,回首数十年动荡兴衰,深觉思想与

[①] 马子恒(1995—),男,河北邢台人,四川大学马克思主义学院博士研究生,主要研究方向为党内法规、党的建设等。
李军(1970—),男,重庆巫山人,新疆大学法学院党委书记、教授、博士生导师,主要研究方向为党内法规、党的建设等。

价值观改造为时代亟需:"当今之世,宜有大气量人,从哲学、伦理学入手,改造哲学,改造伦理学,根本上变换全国之思想。"[3]1840年鸦片战争以降,中国共产党成立前,在风雨如晦的民族危亡之机,一批批中国人救亡图存的意识得以萌发,有过"中体西用""扶清灭洋""师夷长技以制夷"的策略,有过"天下一家,同享太平"的乌托邦,也有过"三民主义"等相对进步的构想,但太平天国、戊戌变法、义和团运动、辛亥革命等皆不足以引领中国救亡图存,最终都黯然退出历史舞台。十月革命一声炮响,给中国送来了马克思主义。马克思主义是在对西方资本主义世界的批判中诞生的理论,是在实事求是的基础上,用世界眼光考察人类历史,提出生产力决定生产关系、生产关系反作用于生产力的唯物史观,揭示了人类社会发展的一般规律;深度透析资本主义对人民的剥削而创立剩余价值学说,揭示了资本主义社会生产方式的内在矛盾及其特殊运动规律;站在群众立场上创立无产阶级专政学说,是通往共产主义社会和实现全人类解放的科学理论。习近平总书记回望百年,立足新时代,指出:"马克思主义是我们立党立国的根本指导思想,是我们党的灵魂和旗帜。""中国共产党为什么能,中国特色社会主义为什么好,归根到底是因为马克思主义行!"[4]马克思主义作为"发展着的理论",是在吸收和改造人类优秀文化成果的基础上建立起来的。在李大钊等先驱将其引入中国后,毛泽东倡导:"学习我们的历史遗产,用马克思主义的方法给以批判的总结,……使马克思主义在中国具体化,使之在其每一表现中带着必须有的中国的特性。"[5]笔者认为,习近平总书记所阐释的伟大建党精神中蕴含了中国共产党人的优秀特质,它来自青年革命先驱对中华优秀传统文化与马克思主义的把握,两者至少存在人民立场、大同理想、实事求是、忠诚奉献等四方面的深度契合,前两方面关乎理想与价值选择,后两方面则是将理想与价值选择落脚于现实的认识与行动时的重要特征。一般认为,政治信任是公民对政治系统的内在品性及创造的成果能够与自身期望相一致的信念。[6]对于革命时代的中国有志青年为何对中国共产党怀有高度政治信任,纷纷奋不顾身投入党的新民主主义革命事业中去,亦可见一斑。

(一)人民立场

"人民"这个熠熠生辉的词语在"七一"重要讲话中出现86次,是讲话中除了"党"这一题中之义外,出现频率最高的字眼。中华优秀传统文化中的民本思想与马克思主义的群众史观不约而同地展现出对人的高度重视。民本思想在我国的渊源可追溯到《尚书·五子之歌》"民为邦本,本固邦宁"之语;孔子的政治理想中包含"仁政""爱人"的主张;孟子则在《孟子·尽心下》中提出"民为贵,社稷次之,君为轻"的理论,并总结出"政得其民"的历史兴亡规律。但以前述为代表的民本思想是以畏民为出发点、以防舟覆为归宿的,其本质是维护帝王的统治,维护"君为民主"的纲领。1939年2月,毛泽东对张闻天谈到儒家旧道德之勇时指出,那种"勇"只是"勇于压迫人民,勇于守卫封建制度,而不勇于为人民服务"[7]。马克思主义尊重人民群众的历史创造者的地位,认为"全部人类历史的第一个前提无疑是有生命的个人的存在"[8],同时把对人类生存、发展、解放的关怀给予每一个人,强调"要不是每一个人都得到解放,社会也不能得到解放"[9]。从现实的人出发,马克思阐述了人异于动物的本质,将生物属性与文明属性辩证结合,把费尔巴哈的"自然人本主义"升华到了科学的"哲学人本学"的高度。中国共产党人牢记中华民族数千年来"得民心者得天下,失民心者失天下"的历史经验,毛泽东将"听政于民"的思想提炼为党的"从群众中来,到群众中去"的科学领导方法和工作方法,并指出:"共产党人的一切言论行动,必须以合乎最广大人民群众的最大利益,为最广大人民群众所拥护为最高标准。"[10]

(二)大同理想

中华传统文化中自古便有"大同世界"的理想,先贤为了化解阶级社会的严重矛盾,改变社会动荡、人民受压迫的情况,提出对幸福美好世界的构思。孔子志于彼此仁信,分配平均,在《论语·季氏》表示"盖均无贫,和无寡,安无倾";孟子设想了"王道"政治以及井田制度下和平安乐的理想社会;老子构建了"小国寡民"的原始共产主义社会;庄子力图构建"同德""素朴"的"建德之国";墨家则提出构建"兼爱""尚同""利天下"的和谐世界。《礼记·礼运篇》中将大同世界描述为:"大道之行也,天下为公,选贤与能,讲信修睦……是谓大同。"孙中山先生在《三民主义·民生主义》中表示:"故民生主义就是社会主义,又名共产主义,即是大同主义。"马克思主义作为以解放全人类为使命、以共产主义社会为理想的学说,与大同理想一样,都是对私有制和剥削压迫的否定,都充满对平等、和谐的向往。毛泽东提出:"经过人民共和国到达社会主义和共产主义,到达阶级的消灭和世界的大同。"[11]《孟子·告子上》曰"先立乎其大者,则其小者不能夺也"。中华民族数千年的美好理想与马克思主义的科学构想在民族危亡之际产生了共鸣,并唤醒了有识青年的革命大志,感召有识青年对中国共产党的政治信任。

(三)实事求是

"实事求是"一词最早出现于班固的《汉书》,以"修学好古,实事求是"来赞扬治学态度。王阳明在《传习录》中表示:"知是行的主意,行是知的功夫;知是行之始,行是知之成"。清代顾炎武、龚自珍等把实事求是由考据学命题变为哲学认识论命题,提倡"实学"与"经世致用",这一命题在朴素唯物主义的基础上,初步实现了认识与实践的统一,彰显了传统文化的实践理性。马克思主义在认识与实践的关系上始终恪守唯物主义立场,强调实践是认识的来源和归宿,这一认识路线是指导认识世界和改造世界活动的世界观和方法论。毛泽东1941年在《改造我们的学习》中对实事求是作出精辟总结:"'实事'就是客观存在着的一切事物,'是'就是客观事物的内部联系,即规律性,'求'就是我们去研究。"中国共产党的青年先驱也曾忽略中国实际,盲目地跟从共产国际而经受革命挫折,而后以毛泽东为核心的党的第一代中央领导集体在实事求是中寻找到正确的中国道路,并将实事求是作为带领人民推动中国革命、建设、改革事业不断取得胜利的重要法宝。

(四)忠诚奉献

"忠诚"是指道德主体在对道德客体理性选择基础上形成的、对归属对象稳定的情感态度和持久的责任行为,这意味着归属感、责任感以及使命感。"奉献"则是愿为其忠诚对象牺牲自身利益甚至生命的选择。政治信任与忠诚奉献是互为前提的,青年先驱的政治信任驱使他们为革命理想忠诚奉献,并不断唤起更多青年对中国共产党的政治信任。只有忠诚于无产阶级政党,以其作为领导核心,才能制定正确的纲领、路线、政策和策略,给无产阶级指明方向和通向胜利的道路。新民主主义革命时期,党的青年先驱忠诚于党和共产主义信仰,并赋予其新的内涵,即忠诚于民族解放事业和人民根本利益,并为之不计个人得失,视死如归,矢志不渝奉献革命力量。

二、青年马克思"苦恼的疑问"与义务本位

(一)青年马克思"苦恼的疑问"

马克思在《〈政治经济学批判〉序言》中阐述历史唯物主义之前曾回顾:"为了解决使我苦恼的疑问,我写的第一部著作是对黑格尔法哲学的批判性的分析。"[12]这一疑问来自1842—1843年任《莱茵报》编辑期间,24岁的青年马克思

将康德的批判精神与黑格尔"思有同一"理性原则结合而采"新理性批判主义"法哲学,在对物质生活关系在社会历史中的地位和作用进行求索时陷入矛盾,并在《关于林木盗窃法的辩论》中总结为理性的法与私人利益难以调和的极端对立。青年马克思认为,国家和法正在循着少数人依其狭隘利益所设定的轨道运动,"一旦法的利益和这位神圣的高尚人物发生抵触,它就得闭上嘴巴","利益占了法的上风"[13]。有学者根据历史做出总结:"哪个阶级掌握政权,哪个阶级就把本阶级的物质生活条件的需要,通过法律规定为由他们所享有的权利,同时把义务推给被统治阶级。从国家的产生开始,对于所有的统治阶级,从无例外。"[14]马克思的世界观基于青年时的疑问而发生革新,那种维护少数人利益的法治与政治绝无法赢得青年马克思的政治信任,由此他在苦苦追寻真理中进一步提出无产阶级运动与共产主义社会的构想:"过去的一切运动都是少数人的,或者为少数人谋利益的运动。无产阶级的运动是绝大多数人的,为绝大多数人谋利益的独立的运动。"[15]

(二)义务本位的中西比较

"本位"意指"某种理论观点或做法的出发点"。[16]徒善不足以为政,精神文化作为人类心灵的观念取向,其价值作用的实现必然要借助于制度的保障。同时,一切行为规范的实现离不开其所调整对象的现实行动,这种行动的着力点与价值依归在于对权利的享受或对义务的承担,而中国共产党及其党内法规正是以义务作为本位。虽然"义务先于或者重于权利的逻辑在政治组织中普遍存在"[17],现代西方政党为了获取权力与维护权威,往往诉诸在选举制度中获胜以巩固自身合法性,这便无法忽视对自身政治义务的履行;但是这种行动并非基于义务本位,而是以政党的存续与发展利益为旨归,因此将选票视为"风向标"与"指挥棒",对政党职能的行使以赢得选票而非维护最广大人民根本利益为目的,这一特征在抗击新冠肺炎疫情的答卷上暴露无遗。曾经鼓吹资本主义制度而提出"历史终结论"的弗朗西斯·福山也在近年多次发表文章对其进行反思,比如目睹美国政府抗疫挫败后在2020年3月表示,"决定政府绩效的关键因素将不是政体的类型,而是国家的能力,尤其是对政府的信任程度"[18]。史蒂芬·沃尔特在评价美国政府的疫情防控工作时以"令人尴尬的惨败"来做总结,并强调"特朗普更像是一个表演者而不是领导者"[19],直指美国选举制未能选出正确的国家领袖。

当西方传统法治国家中公民社会与政治国家间横亘一条庞大的猜疑链时,

中国共产党立足中华优秀传统文化,实现马克思主义中国化,牢记初心使命,不忘人民立场、大同理想,为之实事求是、忠诚奉献,将自身义务担在肩头,将人民权利牢记心头,与人民休戚与共、生死相依。经国序民,正其制度。中国共产党党内法规不同于西方政党法,实现党务关系调整,一靠外在纪律规范约束,二靠内在信仰与精神文化。党在各个历史时期都始终强调,加入中国共产党意味着履行忠诚和奉献的义务,而不是个人利益的满足。任何规则都是依据特定的主流价值观形成的,规则就是价值观的载体。"江山就是人民、人民就是江山,打江山、守江山,守的是人民的心。"[20]党内法规作为治党管党的规范,只有秉持义务本位,才能够克服曾经令马克思苦恼的疑问,使党团结带领各族人民不断为美好生活而奋斗。

三、百年大党与青年政治信任

千秋大业,百年恰是风华正茂,一个朝气蓬勃的马克思主义执政党应关注国家的青年力量。青年兴则国家兴,青年强则国家强。1921年,平均年龄不到28岁的13名青年先驱成立了中国共产党,而后"一百年来,在中国共产党的旗帜下,一代代中国青年把青春奋斗融入党和人民事业,成为实现中华民族伟大复兴的先锋力量"[21]。伟大建党精神作为党的精神之源,在一代代青年的接续奋斗中,不仅搭建起精神谱系,更是逐渐沉淀形成文化。当今社会,信息技术越来越发达,互联网已经改变了人们的生活生产方式。在这样的环境下成长起来的青年一代,信息更畅通,能够接触到更多社会思想,价值多元化趋势明显。同时,由于青年的人生阅历不足,感性色彩浓郁,理性思辨能力还不够高,世界观、人生观、价值观容易受到侵蚀,因而争取青年政治信任在世界各国都非易事。文化论者表示,政治信任与社会中长期存在的价值体系、信仰体系及行为方式密切相关。在整体治理结构中,个体一般依据对共同价值观的文化认同,并遵循制度规范而实施行为,而且"最关键的是支撑其骨骼的价值系统"[22]。正如百年前中国青年在革命理想践履中选择了中国共产党,新时代青年也需要通过社会观察和体验来建立对党的政治信任。

1920年,陈独秀在筹建上海共产党早期组织时就曾主张组织一个社会主义青年团,作为中国共产党的后备军。而今,"党—团—青"三重同心圆已成为中国的重要政治关系。中国共青团作为中国共产党的后备军和助手,其任务是培养有理想、有道德、有文化、有纪律的接班人,不断巩固和扩大党执政的青年群众基础,努力为党输送新鲜血液。中国共青团作为中国共产党与中国青年之间的重要桥梁,应该在党的领导下充分发挥自身职能,引领广大青年学习中国特色社会主义和共产主义理论,学习党史、新中国史、改革开放史、社会主义发展史,使学生在学习理论知识的同时,通过社会实践,领悟党的初心与使命,深化对党的认识。费约翰表示:"革命需要一个从旧伦理体系到新伦理体系的大众感化过程,就如儒家伦理所做的那样,将私利意识包含于更高的公利意识之下。"[23]这种"公利意识"在中国共产党百年革命、建设、改革中从未改变,党自成立之日起就以国家、民族的命运和人民的福祉为己任,自觉担当起民族复兴和国家富强的使命,因而坚持在长期的革命、建设和改革中以义务为本位,赢得人民的充分信任和坚定托付。而今迈步从头越,"青年一代有理想、有本领、有担当,国家就有前途,民族就有希望"[24]。新时代的中国青年更应以史为鉴,开创未来,立足中华优秀传统文化,接棒马克思主义思想火炬,回望伟大建党精神,充分信任百年大党,赓续党的精神血脉,踏上崭新伟大征程,我们坚信"中华民族伟大复兴终将在广大青年的接力奋斗中变为现实"[25]。

注释

[1][2][4][20][21]习近平.在庆祝中国共产党成立100周年大会上的讲话[N].人民日报,2021-07-02(02).

[3]毛泽东早期文稿[M].长沙:湖南出版社,2013:65.

[5]毛泽东选集(第二卷)[M].北京:人民出版社,1991:533—534.

[6]David Easton,1965,A system Analysis of Political Life. New York:Wiley.1975,"A Reassessment of the Concept of Political Support." British Journal of Political Science Vol.5.

[7]毛泽东书信选集[M].北京:中央文献出版社,2003:132.

[8]马克思恩格斯文集(第一卷)[M].北京:人民出版社,2009:519.

[9]马克思恩格斯文集(第九卷)[M].北京:人民出版社,2009:310.

[10]毛泽东选集(第三卷)[M].北京:人民出版社,1991:1096.

[11]毛泽东选集(第四卷)[M].北京:人民出版社,1991:1471.

[12][15]马克思恩格斯文集(第二卷)[M].北京:人民出版社,2009:591,42.

[13]马克思恩格斯全集(第一卷)[M].北京:人民出版社,1956:179.

[14]张光博.坚持马克思主义权利义务观[M].长春:吉林人民出版社,2006:178—197.

[16]商务国际辞书编辑部.现代汉语词典[M].北京:商务印书馆国际有限公司,2020:247.

[17]肖金明.关于党内法治概念的一般认识[J].山东社会科学,2016(6):105—113.

[18]Francis Fukuyama. The Thing That Determines a Country's Resistance to the Coronavirus[EB/OL].https://www.theatlantic.com/ideas/archive/2020/03/thing-determines-how-well-countries-respond-coronavirus/609025/.

[19]Stephen Walt. The Death of American Competence[EB/OL].https://foreignpolicy.com/2020/03/23/death-american-competence-reputation-coronavirus/.

[22]王沪宁.转变中的中国政治文化结构[J].复旦学报(社会科学版),1988(3):55—64.

[23]费约翰.唤醒中国:国民革命中的政治、文化与阶级[M].李霞,等译.北京:生活·读书·新知三联书店,2004:117.

[24]习近平.决胜全面建成小康社会 夺取新时代中国特色社会主义伟大胜利——在中国共产党第十九次全国代表大会上的报告[M].北京:人民出版社,2017:70.

[25]习近平.在同各界优秀青年代表座谈时的讲话[N].人民日报,2013-05-05(02).

[本文系国家社会科学基金项目"党内法规建设促进新疆社会稳定和长治久安研究"(项目编号:19BFX005,主持人:李军)的阶段性成果;本文原载于《理论导刊》2021增刊,有改动]

安徽红色文化融入中小学思政课教学研究

杨 琴[①]

摘要：增强中小学思政课的目的性与亲切力，是中小学思政课教学研究的目标方向与基本任务。传承红色基因、弘扬红色文化是党和国家对中小学生的殷切希望与要求。思政课的教学与红色文化的发扬之间有着密不可分的关系。安徽有丰富的红色文化资源，将其红色文化融入中小学思政课的教学研究，不仅有利于促进中小学思政课的改革与发展，丰富中小学思政课的教学内容，提升课堂效果，而且也有利于传承中华优秀传统文化。

关键词：红色文化；中小学；思政课；安徽

党的十八大以来，以习近平同志为核心的党中央一直高度重视红色资源的保护和利用。习近平总书记多次前往对我们党具有重要历史意义的革命圣地、红色旧址等进行考察，提出各地要利用好红色资源，传承红色基因，赓续红色血脉。2016年，习近平总书记来到革命老区安徽省金寨县视察并发表重要讲话，他说道："革命传统教育要从娃娃抓起，既注重知识灌输，又加强情感培育，使红色基因渗进血液、浸入心扉，引导广大青少年树立正确的世界观、人生观、价值观。"[1]红色文化诠释了中国共产党的坚定理想信念、崇高价值追求和优良革命传统，既植根于中华优秀传统文化，又滋养着社会主义先进文化。安徽的红色文化十分丰富，其红色文化资源是我们党在那段极其不平凡的岁月，经过不屈斗争和艰苦奋斗而形成的文化结晶；是安徽劳动人民在艰难困苦的年代，付出巨大牺牲和重要贡献而创造的优秀传统文化。红色文化蕴含着中国共产党人以及中国人民的优秀精神品质，具有深刻的时代价值。应充分发挥红色文化资源的铸魂育人价值，培育时代新人。因此，中小学思政课程的建设和发展也必须运用好红色文化资源，以红色文化构筑起青少年的思想阵地，培育出新时代社会主义建设者和接班人。

[①] 杨琴（1996—），女，安徽铜陵人，浙江农林大学马克思主义学院硕士研究生，主要研究方向为马克思主义中国化。

一、安徽红色文化资源在思想政治教育中的时代价值

安徽红色文化具有鲜明的地方特色,凝聚着当地人民的精神力量,具有铸魂育人的天然优势,为安徽中小学思想政治教育课程提供了丰富且特别的教学资源,为推进思政课教学改革提供了重要素材和鲜活内容。一方面,安徽革命先烈的光辉事迹和安徽人民的奉献精神,可成为中小学生成长道路上的榜样示范和激励其努力奋斗的动力源泉。另一方面,安徽红色文化根植于中华优秀传统文化的土壤,通过红色文化融入思政课程,传承和弘扬红色文化,也为安徽优秀传统文化的传承和弘扬提供了可贵的机遇。将安徽红色文化资源融入中小学思政课的教学,不仅有利于发挥红色文化的铸魂育人功能,培育中小学生的道德情感和良好行为,而且有利于传承和弘扬红色文化,将优秀文化发扬光大。

(一)加强爱国主义教育

2019年中共中央、国务院发布的《新时代爱国主义教育实施纲要》强调,"爱国主义是中华民族的民族心、民族魂,是中华民族最重要的精神财富,是中国人民和中华民族维护民族独立和民族尊严的强大精神动力"[2]。在青少年学生当中开展爱国主义教育是一项十分必要的活动。学校作为开展爱国主义教育最主要的平台,是有计划、有组织、有系统地进行教育活动的重要场所。广大思想政治教育工作者应该把爱国主义教育渗透到学校教学中去,结合安徽红色文化的实质性内容,进一步将中小学思政课与红色文化关联起来,将爱国主义教育与红色文化教育融合起来。

红色文化中蕴含了爱国主义精神,可通过挖掘安徽红色文化资源中的爱国故事,宣传安徽革命英雄的英勇事迹,让更多的中小学生能够感受到伟大人物身上无私奉献的红色精神和忠于国家的爱国情怀。把红色文化中蕴含的爱国主义精神融入思政课的教学全过程,激励广大青少年学生树立爱国主义思想。这样,通过红色文化潜移默化的涵养,让越来越多的青年学生在内心孕育出爱国情感,并将这种情感外化为行动,用自己的实际行动去报效祖国。

(二)坚定理想信念教育

理想信念是我们所有人立志成才和取得成功的精神动力。红色文化和中国共产党人的理想信念有着内在的一致性。红色文化是中国共产党坚定

马克思主义信仰,领导中国人民在革命、建设和改革过程中所孕育的,因而,红色文化对于中小学生的理想信念教育具有深刻的意义。思想政治课承担着筑牢学生的思想防线、引导学生坚定理想信念的重大责任。将安徽红色文化融入中小学思政课教学过程中,能够让中小学生深入学习并且理解安徽红色文化所蕴含的精髓和内涵,也能够让中小学生获取深刻的理想信念教育,激发学生未来前进的动力。

近年来,我国经济获得飞速发展,文化也更加繁荣,社会价值观愈发多元化。青少年正处于世界观、价值观、人生观的培育期,其很容易受到不良价值观和糟粕文化的侵蚀,导致其在发展过程中出现不良的思想和行为。因此,针对这种情况,中小学思政课教师除了通过书本知识灌输对学生进行价值观引导,还应该将地方红色文化运用到教育过程中,用革命英雄无私奉献的红色精神感染学生,引导学生认识到如今的美好生活来之不易,使学生们学习优秀人物身上所表现出来的优秀品质,引导学生树立崇高的理想信念,并激励学生在实现个人理想的道路上不断奋进。

(三)培育和践行社会主义核心价值观

党的十九大报告指出,培育和践行社会主义核心价值观,要以培养担当民族复兴大任的时代新人为着眼点。培育和践行社会主义核心价值观是一项凝魂聚气、强基固本的基础工程,要从小抓起,从学校抓起。社会主义核心价值观建设,归根结底是人的思想建设,与思想政治教育有着天然的契合性。

安徽红色文化是优质的教育资源,其蕴含了社会主义核心价值观的重要内容。其时代价值与社会主义核心价值观的现实意义是一致的。首先,将安徽红色文化融入中小学思政课,这是中小学生培育和践行社会主义核心价值观的重要路径,有助于进一步推进社会主义核心价值观的培育,提高中小学生的道德素养和价值判断能力。其次,培育和践行社会主义核心价值观,在一定程度上能够让中小学生主动认识到红色文化资源的时代价值,使安徽红色文化所缊含的精神价值能够深入人心。

二、安徽红色文化融入中小学思政课教学的原因

思政课是培养中小学生道德品质的重要课程,办好思政课是中小学思政课教学改革的关键一步。习近平总书记指出:"要把统筹推进大中小学思政

课一体化建设作为一项重要工程,推动思政课建设内涵式发展。"[3]近年来,将地方文化与教学实践相结合成为思政课改革的创新路径。充分开发和利用安徽红色文化,并将安徽红色文化与中小学思政课建设紧密结合,不仅能使安徽红色文化的传承呈现出新的发展趋势,而且可以使中小学思政课的教学更加多元、多样、生动。

(一)安徽红色文化融入中小学思政课教学的必要性

安徽红色文化对中小学生具有很深刻的教育指导意义。正确运用安徽红色文化,不仅可以帮助学生学习和掌握安徽的革命历史,而且还可以激发学生学习和掌握红色文化的热情与信心。因此,将安徽红色文化融入中小学思政课教学,对于新时代加强和改进中小学思想政治教育是十分必要的。[4]

1.是提高中小学生和教师文化素养的内在需要

从安徽的现状来看,大部分中小学生,甚至有些年轻教师都对安徽本土红色文化不太了解。并且越来越多的年轻人对革命先烈所做出的牺牲与奉献不能感同身受。因而,将安徽红色文化融入中小学思政课的教学研究成为提高中小学生和教师自身文化素养的内在需要。要将安徽红色文化融入思政课教育,教师首先需要主动学习和储备更多的与安徽红色文化相关的知识,体会安徽红色文化的深刻内涵,在此基础上,挖掘适宜的红色文化资源并将其转化为思政课教学内容。在这个过程中,教师能够领悟到安徽红色文化的精神价值,受到红色文化的感染,从内心深处认同红色文化所蕴含的精神品格和价值意蕴,进而提升自身的文化素养。同时,将安徽红色文化融入思政课教育,有助于教师创新利用红色文化的教学方法,提高自身的教学技能和课堂教学的效果。其次,安徽红色文化具有强大的铸魂育人功能。在价值观多元化的今天,中小学生很容易受到不良风气的影响。将安徽红色文化融入思政课,借助思政课这一立德树人的平台,充分发挥红色文化本身所存在的教育价值,让学生在思政课中接受红色文化的熏陶,进而提高学生的文化素养。

2.是充实中小学思政课教学内容的必然要求

充实中小学思政课的教学内容是中小学思政课改革的首要课题。安徽红色文化内容丰富、形式多样,把安徽红色文化有机融入中小学思政课,是充实中小学思政课教学内容的必然要求。首先,安徽红色文化具有丰富的内容和多样的形式,其中生动的红色文化故事以及英雄人物事迹是充实中小学思政课教学内容的鲜活素材。在思政课中融入这样的内容,有助于活跃中小学思政课的教学氛围,增进思政课的教学效果,使学生改变"思政课枯燥无味"的认知,增进学生对思政课的理解。其次,安徽本土的红色文化就存在于学生身边,将这样的红色文化融入思政课,能够使思政课更加接近中小学生的生活实际,提升思政课的亲切感。总之,安徽红色文化作为充实中小学思想政治课程的一个重要内容,它的融入对丰富和发展中小学思政课起着至关重要的作用。

3.是传承和弘扬安徽红色基因的有效载体

红色基因、红色传统、红色资源是中国共产党人创造的宝贵思想和文化财富,我们一定要把这些基因、传统、资源传承好、发扬好、利用好。[5]将安徽红色文化充分融入中小学思政课,是中小学思政课发展的内在需要以及必然要求,但同时,思政课这一立德树人的平台又能成为传承和弘扬安徽红色基因的有效载体。中小学思政课教师在教学过程中,利用安徽本土红色文化资源来丰富课堂教学内容。革命年代英雄的革命事迹所表现出来的不屈、忠贞的爱国精神,让学生们深受感染,使学生获得了情感升华,将优秀的道德品质和革命精神内化于心,并且在学习和生活的实践中将其外化于行,从而使学生主动成为红色基因的传承者和传统文化的推动者。

(二)安徽红色文化融入中小学思政课教学的可行性

安徽红色文化蕴含着对革命先烈们的敬畏之情,其对当代青年学生有着深刻的教育意义,有极高的教育价值,在青少年的成长道路上发挥着不可估量的作用。通过将安徽红色文化融入中小学思政课,让青少年学生及时准确地总结历史经验,坚定实现自身理想的信心。

1.安徽红色文化资源丰富且极具特色

安徽是一个历史文化资源十分丰富的省份,其红色文化资源是历史的见证、文化的传承,是安徽这片土地上的中国人民在实现中华民族伟大复兴道路上奋斗的印迹。安徽红色文化丰富多彩,孕育了名留史册的邓稼先、陈独秀、王稼祥等英雄人物,发生过让人印象深刻的渡江战役、皖南事变、刘邓大军挺进大别山等重大事件,建有合肥蜀山烈士陵园、金寨县革命博物馆、渡江战役纪念馆等。当然,更重要的是在革命过程中所形成的独特的革命精神,它凝结在物质形态的红色文化中,体现于英雄人物的事迹中,它是安徽红色文化的"魂",是最为重要、最能影响受众的部分。[6]安徽红色文化资源具有鲜明的特色。第一,安徽红色文化揭示了安徽革命先烈的伟大精神;第二,安徽红色文化展现了安徽人民艰苦奋斗的峥嵘岁月;第三,安徽红色文化体现了中国革命历史文化的形成历程。

2.安徽红色文化和思政课坚持理论性和实践性相统一

坚持理论性和实践性相统一是办好思政课的必然要求。[7]安徽红色文化是中国共产党带领中国人民在安徽这片土地上进行长期的革命实践,经过不屈不挠的艰苦奋斗而形成的宝贵财富。当前,各地区都普遍提高了对本土红色文化的重视程度,对本地区红色文化资源进行大力宣传和保护,深入挖掘本土红色文化的内涵和精髓。在充分挖掘安徽红色文化内涵的基础上,推动安徽红色文化融入学校教育教学,把红色文化与中小学思想政治理论课有机结合,对思政课教学进行创新改革,通过具体的实践和授课代替抽象的理论说教,实现了思政课实践与课堂的转换。另外,将安徽红色文化融入思政课,有助于中小学教师探索思政课教学的新方式方法,将理论学习与社会实践活动开展相结合,让思政课的教学效果显著提高。

3.安徽红色文化的价值导向与中小学思政课具有高度契合性

在新时代背景下,教育部明确提出实现新课程改革,大力提倡将地方特色文化融入学校课程之中,实现现代化教育的生活化和实践性。中小学思政课改革的最大目标就是要将以往思政课的一贯模式打破,创新思政课教学模式,将本土红色文化与校园思政课教学相结合。现如今,大多数中小学生对本地红色文化缺乏了解,不理解思政课的教学意义。因此,将安徽红色文化与校园文化相融合,不仅可以使中小学生对安徽红色文化有充分认识和了解,而且也能够发挥红色文化对中小学生思想政治教育的价值导向作用。

安徽红色文化的价值导向与中小学思政课具有高度的契合性。首先,安徽红色文化具有铸魂育人的价值,与思政课立德树人的根本任务具有天然的契合性,安徽红色文化融入思政课,有助于引领正确的价值方向和形成良好的社会氛围。其次,二者互相影响和促进。一方面,安徽红色文化能够充实中小学思政课的教学内容,形成富有特色的、有价值的、有实践意义的思政课。另一方面,中小学思政课教学为安徽红色文化的传承与发展提供了很好的机遇,为整个社会弘扬优秀传统文化营造了良好的氛围。

三、安徽红色文化融入中小学思政课教学存在的问题

安徽红色文化内涵丰富,具有很高的教育价值。将安徽红色文化融入中小学思政课,可以有效促进教师与学生之间的互动,激发学生的学习积极性,培养学生的爱国情操。[8]但是,在中小学思政课的教学创新和开发过程中,安徽红色文化资源的融入存在一定的问题。结合笔者的教育学习经历,笔者将这些问题总结为如下三个方面:

(一)学校缺乏对本土红色文化的重视

学校对于本土红色文化资源运用于教学的倡导以及重视力度是影响安徽红色文化融入中小学思政课教学研究最为关键的因素。目前,安徽大多数中小学校并没有特别重视安徽红色文化资源在教育教学中的运用,也没有将本地红色文化列入学校文化的教学建设之中,没有构建系统的红色文化教学体系。这在一定程度上阻碍了安徽红色文化资源融入思政课堂。

事实上,在中小学的思想政治课中,利用安徽红色文化资源的优势有很多,既能够让中小学生直接学习安徽红色文化,了解安徽红色革命事迹,感悟红色文化所蕴含的精神价值,也可以通过改革思政课教学方式,让中小学生主动搜集和整理自己了解到的安徽红色文化,以提高学生对思政课的兴趣。但目前,大多数学校并没有支持和鼓励思政课教师在课堂上对学生进行红色文化的普及。这也就导致中小学思想政治课教师对红色文化资源不够重视,使教师缺乏去开发更多具有价值的安徽红色文化资源的主动性。

(二)中小学红色文化教学内容和生活尚未结合

传统的中小学思政课堂通常只注重书本上的理论知识讲解,或者单纯地对安徽红色文化内容进行讲解,而没有把安徽红色文化的教学内容与生活相结合。这样的课堂教育形式单一,并且教学内容脱离了学生的生活,无法引起学生对本土文化的学习兴趣,导致学生在学习过程中的积极性不高,无法感悟到安徽红色文化所蕴含的精神价值,因而,这对中小学生思想品德的培养效果不大。有的教师在思政课堂上引入安徽红色文化的内容时,未找到安徽红色文化与中小学思政课教学相关内容的结合点,使中小学思政课教学内容缺乏针对性和系统性。

因此,要将安徽红色文化融入中小学思政课的教学中,教师首先应深入了解安徽红色文化的内涵,找到安徽红色文化与思政课教育内容的契合点,

将生活实际与安徽红色文化教育内容有效结合,以通俗易懂的方式,向学生们传递安徽红色文化背后的革命精神与时代价值。只有这样,思政课才能更贴近学生的生活,学生才能真正掌握和理解安徽红色文化以及教材中所讲述的内容,进而充分发挥安徽红色文化的育人价值以及落实思政课的立德树人根本任务。

(三)教师对红色文化教学的意识淡薄和部分学生学习的积极性缺乏

思政课教师是学生树立正确价值观念的引导者,也是学生成长过程中的关键人物。因此,中小学思政课教师的态度和意识是上好一堂课的重要前提。在将安徽红色文化融入思想政治教育课的过程中,许多教师对红色文化的内容并不熟悉,对红色文化也没有深层次的认识,没有主动深入地了解红色文化的含义、价值、功能以及所蕴含的精神财富等。[9]教师对安徽红色文化资源在实际教育教学中的运用不够积极主动,安徽红色文化融入中小学思政课的程度不高。此外,中小学思政课的教师在课堂上缺少对安徽红色文化知识的学习设置,即使是开展安徽红色文化相关的教育活动,学生们的参与度和积极性也不高。这导致难以通过思政课激发中小学生对安徽红色文化的学习兴趣和对本土文化的热爱。总之,教师对红色文化融入思政课教学的意识淡薄和部分学生学习的积极性不高等主要问题,在一定程度上阻碍了中小学生对安徽红色文化的继承与弘扬,也在一定程度上影响了思政课改革的创新与发展。

四、安徽红色文化融入中小学思政课教学的路径探索

为了解决当前安徽红色文化融入中小学思想政治教育面临的困境和存在的主要问题,笔者认为可以通过如下路径,实现安徽红色文化资源有效融入中小学思政课教学。

(一)利用安徽红色文化开展课堂教学活动

目前,红色文化融入思政课已在教材建设上有所体现。例如,在中学的《道德与法治》教科书中,多章内容涉及奉献社会和热爱祖国等内容,目标是让学生传承红色精神,弘扬爱国情怀。而在高中政治《文化生活》这本学习教材中,"中华文化与民族精神"这一单元的内容就介绍了多个地区的红色文化资源,介绍了在西柏坡和井冈山等地方形成的中华民族精神。这些都是红色

文化融入教材的具体体现。在讲解这些内容时,教师应该创新课堂教学方式,改变以往单一的以讲解教材内容为主的方式。

首先,在中小学思政课教学过程中,教师可以通过现实生活中的例子来说明红色文化所蕴含的精神和内涵,使生活实际与课堂教学紧密结合起来。安徽红色文化中的鲜活案例为教师提供了许多优质的教学资源,为思政课教师的教学和学生的学习增添新的色彩。其次,中小学思政课教师应结合教材,自觉地找寻安徽红色文化资源与思政课教学内容的结合点,根据本地红色文化资源的内容进行针对性讲解,使红色文化转化为课堂教学活动的宝贵资源。此外,教师还可以以教材为指导,让学生自行搜集相关资料,自主展开学习,调动学生的积极主动性。这样既能够让中小学思政课的教学更加生动,又能够很好地将当地红色文化与教学活动紧密联系在一起。

(二)依托安徽红色文化开展课外实践活动

将安徽红色文化融入中小学思政课,除了做到创新课堂教学设计和内容安排之外,还需要依托安徽红色文化资源,开展中小学生课外实践活动,建立中小学红色文化教育的第二课堂。因此,中小学思政课教师应该深刻认识到实践教学的重要性,结合中小学生的实际情况,选择适宜的红色文化资源,开展现场体验式的实践教学。比如,依托安徽地区的蜀山烈士陵园、金寨县革命博物馆、渡江战役纪念馆等爱国主义教育基地开展实践教学。教师带领学生参观这些爱国主义教育基地,引导学生主动学习安徽的革命历史文化。再比如,教师可以带领中小学生在课后采访身边的老党员、老红军、老英雄等,让中小学生通过与老党员、老红军、老英雄进行面对面的交流,深入了解安徽红色文化所蕴藏的红色精神。这些实践活动能够激发学生对思政课教学的兴趣,使他们在收获知识的同时接受红色精神的熏陶,从而实现思政课教学的目标。

(三)创新安徽红色文化融入思政课教学模式

安徽红色文化是中国共产党领导中国人民在安徽这片土地上革命、建设和改革所孕育的文化,它并不是一成不变的,而是随时代的发展而不断丰富发展。改革开放40多年来,中国共产党带领全国人民共同谱写了当代中国繁荣富强和民族复兴的故事,进一步丰富了全国各地红色文化的精神内涵。无论是安徽红色文化还是中小学思政课教学,都应该顺应时代的发展和要求,实现创新和发展。因此,各中小学校都应该致力于深入研究本土红色文化,积极构建思政课新模式,这就是目前中小学思政课教学研究的主要目标。

如今已经进入网络时代,将安徽红色文化与网络新媒体相结合,在中小学思政课中积极利用新媒体,进行红色文化的教学,让学生不断加深对安徽红色文化的认识,不断深化对思想政治教育的思考。比如,在学校的网站可以开设有关安徽红色文化的专题网页,鼓励学生收集各种文化资源,将红色文化内容上传到校园网站,让学生主动获取更多的信息以及学会分享和交流信息。教育工作者们要紧跟时代步伐,挖掘安徽红色文化的时代内涵,运用新技术、新方法、新模式,找准契合点,将安徽红色文化融入思政课教学,营造高质量的思政课堂,提升中小学思政课教学研究的效果。

注释

[1]全面落实"十三五"规划纲要 加强改革创新开创发展新局面[N].人民日报,2016-04-28(01).

[2]中共中央 国务院印发《新时代爱国主义教育实施纲要》[EB/OL].http://www.gov.cn/zhengce/2019-11/12/content_5451352.htm.

[3]用新时代中国特色社会主义思想铸魂育人 贯彻党的教育方针落实立德树人根本任务[N].人民日报,2019-03-19(01).

[4]孙兆静.安徽红色文化资源融入高校思想政治教育的可行性和必要性分析[J].淮南师范学院学报,2019(4):93—97.

[5]周金堂.把红色资源红色传统红色基因利用好发扬好传承好[J].党建研究,2017(5):46—48.

[6]陈书杰.新媒体时代安徽红色文化的传播推广研究[J].铜陵学院学报,2019(2):79—82.

[7]王易.打造理论性和实践性相统一的思想政治理论课[J].中国高等教育,2019(10):10—12.

[8]钟艳兰.红色文化融入高中政治生活课堂的教学分析[J].中学教学参考,2017(10):59.

[9]张超.红色文化资源融入高中思想政治课教学存在的问题及对策研究[D].山东:曲阜师范大学,2019:20.

"全域教育"理念下青少年党史学习教育创新模式探索
——兼论新时代加强青少年思想政治工作守正创新发展

李春丽　马艾斯　张言湖[①]

摘要：全域教育是未来社会的基本教育形态，其核心理念在于全域教学时空、全域感官体验、全域学习成果输出，充分运用其教育理念开展思想政治工作，有助于推动新时代思想政治工作的守正创新。全域教育理念下的"三维全域教学"模式是新时代下青少年思想政治教育的创新模式，有助于突破共青团开展青少年党史学习教育的现实困境，有效实现"政治认同、思想认同、情感认同"的教育目标，达到全员全程全方位育人。打造多维教学时空、调动教学主体全要素和促进团队学习成果展示，是新时代共青团有效开展青少年党史学习教育创新模式的三个根本措施。

关键词：全域教育；共青团；党史学习教育；创新；"三维全域教学"

今年是中国共产党成立100周年，在全党全国全社会开展党史学习教育，动员全党全国全社会满怀信心投身第二个百年奋斗目标，是当前及以后一段时期思想政治教育工作的重点。在这样的形势下，共青团作为党的助手和后备军，对青少年深入开展党史学习教育具有重大责任和重要意义，同时是一次深化青少年思想政治引领的重大契机。而如何有效开展青少年党史学习教育，则是我们青年院校工作者和共青团人当下全新的工作核心和教育实践主题。今年7月，中共中央、国务院印发的《关于新时代加强和改进思想政治工作的意见》指出："坚持遵循思想政治工作规律，把显性教育与隐性教育、解决思想问题与解决实际问题、广泛覆盖与分类指导结合起来，因地、因人、因事、因时制宜开展工作。坚持守正创新，推进理念创新、手段创新、基层工作创新，使新时代思想政治工作始终保持生机活力。"[1]为贯彻以上要求，青少

---

① 李春丽（1973—），女，湖北随州人，广州市团校副教授，主要研究方向为共青团工作与青少年发展、党团史。
马艾斯（1986—），女，广东广州人，广州市团校教师，主要研究方向为共青团工作与青少年发展、党团史。
张言湖（1989—），男，江苏徐州人，广州市团校教师，主要研究方向为共青团工作、团干部教育培训。

年党史学习教育需打破现有的困境,以全新的理念为指导,通过调动、整合各类资源等手段进行守正创新。"全域教育"理念是当下教育领域的一种新理念,对青少年的思政工作具有重要的启发意义。本文将着重从"全域教育"理念的内涵出发,在遵循青少年思想政治工作规律的基础上,结合共青团工作和青少年党史学习教育的特点及实际,探讨新时代下如何进行青少年的党史学习教育创新,以做好青少年的思想引领,实现习近平总书记所提出的"全员全程全方位育人"[2]。

一、全域教育理念的核心内容

学者盛振文提出:"全域教育是未来审视和建设教育所要遵循的核心教育理念,也是未来社会的基本教育形态。"[3]"全域教育"理念立足大教育观和大教学观,注重开发校内外课程资源,发掘各社会要素的教育价值,采用各种形式,最终建立多元灵活的协同育人平台。[4]"全域教育"理念的关键点就是教育注重全过程、全方位、全要素。其核心内容有三个方面:

(一)"全域时空":注重营造教学时空

马克思主义认识论认为,人们认识世界是从感性认识开始,再上升至理性认识,然后将理性认识再运用到实践。对于受教育者的学习而言,感性认识是最基础的,也是最容易获取的。全域教育的"全域时空"观点就是在开展教育培训时要首先注意营造教学时空,即营造相应的使人感到时间穿越的教育空间,受教育者一旦置身其中,就很容易开放思维、情感而接受教育内容。

(二)"全域感官":注重浸润式教学

受教育者的感性认识之"感"就是指"感官"。调动全部感官是使感性认识更丰富的基础。全域教育的"全域感官"观点就是在开展教育培训时,让全部的教育参与主体的感官充分获得刺激,使所有教育参与主体获取丰富的感性认识,使教育目标渗透至每一位教育参与主体的心中,推动教育目标最终得以实现。

(三)"全域留痕":注重学习成果输出

教育的最终成效体现于受教育者的行动,而行动也应该是全域的,也就是说,不仅要从课堂开始一直延续至课堂结束,还应该延续至未来的某个时段,直至受教育者树立牢固的思想意识与情感。全域教育的"全域留痕"观点就是指在开展教育培训中,在向受教育者输出理论知识点之后,需要受教育者立刻输出"思想""学习"的成果,比如创作一首歌曲、绘出一幅画作、学习结束后做汇报演讲等,这些都是教育的成果。

二、共青团开展党史学习教育的目标与现实困境

新时代,共青团开展党史学习教育的根本目标就是引导广大青少年厚植爱党、爱国、爱社会主义的情感,让红色基因、革命薪火代代传承。但是现实却有着我们需要突破的困境,为了更好地达成目标,突破困境,我们应充分运用全域教育理念开展相关思想引领工作。

(一)目标

1.政治认同

新时代共青团开展党史学习教育,应让广大青少年在政治上对党和国家、民族和人民的利益产生认同,对中国特色社会主义道路产生认同,对中国共产党领导产生认同,引导学生立下为"为祖国、为民族、为人民、为人类"[5]而不懈奋斗的远大志向。这些目标比较抽象且多元,如果在青少年党史学习教育中只采用单一的"鼓动说教""理论灌输"方式,那么教育效果必定不好,甚至有反作用。

2.思想认同

新时代共青团开展党史学习教育,应让广大青少年对马克思主义思想和习近平新时代中国特色社会主义思想产生认同感。习近平总书记在庆祝中国共产党成立100周年大会上说:"中国共产党为什么能,中国特色社会主义为什么好,归根到底是因为马克思主义行!"[6]因此,在党史学习教育中,相关课程是不能缺失的。《共青团中央关于在全团开展"学党史、强信念、跟党走"学习教育的通知》中也明确提出了"要将党史学习教育作为全年贯穿各级各领域青年马克思主义者培养工程的主题主线,引导学员赓续红色血脉、担当时代责任"[7]。共青团开展党史学习教育时,要结合青少年群体的实际情况,创新教育内容和教育形式,引导青少年通过学习党史深刻领悟中国共产党为什么能、马克思主义为什么行、中国特色社会主义为什么好,激发青少年的责任感,培育堪当民族复兴重任的时代新人。

3.情感认同

新时代共青团开展党史学习教育,应让广大青少年从感情上自觉地热爱党、热爱祖国、热爱社会主义,增强青少年的"四个意识",坚定青少年的"四个自信",使青少年做到"两个维护"。《中共中央关于全面加强新时代少先队工作的意见》提出:"我们党始终高度重视少年儿童、亲切关心少年儿童,始终把培养好少年儿童作为一项关系红色江山永不变色的战略性、基础性工作。"这样的提法启发我们共青团开展青少年党史学习教育时,受教育者的年龄也要有全域观点,从3岁幼儿直至35岁的青年,我们都需要去开展相应工作。

(二)现实困境

当前,共青团开展青少年党史学习教育的方式方法主要有"学习教育""组织生活""实践活动"。"学习教育"包括个人自学、专题学习、专题宣讲和专题培训;"组织生活"包含召开组织生活会和集中开展入团仪式;"实践活动"包括主体实践活动、系列实践活动、岗位建功活动等。[8]青少年党史学习教育已在全国范围内开展,在现实教育培训工作的开展中,依然有一些困境需要突破,这些困境是我们推崇全域教育理念的问题突破口。

1.内容精准化不足

当前,共青团在开展党史学习教育时基本能针对不同年龄人群,有所侧重地确定学习目标,选择学习内容。不过总体上看,还是不够精准化。比如,书籍是青少年学习党史的重要材料。但目前市面上绝大部分青少年党史学习教育类书籍在内容陈述和形式呈现等方面不够活泼生动,显得抽象说理有余,具象感性不足。因此,我们需要投入更多的工作,根据青少年的阅读习惯和阅读能力特征,开发出版适合青少年的党史学习教材或者参考书籍。

2.优质师资较欠缺

共青团开展青少年党史学习教育的师资来源主要有学校教师、研究机构的学者、关工委"五老"(老干部、老战士、老专家、老教师、老模范)及先进典型人物等。党史学习教育不仅要在历史课上进行,更要在思政课上进行。思政课好不好,关键在教师。什么样的师资是优质的师资呢?习近平总书记在2019年3月18日学校思想政治理论课教师座谈会上提了四个标准,即具有"思想性、理论性和亲和力、针对性"[9]。现实中,优质师资还是较欠缺的,而且,优质师资也不是一时半会儿就可以培养起来。优质师资欠缺成为开展青少年党史学习教育的困境。

3.教育效果难评估

共青团开展了很多青少年思想引领活动和教育培训工作,但对其教育效果还没有相关的评估活动与评估数据来评价,更不必说科学的教学评估了。这方面的工作也应该引起我们的重视。我们应尽快建立起青少年思想教育引领效果的科学评估机制。但在青少年思想教育引领效果的科学评估机制还未建立起来时,我们要寻找相关的评估载体。全域教育理念中的"注重学习成果输出"也许是比较简洁的一种方式。

三、共青团开展党史学习教育创新模式:"三维全域教学"

在全域教育理念下,根据共青团开展党史学习教育的目标,为了突破其现实困境,我们提出一个全新模式:"三维全域教学"。按照这个模式,共青团开展党史学习教育的效果将更容易得到保证。

(一)全域教育理念下的"三维全域教学"创新思路

1.教学时空全域:突破课堂时空边界,形成多样化的新型教学时空

教学空间本身带有隐性教育的特点,教学时空的拓宽有利于整合各类教育元素,形成一个多面的教育场域,配合教学过程实现显性教育与隐性教育的结合。多维度教学时空的搭建、创造与利用,就是要突破单一的封闭式课室内开展的传统课堂教学。一是搭建或创造学习空间。根据实际情况,把需学习的课程内容资源按既定的时间脉络融入学习的整体空间环境中,且在条件允许的情况下可以借助声光电及各种多媒体让学习者有穿越时空之感。二是充分利用革命博物馆、红色文化纪念馆、红色史迹等,把红色资源整合、串联,打造开放的学习空间。

2.个体体验全域:突破单一感官学习,形成多主体多感官互动学习

在全域时空的教学中,充分调动所有主体,包括教师、学生以及其他与党史学习教育相关的主体,促进他们相互交流,增进互动学习效果。比如学习者的小组团队合作学习、辅导员指导下的互动学习、向路人的宣传及沟通等。学习时要调动学习者的多种感官,因此,学习方式应更加多元化,比如运用教师讲解、体验参观、资料搜集、主题竞赛等方式,让学生在听、跑、读、讲、演、唱、画等体验中完成党史的学习。

3.成果输出全域:突破无反馈学习,形成学习成果多层次多载体多阶段外现

通过在全域教学时空中多主体多感官互动学习,学习者的思想变化也必将是多方面的,此时必须让学习者将其内在的思想变化借助适当的载体外现,这也是对学习者学习成果的再次巩固。及时地将学习成果输出是开展教育的又一个良好的契机,也是学习者开始新行动的起点。成果形式多种多样,适合学习者的就是最好的。

(二)"三维全域教学"下的青少年党史学习教育创新探索

2019年3月18日,习近平总书记在学校思想政治理论课教师座谈会上强调:"办好思想政治理论课关键在教师,关键在发挥教师的积极性、主动性、创造性。思政课教师,要给学生心灵埋下真善美的种子,引导学生扣好人生第一粒扣子。……创新课堂教学,给学生深刻的学习体验,引导学生树立正确的理想信念、学会正确的思维方法。"[10]同时,《关于新时代加强和改进思想政治工作的意见》亦提出要加强学校思想政治工作,加快构建学校思想政治工作体系,实施时代新人培育工程。[11]本文提倡的"三维全域教学"很好地践行了上述指导思想。共青团在开展青少年党史学习教育中,按照"三维全域教学"思路,应该施行如下三个根本性措施。

1.打造多维教学时空,使青少年党史学习"教育时空全域"

共青团各级组织和单位在开展青少年党史学习教育时,首先要考虑教学时空的营造,教学时空的营造要根据实际情况实施。如可以直接单独开辟一个独立空间,在其中建造一个党史学习的课堂空间或者实训中心,如广州共青团在广州越秀区北京路打造的开放式党史学习教育阵地及广州市团校正在打造的青少年党史学习教育实训中心就是创新之举。亦可以利用原有空间进行全面重新布置,即在已有空间中再附加党史学习教育元素,如:在楼房内附加展板、添置雕塑作品,梯级上添加宣传口号,或者加装各式青少年喜欢的创意设施,形成新潮打卡点;在楼房外墙上附加宣传作品、大型条幅、光电图像;在地板上添加彩色图画,形成视觉冲击效果;在原有空间中的树或者灯柱等物体上张贴、悬挂包含党史学习知识的装饰物等。

其次是挖掘城市内及周边所有的红色实景空间,如纪念馆、纪念园、博物馆、红色史迹等,利用这些红色实景空间开展系列活动,将空间内所承载的红色资源串联起来,形成一种课程教学模式。这也是贯彻落实习近平总书记关

于"用好红色资源,传承好红色基因,把红色江山世世代代传下去"的新思想,也是新时代用好红色资源开展青少年党史学习教育的最好实践。广州市团校举办的"学党史强信念跟党走——学习党史故事,传承红色基因"城市接力跑活动就是利用城市红色资源开展青少年党史学习教育的很好示范。[12]我国各地都有丰富的红色资源,应该充分利用起来,共同营造全域的教学时空。

最后,优质的网络学习空间也是青少年党史学习教育全域教学时空的重要组成部分。随着互联网科技的发展,互联网科技与教育领域相结合已成为一种趋势。线上学习已经成为"互联网+"背景下的一种新的学习形式。线上学习资源非常丰富,尤其是2021年以来,线上党史学习教育的资源更是如泉涌般出现。可充分挖掘适合广大青少年学习的高质量线上资源,通过微博、微信公众号、微信视频号、抖音号等平台发布,丰富青少年党史学习教育的方法和途径。

2.调动教学主体全要素,使青少年党史学习教育"个体体验全域"

共青团各级组织和单位在打造好的全域教学时空中开展青少年党史学习教育时,必须先要开展教学创新策划。要遵循教育教学培训理念和"三维全域教学"创新思路,同时基于教学对象的年龄、特点、身份等,结合教育目标进行教学流程设计与教学主题的全要素创意策划。创意策划的目的是要让青少年在党史学习活动中,个体感官调动最充分、主动性与自主感最完全、体验感达到最峰值,感受力达到最巅峰。创意策划可以借鉴时下青少年喜闻乐见的优秀电视节目创意,且根据外在环境以及教学的全主体的发展变化而不断推陈出新。此处教学的全主体包含教师、学生、小组辅导员、带队老师、后勤工作人员、相关路人、场馆工作人员、嘉宾、学生的亲人朋友等。总而言之,所有参与党史学习教育的主体都应该成为教育的主体。在新时代思想政治教育工作中,应该拓展教育主体的范围,不能认为只有讲台上的教师与讲台下的学生才是教育主体。《关于新时代加强和改进思想政治工作的意见》提出要加强企业、农村、机关、学校、社区、网络以及"各类群体"的思想政治工作,这就要求我们在施教主体、教育对象和学习主体等方面采取"教学主体全要素观",这样才能达到意见中所说的"把广大群众团结凝聚在中国特色社会主义伟大旗帜下"的目标。

3.促进团队学习成果展示,使青少年党史学习教育"成果输出全域"

共青团各级组织和单位在开展青少年党史学习教育时,有了全域的教学时空,再加上教育的创新策划,受教育者将能够获得尽可能多的个体体验,此时最关键的是要形成丰富多彩的学习成果。这些成果是青少年在党史学习教育中内化而得的知识、思想、情感和意志,通过"变现"或者"外现"为作品而获得的,这就是青少年学习的成果输出。学习成果的形式多种多样,且根据时代发展必定会更加多样化,可以是歌曲、绘画、话剧、书法、感想感悟、诗歌、录音、短视频、朗诵等。可以将学生作品收集起来,汇集成册、拍照留存、录音或录像留档,可以以展览、出版作品集、演出等形式展现给公众。这些作品通过向公众展示,也可以获得反馈,从而获得对青少年党史学习教育效果的直接评估,同时这些作品也可以作为下一阶段党史学习教育的启动。这种成果的输出可以促使受教育者在展示与评价中提升自我、肯定自我,也能使其他学习者通过同辈学习获得自我价值、情感价值,是学习教育效果的有效巩固。

青少年党史学习教育必定是当前以及未来很长一段时期思想政治教育领域的重要专题。遵循全域教育理念下的"三维全域教学"思路,有利于突破共青团开展新时代青少年党史学习教育的现实困境,达成教育目标,贯彻《关于新时代加强和改进思想政治工作的意见》及习近平总书记关于思想政治教育工作"全员全程全方位育人"的指导思想。同时,"三维全域教学"思路还可以运用到其他思想政治教育工作的专题中,也将会有良好的教育效果。

注释

[1][11]中共中央 国务院印发《关于新时代加强和改进思想政治工作的意见》[EB/OL]. http://www.gov.cn/zhengce/2021-07/12/content_5624392.htm.

[2][9][10]习近平主持召开学校思想政治理论课教师座谈会[EB/OL]. http://www.gov.cn/xinwen/2019-03/18/content_5374831.htm.

[3]盛振文. 全域教育视角下的高校人才培养模式优化[J]. 中国高等教育,2018(8):23—25.

[4]王南甫. 全域教育理念下大学生学业生涯指导体系构建[J]. 学理论,2018(12):205—224.

[5]习近平在清华大学考察:坚持中国特色世界一流大学建设目标方向 为服务国家富强民族复兴人民幸福贡献力量[EB/OL]. http://www.gov.cn/xinwen/2021-04/19/content_5600661.htm.

[6]习近平. 在庆祝中国共产党成立100周年大会上的讲话[N].人民日报.2021-07-02(02).

[7][8]共青团中央关于在全团开展"学党史、强信念、跟党走"学习教育的通知[EB/OL].http://qnzz.youth.cn/qckc/202103/t20210305_12744720.htm.

[12]广州市团校.用好广州"四史"资源,创新开展党史学习——广州市团校顺利举办"学党史 强信念 跟党走——学习党史故事,传承红色基因"接力活动.广州市团校微信公众平台.

[本文原载于《北京青年研究》2021年第4期,有改动]

构建多重大学生党史学习教育资源利用机制
——新时代高校共青团党史学习教育的基本思路

李 霞 黄 倩 常春梅[①]

摘要：习近平总书记在庆祝中国共产党成立100周年大会上向广大青年发出的伟大号召，这是对广大青年大学生提出的新时代要求，也是对高校共青团提出的新时代工作要求。党史学习教育可以使大学生传承红色基因、赓续红色血脉，成为有"中国人志气、骨气、底气"并担起中华民族伟大复兴重任的奋斗者。用好红色资源、高校学术资源和网络媒体资源，是高校共青团实施大学生党史学习教育的基本思路。高校共青团要针对大学生的实际状况，用好多重教育资源开展党史学习教育。

关键词：高校共青团；大学生；党史学习教育；新时代；教育资源

"新时代的中国青年要以实现中华民族伟大复兴为己任，增强做中国人的志气、骨气、底气，不负时代，不负韶华，不负党和人民的殷切期望！"[1]这是习近平总书记代表党在庆祝中国共产党成立100周年大会上向全国广大青年发出的伟大号召，这也是对广大青年大学生提出的新时代要求。高校共青团肩负着组织大学生、凝聚大学生、教育引导大学生的任务，党对大学生提出的新时代要求，也就是对高校共青团提出的新时代工作要求，高校共青团要"在学校党委和上级共青团组织领导下，遵循高校青年学生思想成长的内在规律和高校共青团青年工作的基本规律，紧紧围绕高校'立德树人'的根本任务，整合团的资源、发挥团的优势，对高校青年学生进行思想改造和理论武装，引导帮助高校青年学生构建意义世界，进一步坚定高校青年学生对中国特色社会主义的道路自信、理论自信、制度自信，引导高校青年学生为实现中华民族伟大复兴的中国梦贡献智慧和力量"[2]。教育引导大学生传承红色基因、赓续

---

① 李霞（1995—），女，四川雅安人，中国青年政治学院2022届硕士研究生，主要研究方向为思想政治教育理论与实践。
黄倩（1996—），女，福建福安人，中国青年政治学院2022届硕士研究生，主要研究方向为思想政治教育理论与实践。
常春梅（1962—），女，北京人，中国青年政治学院副教授，主要研究方向为思想政治教育理论与实践、青年思想政治引领、青少年问题与青少年发展等。

红色血脉则成为新时代高校共青团的重要任务。2017年2月,中共中央、国务院印发的《关于加强和改进新形势下高校思想政治工作的意见》强调,要"加强革命文化和社会主义先进文化教育,深化中国共产党史、中华人民共和国史、改革开放史和社会主义发展史学习教育"[3]。通过"四史"的学习教育,尤其是党史的学习教育,使大学生传承红色基因、赓续红色血脉,成为有"中国人志气、骨气、底气"的合格社会主义建设者和社会主义事业接班人,成为担起中华民族伟大复兴重任的奋斗者。教育引导大学生学习党史的方式方法很多,但归纳起来就是要用好三个方面的教育资源,这也是高校共青团开展大学生党史学习教育的基本思路。

一、增强感性认识:充分用好红色资源

党的十八大以来,习近平总书记在地方调研和考察时多次到访革命纪念地,瞻仰革命历史纪念场所,反复强调要用好红色资源,传承好红色基因。红色资源是全国各族人民在党的伟大领导下,在长期且艰辛的革命、建设、改革历程中形成的伟大革命精神及其载体,是中国特色社会主义文化的重要组成部分,是推动中国人民实现从站起来、富起来到强起来的伟大飞跃的发展动力和民族精神。红色资源由两个层面构成:一是物质载体层面,包括革命圣地、红色旧址、革命遗物以及各类革命历史纪念馆、展览馆、博物馆等;二是精神价值层面,包括红船精神、伟大建党精神、井冈山精神、长征精神、大庆精神等,这些精神构筑起了中国共产党的精神谱系。人无精神则不强,国无精神则不立。中国共产党之所以能历经磨难而生生不息,能团结和带领全国各族人民不断攻坚克难,从一个胜利走向另一个胜利,凭借的就是党伟大的革命精神。红色资源的两个层面是不可分割的,红色资源的物质载体层面承载着精神价值层面的内容,是直观的、具象的;精神价值层面则是深刻的、抽象的,但需要物质载体来呈现。所以,可以通过感受物质载体层面的红色资源,深化对红色资源精神价值层面的认识和理解。

物质载体层面的红色资源具有很强的直观性和感染力。在庆祝党成立100周年之际,中共中央政治局于2021年6月25日下午就用好红色资源、赓续红色血脉进行第三十一次集体学习,习近平表示:"党的十八大以来,我到地方考察,都要瞻仰对我们党具有重大历史意义的革命圣地、红色旧址、革命历史纪念场所,主要的基本上都走到了。每到一地,重温那一段段峥嵘岁月,回

顾党一路走过的艰难历程,灵魂都受到一次震撼,精神都受到一次洗礼。每次都是怀着崇敬之心去,带着许多感悟回。"[4]红色资源承载着革命先驱的坚定意志和英雄事迹,蕴含着勇于奉献、敢于牺牲的爱国主义精神和"革命理想高于天"的革命文化精神,所以红色资源有着天然的引导和育人功能,是新时代高校共青团开展党史学习教育极其丰富和宝贵的教育资源。

由于成长的历史年代特点,新时代大学生需要增强党史学习的感性认识。中国共产党成立以来,走过了革命、建设、改革的100年峥嵘岁月,经历了关系党的生死存亡和发展走向的重重考验。党之所以能够经得住多次重大考验,就是因为我们党在经历了各种磨难之后深知不进则退,更加坚定了崇高的信念和对历史使命的追求。我们党每进入一个新的发展阶段,都会根据社会发展的实际状况和人民的需求准确把握奋斗的目标,履行历史使命,并始终保持着昂扬向上的精神状态。然而对于新时代的大学生而言,他们成长于我国由富裕起来走向强起来的历史进程之中,没有经历过过去那种极其艰难困苦的生活,更缺少对我们党带领广大人民在艰难岁月中艰苦奋斗的历史的真实感受,所以很难懂得我们今天的美好生活来得有多么不容易,对于现在所享受的生活条件就会认为是理所当然的。在这种情况下,一方面,新时代的大学生在面对社会现实生活中存在的问题时,更容易产生不满情绪,容易受到民族虚无主义的侵蚀;另一方面,他们也会由于享受着不愁吃和穿的优越生活条件,容易丧失奋斗的动力,缺少艰苦奋斗的精神和历史责任感。对他们进行教育引导,仅仅靠理论的说教是不够的,还需要借助多种形式,运用具有说服力的"真情""实景",用"感受得到的""眼见为实"情景来增强他们的感性认识,触动他们的情感,为提高其理性认识奠定坚实的感性认识基础。因此,高校共青团需要通过各种方式充分用好红色资源,增强大学生对党的发展历程的"体验",使其获得对党的初心和使命的感性认识,从而使其进一步真正地对之深入理解。

要根据高校所在地域的特点,建立红色资源党史学习教育基地。红色资源的运用一定要考虑现实条件和有效性,高校共青团可以根据学校所在地的客观地域条件,开发合适的红色教育资源,建立党史学习教育基地,用实景实物感染大学生,增强他们对党以及党的历史的感性认识。例如,陕西以革命圣地延安为中心,聚集了极具革命性和先进性的丰富红色资源,这些红色资源涵盖中国革命的各个时期,数量多、分布广、影响大,是党以及中华民族的宝贵精神财富,也是新时代开展党史学习教育的生动教材。革命圣地可以直接成为所在地高校共青团进行党史学习教育的基地,老革命、老党员以及革命者后代可以现身说法讲红色故事,发挥"活党史"的作用。再例如,广州可以挖掘中共三大、广州起义等重大历史事件,毛泽东、周恩来等重要历史人物的事迹,梳理出中国革命统一战线之旅、广州起义之旅、毛泽东足迹之旅、周恩来足迹之旅等红色精品路线。在北京,除了中国共产党历史展览馆,还有北大红楼、长辛店等北京革命旧址,它们是陈独秀、李大钊、毛泽东等共产党人早期的革命活动地和故居以及与党创建活动相关的重要会议场所、重大历史事件发生地等,是开展党史学习教育的重要红色资源。总之,要在高校所在地进行充分调查,发现和挖掘与党史有关的红色资源以建设党史学习教育基地。

红色资源引导和育人功能的作用发挥,需要精心设计和量身打造体验活动,对大学生形成强烈的感染力。运用红色资源教育基地对大学生实施党史学习教育,需要根据实际场景的特点安排能够声情并茂进行讲解的解说员,使大学生能够了解教育基地所承载的党史内容,尤其是那些令人动容的历史故事,用以深深地触动大学生的灵魂,否则大学生来到教育基地也只能是走马观花地转一圈,并不能获得多少深刻的体验,也达不到增强感性认识的目的。再者,高校共青团要深入了解不同大学生群体的实际情况,针对不同大学生群体的特点和要求设计红色教育资源的体验活动,让大学生获得身历其境的感受。例如,除了传统的参观革命圣地、红色旧址、革命历史纪念场所等,还可以设计或安排观看甚至排演实景演出的活动,还可以以暑期社会实践活动的方式带领大学生参与重上井冈山、重走长征路等体验活动。让大学生在瞻仰革命先烈战斗过的旧址的过程中,深切感悟革命先辈的高尚人格和深厚情感;在形象演绎与精神洗礼中,感知和体悟党的伟大革命精神;在场景观察与亲身体验中,感受红色历史文化的精神魅力和时空穿透力,从而实现对党的认同。

二、提升理论思维:充分用好高校学术资源

习近平总书记在庆祝中国共产党成立100周年大会上指出,"以史为鉴,可以知兴替","要用历史映照现实、远观未来,从中国共产党的百年奋斗中看清楚过去我们为什么能够成功、弄明白未来我们怎样才能继续成功,从而在新的征程上更加坚定、更加自觉地牢记初心使命、开创美好未来"[5]。这就意

味着高校共青团对大学生进行党史学习教育,不仅仅是要提高他们对党的认同,更重要的是要引导他们进行理性思考;不仅仅要让他们知道我们党的发展历程是怎样的,更重要的是让他们能够理解我们党为什么能够发展到今天,今后我们党如何做才能保持旺盛的生命力并带领广大中国人民走向中华民族伟大复兴,使他们真正成为党的红色基因传承人。因此,高校共青团还需要引导大学生对党史进行系统的学习和研究。

教书育人和科学研究是高校的基本任务,学术资源是高校教育教学的基础,就党史学习教育而言,相关的学术资源也是极其丰富的。我国普通高校基本上都会设有马克思主义学院以及相关的人文社会科学专业,有雄厚的师资力量从事马克思主义以及相关人文社会科学的理论教学和研究,与教学和研究相适应,高校图书馆也会藏有丰富的马克思主义理论书籍和其他各类人文社会科学书籍以及学术期刊。另外,经过专业学习和科学研究的训练,大学生则会获得一定水平的科研能力以及相应的学术研究意识。所有这些营造了校园浓厚的学术研究氛围,成为高校校园文化的一大特点。拥有丰富学术资源是普通高校共青团组织开展党史学习教育得天独厚的条件,高校共青团组织要充分用好这一资源,采取多种多样的方式吸引大学生深入系统地学习和研究党史,使大学生不断提高自身对党史理论认识的深度,传承红色基因,赓续红色血脉。

发挥学术研究的魅力,用学术讲党史,采用系列学术讲座的形式引导大学生深入学习和研究党史。高校共青团对大学生进行党史学习教育,不仅要让大学生了解和掌握党的历史知识,更要让大学生通过了解和掌握党的历史知识,形成正确的观点,树立坚定的政治立场。我们党的历史内容极为丰富,涉及的领域也非常广泛,党不仅领导广大人民干革命,还带领人民进行经济建设、政治建设、文化建设和社会建设。正因为如此,我国各个学科的研究都会涉及与我们党历史相关的内容。所以高校共青团组织可以围绕党的发展历史设计一系列的主题,定期举办专题讲座,从不同的领域或学科切入,聘请学校相关专业或领域有一定建树、受学生欢迎的老师从学术视角讲党史,既满足了不同专业学生学习研究与专业相关的理论知识的需要和兴趣,同时也使广大学生从学术研究探讨的角度对党的历史有了更深刻的理解和认识,让广大学生真正理解为什么在中国要坚持中国共产党的领导等政治观点,并使其坚决拥护中国共产党的领导。

精心设计以党史学习教育为主旨的主题团课。团课是共青团组织对团员进行思想政治教育和团的基本知识教育的主要形式,实际上团课的任务是多方面的,团课的内容也是非常丰富的。由于共青团与党的密切关系,认识共青团,学习团史,就必然会涉及党和党的发展史,所以把党史的学习教育融入团课之中是团课本身应有的内容。团课一般是由共青团干部或辅导员来讲,如果共青团干部或辅导员的专业与党史无关或对党的历史研究还不够深入的话,可以请学校中相关专业的老师来讲,这样就可以把党的历史讲得更加透彻。另外,请有学问、有声望的专业教师来讲团课,这本身对富有探索精神的大学生就已经具有了很大的吸引力,可以使他们对团课的具体内容更加关注,从而对他们形成更大的影响力。

高校共青团对大学生进行党史学习教育还应该因材施教,指导大学生成立以研究党史为宗旨的社团。在以系列学术讲座和团课的形式开展大学生党史学习教育的过程中,高校共青团各级组织要善于发现对党史感兴趣的大学生,把这些对党史感兴趣的大学生组织起来成立相应的理论研究型社团,指导他们定期开展多种形式的研讨交流活动。要因材施教,聘请学校中相关专业的老师采取多种方式指导他们进行学习和研究,以培养大学生中学习和研究党史的骨干力量,发挥示范效应,让他们的学习和研究行动影响和带动更多的大学生主动学习和研究党史。

组织以党史为主题的征文比赛,运用激励机制扩大高校共青团党史学习教育的影响力,巩固和提高大学生学习党史的效果。为了促进大学生更深入地自学和研究党史,高校共青团组织可以不定期地开展征文比赛活动。通过拟定一定数量的选题引导大学生进行相应的党史学习和研究,要聘请学校中相关专业的老师对征文进行评比,以保证征文比赛的专业性和公正性。要举行一定的仪式,对征文获奖的大学生进行表彰鼓励,以调动大学生学习和研究党史的积极性,激发大学生学习和研究党史的热情,强化大学生学习和研究党史的自主性。

三、显性隐性教育相结合:充分用好网络媒体资源

"随着新媒体的发展,网络公共空间已然成为舆论博弈、思想冲突、价值碰撞的'新战场',并逐步成为主战场,而根据调查当今世界舆论与话语生态环境主要是受西方媒体控制的。"[6]西方敌对势力利用新媒体资源不断地向我国输入具有西方意识形态色彩的思想文化,企图影响我们党的形象,干扰我

们党的教育,这极大地影响了大学生的世界观、人生观、价值观。网络媒体是一把"双刃剑",对高校大学生思想政治引领工作既带来了挑战也带来了机遇,所以受到党和国家领导人的高度重视。在2016年全国高校思想政治工作会议上,习近平总书记强调,"做好高校思想政治工作,要因事而化、因时而进、因势而新","要运用新媒体新技术使工作活起来,推动思想政治工作传统优势同信息技术高度融合,增强时代感和吸引力"。[7]

网络媒体对大学生具有隐性思想政治教育的作用。网络媒体传播信息具有其自身的特点,通过网络媒体开展党史学习教育,能凸显大学生的自主性、选择性,淡化大学生受教育的感觉。网络媒体传播信息可以突破时空的限制,只要连接上互联网,大学生们就可以在不同地方不同时间对网络媒体上的信息进行浏览、转发分享和评论。从信息的内容看,网络媒体传播的信息内容纷繁复杂,大学生并不需要一一进行浏览,可以只关注自己感兴趣的话题。从信息传播的方式看,网络媒体打破了单向传播的局面,凸显了大学生受众的主体地位。在互联网时代,人人都能是传播者。大学生不仅仅是网络媒体传播信息的接收者,同时也能是信息的发布者。大学生能够利用网络媒体发布信息,如看到有趣的文章时进行转发分享,或者针对某一问题、现象制作帖子发表自己的观点。纵观这一整个过程可以发现,在网络媒体传播信息过程中,大学生具有自发性、自主性。在这一过程中,思想政治教育的目的不被明显感知,大学生不再是被动的受教育者,甚至他们完全感觉不到自己已经是受教育者,反而会认为自己是信息的分享者和传播者。

网络媒体上具有丰富的党史学习教育资源。从空间看,有虚拟数字纪念馆、档案馆、博物馆、陈列馆等。这类数字展馆主要是利用数字化手段,在网络媒体上打造一个虚拟空间,构建虚拟的展览馆,使人在线观看时仿佛身临其境。其中很多展馆是对现实存在的展馆的虚拟化。网络媒体上的虚拟展馆可以让祖国各地无法去到实地进行线下参观的大学生都能够在线上进行参观。例如,江西省爱国主义教育基地数字展馆,其中就涵盖了南昌八一起义纪念馆、井冈山革命博物馆、苏区干部好作风陈列馆等18个数字展馆。从载体看,有文字、图片、音频、视频等。例如,人民网和中国共产党新闻网承办的党史学习教育官网中,《党史资料》栏目里就综合使用文字、图片、音频、视频等形式呈现党史学习教育的内容,比如在对党旗、党徽的含义进行解释时就使用了文字和图片相结合的方式;官网还开设了《百年影像》专栏,其中包含了专家访谈、媒体报道、文献片、纪录片、党史动漫等小栏目。从内容看,有介绍党的发展历程、党的初心和使命、党带领广大人民在各个时期取得的伟大成就、党的历史经验和教训等。例如,中共中央党史和文献研究院官网打造的《党史百年·天天读》纪念建党百年专栏,就再现了中国共产党领导中国人民不懈奋斗的光辉历程,集中展示了党和国家主要领导人的重要论述和理论观点,这些重要论述和理论观点同时也涵盖了各方面的党史学习教育内容,涉及党的发展历程、各时期伟大成就等。高校共青团可以通过多种渠道把网络媒体的党史教育内容推送给大学生,运用网络媒体党史学习教育资源,充分调动大学生的积极性和自主性,发挥网络媒体信息传播的优势,将显性教育与隐性教育相结合。

可以运用短视频或VR(虚拟现实)等数字化技术手段让网上红色资源活起来。让大学生走进历史时空,与历史对话,增强大学生对历史的情感,加深大学生对历史的认识;还可以在视觉、听觉、触觉等的综合作用下,通过身临其境、换位、移情、想象等方法,丰富大学生对红色革命文化的感知。借助网络媒体打造大学生身边学习党史的"网红",吸引大学生关注网络媒体中的党史内容。高校共青团各级组织要善于发现大学生中学习和研究党史的典范,将他们的事迹通过文字、视频推送到网络媒体,通过网络媒体打造大学生身边的党史学习"网红",会让大学生们感到更加亲近、真实、鲜活,更加容易吸引大学生关注党史内容,从而实现高校共青团对大学生进行党史学习教育的目的。

通过学校或团委公众号向大学生及时推送网络媒体中与党史有关的信息。学校或者团委公众号要及时地转发分享主流媒体发布的党史相关信息,或者自制与党史学习教育有关的帖子进行发布,让学生随时随地都能够学习党史知识,了解党史。利用网络媒体平台打造与学生之间平等民主的互动氛围,在与学生的交流之中,增强党史学习教育的效果。例如,可以通过设置各种研究讨论的主题,引导大学生深度挖掘和学习网络媒体中与党史相关的内容,实现自我教育;还可以将网络流行元素与党史学习教育相结合,设置与党史相关的主题活动,如线上党史知识竞赛等,引导大学生在答题过程中进行党史学习,从而实现自我教育。

总而言之,在高校共青团开展大学生党史学习教育的过程中,要高度重视发挥红色资源、高校学术资源、网络媒体资源的党史学习教育作用,将这些教育资源有机地结合起来,构建党史学习教育资源利用的运行机制,推动党史教育目的的达成。

注释

[1][5]习近平.在庆祝中国共产党成立100周年大会上的讲话[EB/OL].http://www.xinhuanet.com/2021-07/01/c_1127615334.htm.

[2]刘佳.高校共青团思想引领论纲[M].北京:群言出版社,2016:44—45.

[3]中共中央 国务院印发《关于加强和改进新形势下高校思想政治工作的意见》[EB/OL].http://www.xinhuanet.com/politics/2017-02/27/c_1120538762.htm.

[4]习近平主持中共中央政治局第三十一次集体学习并发表重要讲话[EB/OL].http://www.gov.cn/xinwen/2021-06/26/content_5621014.htm.

[6]何鹏举.新媒体环境下党史学习研究[J].才智,2021,03(下旬刊):18—20.

[7]习近平:把思想政治工作贯穿教育教学全过程[EB/OL].http://www.xinhuanet.com/politics/2016-12/08/c_1120082577.htm.

[本文原载于《时代人物》2021年12月刊,有改动]

中国共产党百年精神谱系的六大思想内核

王金旺[①]

摘要：中国共产党在长期的革命、建设和改革实践中，探索、孕育和形成了一系列伟大精神，它们共同构筑起中国共产党的精神谱系。通过对诸多伟大精神进行梳理和分析，发现中国共产党精神谱系中存在一以贯之的思想内核，即六个"始终坚持"：始终坚持远大崇高的理想信念、始终坚持为民服务的初心使命、始终坚持爱国奉献的责任担当、始终坚持实事求是的工作作风、始终坚持艰苦奋斗的拼搏姿态、始终坚持开拓创新的进取精神。理解和把握中国共产党百年精神谱系的思想内核，具有重要的理论价值和实践意义。

关键词：中国共产党；精神谱系；思想内核

2021年7月1日，习近平在庆祝中国共产党成立一百周年大会上指出："一百年来，中国共产党弘扬伟大建党精神，在长期奋斗中构建起中国共产党人的精神谱系，锤炼出鲜明的政治品格。"[1]所谓"谱系"，是指"家谱上的系统"或"事物发展变化的系统"。中国共产党精神谱系是指中国共产党在革命、建设和改革中，探索形成的一系列富有深刻内涵和独具时代特色的伟大精神，共同构筑起了中国共产党的博大精神体系。通过对近百种伟大精神的核心要义进行仔细梳理和内容分析，发现各种精神存在一以贯之的思想理念和基本主张，其构成了中国共产党精神谱系鲜明的思想内核，即六个"始终坚持"。当前，学习和研究中国共产党精神谱系的思想内核，有助于进一步总结历史经验、汲取营养智慧，有助于进一步传承红色基因、赓续红色血脉，有助于进一步提供精神力量、砥砺奋斗前行。

一、始终坚持远大崇高的理想信念

理想是对未来的憧憬和描绘，信念是对目标的确认和确定。习近平指出："对马克思主义的信仰，对社会主义和共产主义的信念，是共产党人的政

[①] 王金旺（1997—），男，安徽宣城人，国防大学政治学院2019级硕士研究生，主要研究方向为马克思主义中国化。

治灵魂,是共产党人经受住任何考验的精神支柱。"[2]邓小平也指出:"过去我们党无论怎样弱小,无论遇到什么困难,一直有强大的战斗力,因为我们有马克思主义和共产主义的信念。"[3]具有远大崇高的理想信念,是中国共产党区别于其他任何政党的独特优势,也是中国共产党克服一切困难挑战的重要法宝。中国共产党自成立起,就把共产主义写在自己的旗帜上、刻入自己的灵魂里、融入自己的行动中,始终坚定不移地用马克思主义指导具体实践,矢志不渝地用共产主义远大理想鼓舞广大群众。始终坚持远大崇高的理想信念鲜明地构成了中国共产党精神谱系的重要思想内核之一。

各种伟大精神是对具体历史人物的精神品质及历史事件所内蕴的精神内涵的高度提炼和总结。理想信念贯穿于中国共产党精神谱系,体现了中国共产党人对共产主义的坚定信仰和执着追求。作为中国共产党精神谱系"伟大开篇"之一的红船精神,其精髓要义中"坚定理想、百折不挠的奋斗精神",映照着早期中国共产党人积极向上的精神面貌;作为中国共产党精神谱系的"绚丽标识"之一的长征精神,其核心要义中"把全国人民和中华民族的根本利益看得高于一切,坚定革命的理想和信念,坚信正义事业必然胜利的精神",映射出中国共产党人革命乐观主义的高度自信和情怀。此外,井冈山精神中"坚定执着追理想"、老区精神中"爱党信党、坚定不移的理想信念"、抗联精神中"坚定的信仰信念"等表述,都深刻反映了理想信念对于中国共产党人的重要意义及其在中国共产党精神谱系中的突出地位。

理想信念的确立并非一蹴而就,为筑牢新时代中国共产党人的理想信念,必须做到两点。一是强化理论学习,练就过硬"看家本领"。坚定的理想信念来源于理论上的清醒和自觉,只有在真学真懂马克思主义经典著作和马克思主义基本原理,尤其是习近平新时代中国特色社会主义思想的基础上,才能做到真信真用。二是加强对照检查,经常保持"吾日三省吾身"。"千里之堤,溃于蚁穴。"理想信念的动摇和滑坡,往往是于细微之处悄无声息地进行,只有时刻以一名合格共产党员的标准严格要求自我、规范自身言行,才能避免不良后果的发生。

二、始终坚持为民服务的初心使命

马克思和恩格斯在《共产党宣言》中指出:"过去的一切运动都是少数人的,或者为少数人谋利益的运动。无产阶级的运动是绝大多数人的,为绝大多数人谋利益的独立的运动。"[4]这一誓言奠定了共产党人的目标宗旨、服务对象和初心使命。中国共产党人作为《共产党宣言》精神的忠实传人,始终秉持初心和使命,将"全心全意为人民服务"作为自己的宗旨一以贯之。从毛泽东提出"共产党就是要奋斗,就是要全心全意为人民服务,不要半心半意或者三分之二的心三分之二的意为人民服务"[5],邓小平提出"凡是符合最大多数人的根本利益,受到广大人民拥护的事情,不论前进的道路上还有多少困难,一定会得到成功"[6],江泽民提出"党除了最广大人民的利益,没有自己特殊的利益"[7],胡锦涛提出"相信谁、依靠谁、为了谁,是否始终站在最广大人民的立场上,是区分唯物史观和唯心史观的分水岭,也是判断马克思主义政党的试金石"[8],再到习近平提出"江山就是人民,人民就是江山,人心向背关系党的生死存亡"[9],为民服务的初心使命构成了中国共产党精神谱系的亮丽底色和基本元素。

人民群众是历史的创造者,这一唯物史观的基本观点,是中国共产党人一切行动的出发点和落脚点。1944年9月8日,毛泽东在《为人民服务》中指出:"我们的共产党和共产党所领导的八路军、新四军,是革命的队伍。我们这个队伍完全是为着解放人民的,是彻底地为人民的利益而工作的。"他继而提出:"因为我们是为人民服务的,所以,我们如果有缺点,就不怕别人批评指出。"[10]毛泽东在讲演中明确提出"为人民服务"的观点,并在尔后中共七大报告《论联合政府》中将这一观点补充和发展为"全心全意为人民服务"。中国共产党精神谱系中的各种伟大精神也都蕴含为民服务和人民至上的思想。如延安精神中"全心全意为人民服务的根本宗旨"、雷锋精神中"把有限的生命,投入到无限的为人民服务之中去"、焦裕禄精神中"心里装着全体人民、唯独没有他自己"、建党精神中"对党忠诚、不负人民"等,无不体现了中国共产党人大公无私、一心为民的精神品质和高尚情操。

当前,中国共产党带领全国各族人民实现了第一个百年奋斗目标,正向第二个百年奋斗目标迈进。新时代中国共产党人,决不能躺在过去的"功劳簿"上沾沾自喜,固步自封,丧失了前进的动力,也不能陷入现实的"乱花丛"中,急躁冒进,迷失了前进的方向,必须始终牢记为民服务的初心使命,始终保持党同人民群众的血肉联系,一心一意为广大人民群众做实事、解难事、办好事,擦亮中国共产党"全心全意为人民服务"这块"金字招牌"。

三、始终坚持爱国奉献的责任担当

爱国,是人们从心底里生发出来的对民族、国家及其历史和文化等由衷的热爱和关切。中华民族是一个拥有爱国主义传统的伟大民族,爱国主义构成了中华民族精神的核心与纽带。古代陆游的"扶衰忍冷君勿笑,报国寸心坚似铁",文天祥的"人生自古谁无死,留取丹心照汗青",近代林则徐的"苟利国家生死以,岂因祸福避趋之",李大钊的"国人无爱国心者,其国恒亡",都体现出强烈的担当精神和责任意识。习近平指出:"中国共产党是爱国主义精神最坚定的弘扬者和实践者,始终把实现中华民族伟大复兴作为自己的历史使命。"[11]1840年鸦片战争后,中国陷入了沉重苦难与极度屈辱的深渊,国人开始了救亡图存的艰难探索。中国共产党在各种救国方案相继失败后,主动担负起"求得民族独立和人民解放"与"实现国家富强和人民幸福"两大历史任务,成功带领中国人民迎来三大"历史性飞跃",爱国主义逐渐积淀为中国共产党精神谱系的精神根基之一。

历史和实践证明,爱国主义具有潜移默化、深远持久的凝聚力、向心力和感召力。红军长征之初,队伍里年龄最小的还不到10岁,年龄最大的徐特立将近60岁。习近平指出:"在红一方面军二万五千里的征途上,平均每300米就有一名红军牺牲。长征这条红飘带,是无数红军的鲜血染成的。"[12]是什么支撑红军克服一切艰难险阻长驱二万五千里?革命理想高于天,长征精神"就是为了救国救民,不怕任何艰难险阻,不惜付出一切牺牲的精神"给出了响亮回答。此外,韶山精神中"为有牺牲多壮志,敢教日月换新天"、抗战精神中"天下兴亡、匹夫有责的爱国情怀"、抗美援朝精神中"为了祖国和民族的尊严而奋不顾身的爱国主义精神"、建党精神中"不怕牺牲、英勇斗争"等等,都深刻蕴含着中国共产党人的拳拳爱国之心和殷殷报国之情。

爱国不能停留在口头上,必须落实到行动中。为弘扬伟大爱国主义精神和无私奉献精神,新时代中国共产党人,必须做到两点。一是坚持爱国之情、强国之志、报国之行三者相统一。既要注重涵养爱国情感,树立强国远大志向,也要将报国付诸实际行动。二是坚持爱国、爱党、爱社会主义三者相统一。要高度警惕部分别有用心者故意捏造的所谓爱国、爱党、爱社会主义三者的"割裂论"和"孤立论",要将爱国主义融入中国特色社会主义实践的方方面面。

四、始终坚持实事求是的工作作风

中国共产党在长期实践中,探索确立了以"实事求是"为核心的思想路线。1941年,毛泽东在《改造我们的学习》中对"实事求是"加以界定:"'实事'就是客观存在着的一切事物,'是'就是客观事物的内部联系,即规律性,'求'就是我们去研究。"[13]毛泽东同时十分注重开展调查研究,并在《反对本本主义》一文中强调,"没有调查,没有发言权"[14]。实事求是是中国共产党人工作的原则要求,调查研究是中国共产党人工作的基本方法。实事求是既是中国共产党人主动探究和把握规律的外在实践表现,也是中国共产党人深入思考和研究事物的内在思维逻辑,作为一项重要内容同样融入中国共产党精神谱系中。

中国共产党在实事求是的原则指引下,大胆探索实践,不断修正错误,总结和吸取经验与教训,有效应对和成功化解了各种风险挑战。1978年5月11日,《光明日报》刊发文章《实践是检验真理的唯一标准》,随后在全国范围内引发关于真理标准问题的大讨论。邓小平在《解放思想,实事求是,团结一致向前看》中指出:"目前进行的关于实践是检验真理的唯一标准问题的讨论,实际上也是要不要解放思想的争论。大家认为进行这个争论很有必要,意义很大。"进而提出:"实事求是,是无产阶级世界观的基础,是马克思主义的思想基础。"[15]纵览中国共产党精神谱系中的各种伟大精神,"实事求是"的观点处处可见,如井冈山精神中"实事求是闯新路"、长征精神中"坚持独立自主、实事求是,一切从实际出发的精神"、延安精神中"解放思想、实事求是的思想路线"、焦裕禄精神中"实事求是、调查研究,坚持一切从实际出发的求实精神"等,都彰显着中国共产党人求真务实的工作作风和做事态度。

空谈误国,实干兴邦。中国特色社会主义进入新时代,同样面临各种矛盾问题和风险挑战,新时代中国共产党人必须做到两点。一是扎根和立足于本国实际,准确理解和把握两个"没有变"的基本国情。科学分析和研判当前中国面临的国内国际两个大背景大形势,在此前提和基础上有序开展各项工作。二是扎根和立足于本职岗位,从个人实际出发,关注身边人、身边事、身边物,从点滴小事做起,充分发挥党员的先锋模范带头作用。

五、始终坚持艰苦奋斗的拼搏姿态

"艰难困苦,玉汝于成。"中国共产党从建党之初只有58名党员,逐步发展壮大为拥有9600多万党员的世界第一大党,中国共产党为什么能?"共产党人是特殊材料制成的人",这种"特殊材料",既包含有远大崇高的理想信念,也蕴含着中国共产党人在艰难困苦面前永不低头、越是艰险越向前的顽强拼搏精神。习近平指出:"我们的国家,我们的民族,从积贫积弱一步一步走到今天的发展繁荣,靠的就是一代又一代人的顽强拼搏,靠的就是中华民族自强不息的奋斗精神。"[16]幸福来之不易,光荣来之不易,艰苦奋斗的拼搏姿态是一代代中国共产党人的真实写照,在不断接力中熔铸进中国共产党的精神谱系之中。

中国共产党在百年伟大征程中,谱写了一部部感天动地的篇章,留下了一个个可歌可泣的故事。1941年,八路军第三五九旅奉命开赴南泥湾垦荒,在"一把镢头一支枪,生产自给保卫党中央"的口号下,成功把一个原本荒无人烟的南泥湾,变成了到处是庄稼、遍地是牛羊的"陕北的好江南",创造了"自力更生、艰苦奋斗"的南泥湾精神。1960年,红旗渠工程正式启动,在条件极其艰苦、任务极其艰巨的情况下,林县人凭借"自力更生、艰苦创业"的精神,仅靠一锤、一铲、两只手,耗时十年之久,在太行山悬崖峭壁上修成了全长1500公里的红旗渠,被誉为"世界第八大奇迹"。此外,井冈山精神中"艰苦奋斗攻难关"、延安精神中"自力更生、艰苦奋斗的创业精神"、太行精神中"百折不挠、艰苦奋斗"、铁人精神中"有条件要上,没有条件创造条件也要上"等,也都刻画出中国共产党人艰苦奋斗的精神面貌。

如今,中国正朝着富强民主文明和谐美丽的社会主义现代化强国迈进,贫穷落后的日子一去不复返,但奋斗永远没有"休止符"。幸福是奋斗出来的,新时代中国共产党人必须始终保持艰苦奋斗的本色,不断加强对"四史"的学习和感悟,时刻铭记我们从哪里来、到哪里去,用努力奋斗代替"焦虑""佛系""躺平"等消极心理,自觉抵制享乐主义、拜金主义、消费主义对我们心灵的侵蚀和腐化,走好我们这代人的"长征路"。

六、始终坚持开拓创新的进取精神

马克思在《资本论》中指出:"辩证法不崇拜任何东西,按其本质来说,它是批判的和革命的。"[17]所谓"批判的"和"革命的",说到底就是要破旧立新,破除一切阻碍社会发展的沉疴积弊和顽瘴痼疾。马克思主义关于世界永恒发展的观点,揭示了新事物的产生和旧事物的灭亡这一客观规律,为开拓创新奠定了理论基础。中国共产党人继承和弘扬了马克思主义关于开拓创新的思想理念,并将其应用于马克思主义中国化及社会主义革命、建设和改革的实践之中。毛泽东指出:"我们要把马、恩、列、斯的方法用到中国来,在中国创造出一些新的东西。只有一般的理论,不用于中国的实际,打不得敌人。但如果把理论用到实际上去,用马克思主义的立场、方法来解决中国问题,创造些新的东西,这样就用得了。"[18]习近平也指出:"生活从不眷顾因循守旧、满足现状者,从不等待不思进取、坐享其成者,而是将更多机遇留给善于和勇于创新的人们。"[19]中国共产党正是凭借这种开拓创新的进取精神,成功探索并建立起中国特色社会主义道路、理论、制度和文化,而这种精神元素也构成了中国共产党精神谱系的思想内核之一。

封闭僵化只会被淘汰,开拓创新才能赢得未来。1980年8月26日,作为改革开放的"窗口"和"试验田",深圳率先成立中国第一个经济特区。经过数年的发展,昔日落后的边陲小镇摇身一变成为国际化大都市,深圳以"敢闯、敢冒、敢试、敢为天下先"的改革精神,实现了举世瞩目的巨大跨越和发展奇迹。正如邓小平所说:"没有一点闯的精神,没有一点'冒'的精神,没有一股气呀、劲呀,就走不出一条好路,走不出一条新路,就干不出新的事业。"[20]梳理中国共产党的精神谱系,红船精神中"开天辟地、敢为人先的首创精神"、雷锋精神中"锐意进取、自强不息的创新精神"、大别山精神中"自强不息、排难创新的进取精神"、安源精神中"勇于开拓、敢为人先"等内容都表明,中华民族是一个善于创造和创新的民族,中国共产党是一个勇于开拓和变革的政党。

党的十八大以来,创新驱动发展战略上升为国家战略,创新作为"五大发展理念"之首被反复强调。习近平指出:"变革创新是推动人类社会向前发展的根本动力。谁排斥变革,谁拒绝创新,谁就会落后于时代,谁就会被历史淘汰。"[21]新时代中国共产党人,必须善于把握时代发展大势,顺应时代发展潮流,积极投身创新实践,争做新时代创新发展的"开拓者"和"领跑者"。

读史以明智,知古以鉴今。重温中国共产党精神谱系,既是为了回顾和总结我们党的光辉历史,也是为了展望和擘画美好光明的前景。随着时代不断变迁和实践向前发展,具有先进性、代表性和典型性的中国共产党伟大精神还会竞相迸发涌现,但其思想内核和精神实质永远不会褪色和凋零,只会在新的时代背景下愈加得以彰显和发扬。新时代中国共产党人,要将中国共产党精神谱系作为"必修课"、"强心剂"和"传家宝",筑牢理想信念之基,不断增强自身本领,为实现中华民族伟大复兴的中国梦不懈努力奋斗。

注释

[1]习近平.在庆祝中国共产党成立100周年大会上的讲话[EB/OL].http://www.xinhuanet.com/2021-07/01/c_1127613765.htm.

[2][16][19]习近平.习近平谈治国理政(第一卷)[M].北京:外文出版社,2018:15,52,51.

[3][6][20]邓小平文选(第三卷)[M].北京:人民出版社,1993:144,142,372.

[4]马克思恩格斯选集(第一卷)[M].北京:人民出版社,2012:411.

[5]毛泽东文集(第七卷)[M].北京:人民出版社,1999:285.

[7]江泽民文选(第三卷)[M].北京:人民出版社,2006:280.

[8]中共中央文献研究室.十六大以来重要文献选编(上)[G].北京:中央文献出版社,2005:369.

[9]习近平:在党史学习教育动员大会上的讲话[J].求是,2021(7):4—17.

[10][13]毛泽东选集(第三卷)[M].北京:人民出版社,1991:1004,801.

[11]习近平在中共中央政治局第二十九次集体学习时强调 大力弘扬伟大爱国主义精神 为实现中国梦提供精神支柱[N].光明日报,2015-12-31(01).

[12]习近平.在纪念红军长征胜利80周年大会上的讲话[N].光明日报,2016-10-22(02).

[14]毛泽东选集(第一卷)[M].北京:人民出版社,1991:109.

[15]邓小平文选(第二卷)[M].北京:人民出版社,1994:143.

[17]马克思恩格斯选集(第二卷)[M].北京:人民出版社,2012:94.

[18]毛泽东文集(第二卷)[M].北京:人民出版社,1993:408.

[21]习近平.开放共创繁荣 创新引领未来[N].光明日报,2018-04-11(01).

[本文系国家社科基金高校思政课研究专项一般项目"智能化背景下军队院校意识形态建设研究"(项目编号:21VSZ148)、国家社科基金军事学青年项目"新时代加强青年官兵政治信仰培塑研究"(项目编号:2021-SKJJ-C-079)阶段性研究成果;本文原载于《哈尔滨职业技术学院学报》2022年第2期,有改动]

1 成渝地区双城经济圈建设篇

会议指出,推动成渝地区双城经济圈建设,有利于在西部形成高质量发展的重要增长极,打造内陆开放战略高地,对于推动高质量发展具有重要意义。要尊重客观规律,发挥比较优势,推进成渝地区统筹发展,促进产业、人口及各类生产要素合理流动和高效集聚,强化重庆和成都的中心城市带动作用,使成渝地区成为具有全国影响力的重要经济中心、科技创新中心、改革开放新高地、高品质生活宜居地,助推高质量发展。

——《习近平主持召开中央财经委员会第六次会议》

当今世界正经历百年未有之大变局,新一轮科技革命和产业变革深入发展,国际分工体系面临系统性调整。我国已转向高质量发展阶段,共建"一带一路"、长江经济带发展、西部大开发等重大战略深入实施,供给侧结构性改革稳步推进,扩大内需战略深入实施,为成渝地区新一轮发展赋予了全新优势、创造了重大机遇。在这样的背景下,推动成渝地区双城经济圈建设,符合我国经济高质量发展的客观要求,是新形势下促进区域协调发展,形成优势互补、高质量发展区域经济布局的重大战略支撑,也是构建以国内大循环为主体、国内国际双循环相互促进新发展格局的一项重大举措,有利于在西部形成高质量发展的重要增长极,增强人口和经济承载力;有助于打造内陆开放战略高地和参与国际竞争的新基地,助推形成陆海内外联动、东西双向互济的对外开放新格局;有利于吸收生态功能区人口向城市群集中,使西部形成优势区域重点发展、生态功能区重点保护的新格局,保护长江上游和西部地区生态环境,增强空间治理和保护能力。

——《成渝地区双城经济圈建设规划纲要》

贯彻落实习近平总书记重要讲话精神和党中央决策部署,要牢固树立一盘棋思想和一体化发展理念,坚持"双核引领,区域联动""改革开放,创新驱动""生态优先,绿色发展""共享包容,改善民生""统筹协同,合作共建"的原则,加快形成改革开放新动力,加快塑造创新发展新优势,加快构建与沿海地区协作互动新局面,加快拓展参与国际合作新空间,做到统一谋划、一体部署、相互协作、共同实施,推动成渝地区形成有实力、有特色的双城经济圈。

——《打造带动全国高质量发展的重要增长极和新的动力源》

习近平总书记关于乡村振兴重要论述的马克思主义人学意蕴

杨 勇 张洪玉 李东锋[①]

摘要：民族要复兴，乡村必振兴。乡村要振兴，核心在于人。乡村振兴归根到底是以人的发展为本质特征的乡村全面繁荣。在这个意义上，乡村振兴同"两个百年奋斗目标"和伟大中国梦是相辅相成的，与实现人的全面发展的进程是高度一致的。党的十九大将乡村振兴作为重大战略写入党的全国代表大会报告，意味着乡村振兴被纳入国家战略体系，具有优先地位。以马克思关于人的发展理论为视角，深刻理解和把握习近平总书记关于乡村振兴的系列重要讲话和论述，特别是其体现的人民主体、以人民为中心、人的发展总体性目标和阶段性任务相统一等人学意蕴，有助于在实施乡村振兴战略进程中充分尊重人的主体地位、发挥人的主体作用，促进实现人的全面发展。

关键词：习近平；乡村振兴；逻辑基础；人的发展；人学意蕴

没有农业农村的现代化，就没有整个国家的现代化。基于这样的科学认识，以习近平同志为核心的党中央始终把解决好"三农"问题作为全党工作的重中之重，明确指出要以高度的紧迫感与责任感切实把工作做实做好，促进农业全面升级、农村全面进步、农民全面发展。全面实施乡村振兴战略，着力做好新时代"三农"工作，让亿万农民有更多实实在在的获得感、幸福感、安全感，为实现中华民族伟大复兴奠定坚实基础。[1]习近平总书记多次就乡村振兴发表了重要讲话和专题论述，从总目标、总方针、总要求、制度保障等方面对这一战略进行了系统阐释，为全面实施乡村振兴战略提供了遵循，为开启城乡融合发展和现代化建设新局面指明了方向。

[①] 杨勇（1989—），男，四川南部人，四川省团校讲师，主要研究方向为马克思主义人学与思想政治教育、青年思想政治引领。
张洪玉（1988—），女，四川绵阳人，四川省团校讲师，主要研究方向为共青团与青少年工作、青年现象等。
李东锋（1987—），男，河南安阳人，四川省团校讲师，主要研究方向为青年思想理论、基层团组织建设等。

一、习近平总书记关于乡村振兴重要论述的逻辑基础

思想理论的产生从来都不是空穴来风,不是"飞来峰",也不是横空出世的,而一定表现为一个历史的、发展的进程。与习近平总书记其他治国理政思想和理论一样,他关于乡村振兴的系列重要论述的提出和形成也有一个循序渐进、不断发展的过程,有着深厚的逻辑基础。具体来说,可以从历史、理论、实践和价值四个方面来加以理解,这也构成了乡村振兴战略的逻辑框架。

(一)站在民族复兴伟大进程定位乡村振兴是其历史逻辑

党领导人民进行革命、建设和改革,最终是为了实现中华民族伟大复兴的中国梦,而中国梦的本质是国家富强、民族振兴、人民幸福。要实现这一梦想,需要全体人民共同努力,而且要经过一个较长的发展时期。其中,"两个百年奋斗目标"是必须走好的关键之步。乡村振兴事关决胜全面建成小康社会和全面建设社会主义现代化强国全局,脱贫攻坚取得胜利后,要全面推进乡村振兴,这是"三农"工作重心的历史性转移。习近平总书记站在民族复兴的全局和高度,立足党和人民为实现中国梦的奋斗进程,指出:要把实施乡村振兴战略摆在优先位置,坚持五级书记抓乡村振兴,让乡村振兴成为全党全社会的共同行动。[2] 习近平总书记的论述指明了乡村振兴事关全局的战略地位,同时将其与人民追求小康社会的千年夙愿和民族复兴伟大梦想连接在一起,体现了厚实的历史逻辑。

(二)基于践行党的初心使命阐释乡村振兴是其理论逻辑

自成立之日起,我们党就把"为中国人民谋幸福,为中华民族谋复兴"作为初心和使命,这也是激励一代代共产党人不断前进的根本动力。怎么为人民谋幸福?我们党用实际行动回答着这一问题,争取人民解放和独立、建设中国特色社会主义、实行改革开放、发展社会主义市场经济等等,更直观具体地讲,打响脱贫攻坚战、全面建成小康社会等,就是在为人民谋幸福。实施乡村振兴战略,是全面建成小康社会的需要,也是国家现代化发展步入高潮的保障,关涉广大人民群众的根本利益,习近平总书记强调,"要牢固树立正确政绩观,既要做让老百姓看得见、摸得着、得实惠的实事,也要做为后人作铺垫、打基础、利长远的好事,既要做显功,也要做潜功"[3]。实施乡村振兴战略正是在做真真切切的实事,是践行党的初心使命的时代要求,"为人民谋幸福"的初心构成其坚实的理论基础。

(三)立足新时代的发展全局推进乡村振兴是其实践逻辑

实施乡村振兴战略的部署,是以习近平同志为核心的党中央根据当前我国发展阶段和社会主要矛盾变化,科学作出的重大决策,体现了我们党对"三农"工作发展规律认识的深化。习近平总书记多次就乡村振兴进行进一步阐释,从"三个全面"到"五个振兴"再到"三总一保障",这些新理念新思想新部署体现了我们党对乡村振兴规律认识的深化。[4]深入学习理解习近平总书记关于乡村振兴的重要论述,就能发现,他对乡村振兴的基本问题论证得非常全面、深入、系统。乡村振兴以打赢脱贫攻坚战为基础和前提,要处理好长远目标和阶段任务的关系,确保脱贫攻坚与乡村振兴的有机衔接。习近平总书记关于乡村振兴的论述既是对乡村振兴战略实施的总体部署,又体现了从实际出发、一个阶段一个阶段有序推进的实践要求,展现出牢实的实践逻辑。

(四)着眼实现人的全面发展部署乡村振兴是其价值逻辑

中国梦归根到底是人民梦,是发展梦,是现实梦。这一梦想的实现不但意味着社会经济的高度发展,而且代表着人的发展达到全新境界。乡村振兴、农业农村现代化是实现中国梦的重要标志,也成为新时期中国特色社会主义现代化建设的关键目标之一。而现代化首先表现为人的现代化,即人实现或正在实现自由而全面的发展。习近平总书记关于乡村振兴的论述充分尊重人的主体地位和作用,将人的发展作为乡村振兴的价值追求,他提出的乡村振兴"二十字"总要求[5],不仅反映了乡村振兴战略的丰富内涵,更体现了对人的发展的深切关怀。以其中的"乡风文明"为例,这不仅仅是对乡村精神生活、文化建设的体现和要求,从深层次讲,更是基于人的整体素质全面提高的乡村精神文明发展。[6]这样的意涵还体现在很多论述中,蕴藏着笃实的价值逻辑。

二、习近平总书记关于乡村振兴重要论述的主要内容

党的十八大以来,习近平总书记在中央会议上、调研考察中多次就脱贫攻坚、乡村振兴等发表重要讲话和专题论述,以第十九届中共中央政治局第八次集体学习时的重要讲话为标志和重点,习近平总书记的系列重要讲话和论述为乡村振兴定战略、明思路、论办法,系统阐明了乡村振兴的基本问题。深刻理解和把握习近平总书记关于乡村振兴重要论述的主要内涵,是推动实

施乡村振兴战略的前提。

(一)阐释了乡村振兴战略的基本内涵

作为发展中的农业大国,重农固本是安民之基、治国之要。我们党在成立初期就深刻认识到农村农民对党和国家事业发展的极端重要性,从"农村包围城市,武装夺取政权"革命道路的选择,到"建设社会主义新农村"的决策,再到坚决打赢脱贫攻坚战等,充分体现了党对"三农"工作的高度重视。实施乡村振兴战略是适应新时代新发展阶段的重大决策,习近平总书记多次强调其战略地位,指出实施乡村振兴战略"是关系全面建设社会主义现代化国家的全局性、历史性任务","是新时代'三农'工作总抓手"。[7]由此可见,乡村振兴对全面建成小康社会、全面建成社会主义现代化强国和实现中华民族伟大复兴中国梦具有举足轻重的意义。[8]与此同时,习近平总书记对乡村振兴战略的内涵进行了深刻阐述:"统筹推进农村经济建设、政治建设、文化建设、社会建设、生态文明建设和党的建设,促进农业全面升级、农村全面进步、农民全面发展",是"五位一体"总体布局、"四个全面"战略布局在"三农"工作的体现。[9]因此,乡村振兴是乡村在各领域各方面的全面发展、全面振兴、全面繁荣。

(二)擘画了乡村振兴战略的蓝图

从时间上看,首次提出实施乡村振兴战略并将其写入党的报告,是在党的十九大上。习近平总书记在党的十九大报告中对乡村振兴战略进行了概括论述,提出要坚持农业农村优先发展,推进农业农村现代化。这是对乡村振兴的顶层设计,将这一设计展开系统论述是在此后不久召开的中央农村工作会议上。在2018年9月的十九届中央政治局第八次集体学习时的讲话中,习近平总书记强调:农业农村现代化是实施乡村振兴战略的总目标,坚持农业农村优先发展是总方针,产业兴旺、生态宜居、乡风文明、治理有效、生活富裕是总要求,建立健全城乡融合发展体制机制和政策体系是制度保障。[10]习近平总书记亲自为乡村振兴擘画了蓝图,为这一战略的实施提供了理论前提。进一步理解分析,乡村振兴战略的实施与脱贫攻坚、全面建成小康社会紧密相连,打赢脱贫攻坚战是全面建成小康社会的底线任务,是乡村振兴的首要任务。[11]乡村振兴的核心归结到一点就是人的发展,是要为人的发展创造充分条件并致力于实现人的发展,其终极追求是促进农民群众的全面发展。这与现代化建设、中国梦的追求是一致的,理解了这一点,才是真正理解了习近平总书记的重要论述。

(三)明确了乡村振兴战略的目标任务

乡村振兴战略是一项庞大、复杂的系统工程,涵盖乡村发展各个方面的内容,从哪些方面着手整体推进,关系到这一战略实施的实际成效。习近平总书记关于乡村振兴的重要论述在对乡村振兴进行顶层设计的同时,明确了其目标任务。2018年,习近平在参加十三届全国人大一次会议山东代表团的审议时指出:实施乡村振兴战略是一篇大文章,要统筹谋划,科学推进,切实推动乡村产业振兴、人才振兴、生态振兴、组织振兴,通过构建乡村产业体系,把人力资本开发放在首要位置,加强农村思想道德建设和公共文化建设,让良好生态成为乡村振兴支撑点,建立健全党委领导、政府负责、社会协同、公众参与、法治保障的现代乡村社会治理体制等具体举措实现乡村振兴的目标任务。[12]按照习近平总书记的重要讲话,乡村振兴是以"五个振兴"为中心任务,统筹推进,形成合力,实现产业兴旺、生态宜居、乡风文明、治理有效、生活富裕的总要求。其中,产业振兴是经济前提,人才振兴是核心要素,文化振兴是本质要求,生态振兴是重要支撑,组织振兴是根本保障。

(四)提出了乡村振兴战略的原则遵循

在党的十九大报告中,乡村振兴战略被列为建设现代化经济体系的七大战略之一,占有优先地位。要确保这一战略得到很好的贯彻实施,需要进一步明确其必须遵循的原则。习近平总书记指出:"实施乡村振兴战略,各级党委和党组织必须加强领导,汇聚起全党上下、社会各方的强大力量。要把好乡村振兴战略的政治方向……要充分发挥好乡村党组织的作用,把乡村党组织建设好。"[13]这一论述阐明了乡村振兴战略的首要原则,即坚持党的领导。2018年元月,中共中央、国务院印发了《关于实施乡村振兴战略的意见》,明确了实施乡村振兴战略的七条基本原则:坚持党管农村工作,坚持农业农村优先发展,坚持农民主体地位,坚持乡村全面振兴,坚持城乡融合发展,坚持人与自然和谐共生,坚持因地制宜、循序渐进。[14]这是对习近平总书记的系列重要讲话和相关论述的系统梳理和总结提炼,要在实施中毫不动摇地坚持。

(五)指明了乡村振兴战略的实施路径

习近平总书记多次就乡村振兴发表重要讲话,不仅从党和国家事业发展的战略高度对乡村振兴作了系统阐述,更从推动落实层面指明了乡村振兴战略的实施路径。习近平总书记强调,实施乡村振兴战略,首先要按规律办事,通过突出抓好农民合作社和家庭农场两类农业经营主体发展、注重发挥好德治的作用、走城乡融合发展之路、建立健全城乡基本公共服务均等化的体制机制等具体举措推动乡村振兴战略稳步发展、协调推进。[15]同时,要着重处理好四大关系:一是长期目标和短期目标的关系,二是顶层设计和基层探索的关系,三是充分发挥市场决定性作用和更好发挥政府作用的关系,四是增强群众获得感和适应发展阶段的关系。[16]乡村振兴是一篇大文章,更是一篇科学文章、实践文章,必须遵循乡村发展和建设规律,围绕农民群众最关心最直接最现实的利益问题,科学规划、注重质量、从容建设。习近平总书记关于乡村振兴的系列重要讲话体现了对乡村建设和发展的科学认识,从理论和实践层面为乡村振兴战略的推进作了具体阐释。

三、习近平总书记关于乡村振兴重要论述的人学意蕴

乡村振兴实质上就是乡村发展,以"振兴"作为手段和目标,推动实现乡村现代化。而实现乡村发展,人作为主体要优先发展、首先发展。换言之,乡村振兴的最终价值在于促进人的发展,其实现也必须充分依靠人的主体作用。在这个意义上,乡村振兴与人的发展,特别是农民的发展是高度统一、相得益彰的,乡村振兴、乡村现代化的进程,必定是农民发展、农民现代化的进程。从马克思关于人的发展理论来看,习近平总书记关于乡村振兴的系列重要论述蕴含着对人的发展主体、内容、途径、目标、阶段等基本问题的深刻阐述,具有丰富的人学意蕴。

(一)从发展主体上看,论述蕴含了"坚持以人民为中心"的基本思想

"农业强不强、农村美不美、农民富不富,决定着全面小康社会的成色和社会主义现代化的质量"[17],而农业强、农村美、农民富作为衡量和检验乡村振兴战略成效的指标,最终落脚于农业农村现代化。从当前的发展状况来看,农业、农村、农民的发展直接影响着现代化建设的全局。马克思在《哲学的贫困》中就指出:"城乡关系的面貌一改变,整个社会的面貌也跟着改变。"[18]因此,"三农"问题的解决是国家整体发展的前提。乡村振兴要解决什么问题?归根到底就是要实现乡村现代化,而乡村现代化必然以人的现代化

为根本标志。从根源上讲,习近平总书记关于乡村振兴的重要论述正是基于社会主要矛盾的变化而提出来的[19],论述着眼于农业、农村的优先发展,以农业农村现代化为总目标,其最终落脚点在于农民的全面发展,蕴含了"以人民为中心"的基本思想,而这也恰恰体现了人民是社会发展的主体的基本内涵,没有把乡村振兴战略单纯理解为一个经济发展战略,而是将其视为包含人的发展在内的社会发展与人的发展相统一的系统战略。

(二)从发展内容上看,论述体现了"自由全面和谐发展"的形象设计

"三农"工作在国民经济中的基础性作用决定了其在党和国家事业中的重要地位。正如恩格斯所指出的,"一切工业劳动者都要靠农业、畜牧业、狩猎业和渔业的产品维持生活这一早已尽人皆知的经济事实"[20]。农业为工业等其他行业劳动者提供维持生存发展的基础产品。这也就告诉我们,要促进国民经济发展和人的整体发展,必须率先抓好农业、农村、农民的发展。习近平总书记指出,检验农村工作成效的一个重要尺度,就是看农民的钱袋子鼓起来没有。要着力解决上学难、看病难、行路难、环境脏乱差等农民群众反映最突出的民生问题,不断增强广大农民的获得感、幸福感、安全感。[21]这就体现了对人的关注和关怀。农村工作也好,乡村振兴也罢,最核心的都是要解决人的困难,促进人的发展。总书记在系列论述中明确了以产业兴旺为重点,生态宜居为关键,乡风文明为保障,治理有效为基础,生活富裕为根本的总要求,涵盖了乡村发展的方方面面,体现了系统性、全面性,也就体现了对人的发展"自由而全面"的形象设计。

(三)从发展途径上看,论述突出了"正确处理党群关系"的现实要求

如前所述,乡村振兴说到底是人的振兴和发展,实现乡村全面振兴和农业农村现代化,必须建立在解决好农民群众的现实困难和问题的基础之上。办好中国的事情关键在党,我们必须清醒地认识到,要实现乡村振兴,必须依靠党的领导,必须以党的领导为其提供根本的政治保障。习近平总书记关于乡村振兴的重要论述深化了我们党对乡村建设规律和社会发展规律的认识,要推动落实乡村振兴,必须处理好党和群众的关系,唯有自觉加强同人民群众的血肉联系,把党的领导和发挥群众首创精神结合起来[22],才能最终实现乡村全面振兴。习近平总书记指出:"我国作为中国共产党领导的社会主义国家,应该有能力、有条件处理好工农关系、城乡关系,顺利推进我国社会主

义现代化进程。"[23]今天我们以振兴乡村开启城乡融合发展和现代化建设新局面,这既是实施乡村振兴的现实要求,也是促进农民发展的基本途径。

(四)从发展目标上看,论述彰显了"实现全民共同发展"的价值追求

人民群众是社会物质和精神财富的创造者,也是马克思主义政党的力量源泉。历史和中国人民之所以选择中国共产党作为中国特色社会主义事业的领导核心,就是因为我们党从一开始就将为人民谋幸福作为自己的根本使命,始终将人民置于心中最高位置。乡村振兴就是我们党为解决"三农"问题提出的又一重大决策,其目标是要实现包括广大农民群众在内的全体人民共同富裕[24],在此基础上,最终实现人的全面发展。习近平总书记关于乡村振兴的重要论述充分体现了对人民的重视,他指出,"要充分尊重广大农民意愿,调动广大农民积极性、主动性、创造性,把广大农民对美好生活的向往化为推动乡村振兴的动力"[25]。这与马克思主义关于人的自由全面发展理论的价值追求是高度一致的。"每个人的自由发展是一切人自由发展的条件",要构建"自由人的联合体",则必须实现包括农民群众在内的所有人的共同发展。

(五)从发展阶段上看,论述明确了"长远与现实相统一"的历史进程

人的发展从来都是现实的发展,而不是脱离现有条件之外的发展。马克思在《政治经济学批判(1857—1858年手稿)》中,提出了人的发展"三种形态"的理论:"人的依赖关系(起初完全是自然发生的),是最初的社会形式,在这种形式下,人的生产能力只是在狭小的范围内和孤立的地点上发展着。以物的依赖性为基础的人的独立性,是第二大形式,在这种形式下,才形成普遍的社会物质变换、全面的关系、多方面的需要以及全面的能力的体系。建立在个人全面发展和他们共同的、社会的生产能力成为从属于他们的社会财富这一基础上的自由个性,是第三个阶段。第二个阶段为第三个阶段创造条件。"[26]这就表明,人的发展具有明显的阶段性,是总体性目标与阶段性任务的统一。无论是乡村振兴本身的实现,还是其对人的发展的促进,都具有阶段性、递进性。习近平总书记指出,实施乡村振兴,要"坚持尽力而为、量力而行,不能提脱离实际的目标,更不能搞形式主义和'形象工程'"[27]。而这也恰恰反映了乡村振兴及其促进人的发展的历史进程。

注释

[1] 新时代"三农"工作总抓手——论学习习近平总书记关于实施乡村振兴战略重要讲话精神[N].人民日报,2018-09-29(02).

[2] 把实施乡村振兴战略摆在优先位置 让乡村振兴成为全党全社会的共同行动[N].人民日报,2018-07-06(01).

[3][12][17][25] 习近平李克强王沪宁赵乐际韩正分别参加全国人大会议一些代表团审议[N].光明日报,2018-03-09(01).

[4] 魏后凯.把握乡村振兴战略的丰富内涵[N].人民日报,2019-02-28(09).

[5][7][9][10][23] 习近平.把乡村振兴战略作为新时代"三农"工作总抓手[J].求是,2019(11):4—10.

[6] 刘欢,韩广富.中国共产党推进乡风文明建设的百年历程、经验与展望[J].兰州学刊,2021(5):5—20.

[8] 杨茹茹.新时代中国特色社会主义乡村振兴战略研究[D].东北石油大学,2019:1.

[11] 陈秀萍.统筹推进脱贫攻坚与乡村振兴[N].黑龙江日报,2010-02-26(06).

[13][15][16][27] 习近平在中共中央政治局第八次集体学习时强调:把乡村振兴战略作为新时代"三农"工作总抓手 促进农业全面升级农村全面进步农民全面发展[N].人民日报,2018-09-23(01).

[14] 中共中央国务院关于实施乡村振兴战略的意见[N].人民日报,2018-02-05(01).

[18] 马克思恩格斯全集(第四卷)[M].北京:人民出版社,1958:159.

[19] 蒋永穆.基于社会主要矛盾变化的乡村振兴战略:内涵及路径[J].社会科学辑刊,2018(2):15—21.

[20] 马克思恩格斯全集(第三十五卷)[M].北京:人民出版社,1971:130.

[21] 韩俊.扎实做好乡村振兴这篇大文章——深入学习贯彻习近平总书记关于实施乡村振兴战略重要讲话精神[J].党建,2020(10):15—18.

[22] 侯衍社.中国道路的人学意蕴[N].光明日报,2018-09-17(15).

[24] 李实,陈基平,滕阳川.共同富裕路上的乡村振兴:问题、挑战与建议[J].兰州大学学报(社会科学版),2021(3):37—46.

[26] 马克思恩格斯文集(第八卷)[M].北京:人民出版社,2009:52.

城乡融合战略视域下的转型社区协同治理研究
——以南充市 X 社区为例

向 上[①]

摘要：建立健全城乡融合发展体制机制和政策体系，是党的十九大作出的重大决策部署。转型社区是推进国家治理体系与治理能力现代化的基础单元，是公共服务供给与模式创新的重要载体。但实际上，在转型社区中，居民参与积极性不高、社区管理主体之间权责不清等现象的存在，带来社区认同缺乏、多主体合作困难、多元治理格局尚未形成等社区治理难题。协同治理理论为转型社区治理提供了独特的分析方法。基于此，可从培育社区居民参与意识、发挥党建引领作用、完善社区互惠规范、构建协同治理网络等方面入手，提升转型社区治理的效能。

关键词：城乡融合；转型社区；协同治理；治理效能

一、城乡融合：研究缘起背景

2021年初中央一号文件下发，提出要加强党的农村基层组织建设和乡村治理，加强乡村公共基础设施建设，要坚持把解决好"三农"问题作为全党工作重中之重。这就说明，要想能够尽快使中华民族伟大复兴的中国梦成真，那就绝对不能够出现繁华的都市背后却是破败的乡村这种极为不协调的画面。只有始终不渝地走城乡融合发展道路，方为实施乡村振兴战略的正确方向。[1]

一般意义上的城乡融合发展就是需要打破城乡二元结构，实现都市与村落的一体化联动：除了利用城市资源要素、产业辐射效应等促进乡村发展，引导公共资源优先向农村倾斜外；还需要通过城市来补足农村短板，激活农村的特殊吸引力。城乡一体化发展战略是中央层面为解决"三农"问题而在全面建成小康社会的决胜阶段所提出的新发展途径、新制度措施以及新解决策略，可使制约乡村发展的问题得到有效解决。

[①] 向上（1998—），男，湖南怀化人，上海师范大学2020级硕士研究生，主要研究方向为当代中国政府与政治。

(一)国内城乡融合思想研究生成理路

党的十九大报告明确提出要实施乡村振兴战略,强调要坚持农业农村优先发展,按照"产业兴旺、生态宜居、乡风文明、治理有效、生活富裕"的总要求,建立健全城乡融合发展体制机制和政策体系,加快推进农业农村现代化。乡村振兴战略是习近平新时代中国特色社会主义思想的重要组成部分,是中国共产党建党以来有关我国农村、现代农业以及农民问题的科学发展与体制创新。

目前国内学界对于如何实现城乡融合发展主要有三种不同观点。①建立城乡融合统筹发展的新模式。刘彦随认为城乡融合就是将乡村与都市看成一个集合体,然后双方之间针对要素实现公平交换的一个过程。乡村振兴所服务的对象是一个乡村类型的地域综合系统,乡村振兴以加速推动城乡一体化体系为重点,加快发展建设起以城乡基础网、乡村振兴极等为内容的多级综合目标服务体系。[2]王颂吉、白永秀认为可通过大力发展农村现代农业、推进中西部贫困地区城镇化、提高农民工职业技能水平、开展精准产业扶贫来缩小城乡居民收入水平差距;通过不断加强农村公共服务资源供给和推进乡村农业人口向城市人口的转变,推进城乡发展体系一体化,实现经济社会协调健康发展。[3]②小城镇主导型模式。张立从小城镇问题出发,分析探讨小城镇在农民就业、农村经济发展中扮演了何种角色,认为发展小城镇是一条能使我国快速实现农村城市化的重要途径。张立认为,近年来,"特色小镇"一词火爆的背后表明其是推动我国中小城镇全面健康发展的重要催化剂,是新型城镇化加速发展的新战略驱动路径,是新一轮城镇变革的重要载体。[4]③都市主导型模式。汤正刚认为市区的经济辐射功能和市区对县城建设的带动作用是实现城乡统筹协调发展的基本理念和动力。他相信中心城市的现代化建设将带动城乡一体化的发展,实现"点对面"的城市区域化,这可能成为加快我国城市化进程的重要历史举措。[5]石忆邵、何书金认为大城市所显现出的向心力和离心力是城乡融合发展的动力。[6]

(二)西方城乡融合思想研究综述

早在1950年代以前,以欧文、傅立叶为代表的乌托邦社会主义者的思想与学说中就出现了城乡融合发展的萌芽。圣西门的"城乡社会平等观"、傅立叶的"法郎吉"、欧文的"新和谐公社"都从不同方面体现了这一构想。早期城市规划领域的西方专家也非常重视关于城乡一体化发展的理论研究,霍华德提出的"田园城市"、赖特提出的"区域城"都倡导城乡之间的有机、协调发展。[7]后又围绕小城镇在乡村腹地的寄生性或者生产性的作用展开,以"刘易斯-费-拉尼斯"模型最具影响力和代表性,认为随着城市经济增长及现代化要求,农村剩余价值必然转移到城市各生产部门,因而造成农村生产力、资金等要素的流失。[8]此外,朗迪勒里提出了"次级城市发展战略",认为要想城市的发展政策早日成功,那就需要以最快的速度建立一个二级城市体系,以支持城市和乡村之间的经济社会活动可以直接进行沟通。20世纪末期,加拿大学者麦吉教授提出了Desakota的概念,其指的是在同一地理区域上同时发生的城市性和农村性的行为。

二、概念详解及文章分析框架

(一)"转型社区"概念的提出

"社区"这一概念最早由德国社会学家滕尼斯在其著作《社区与社会》中所提出,我国著名社会学家费孝通在翻译《社区与社会》时将这一概念引入国内,并首创了汉语"社区"一词,尔后该词慢慢流行,一直沿用至今。滕尼斯将"社区"(community)与"社会"(society)二词进行了区分,首次提出"社区"是由具有共同价值取向的人口组成的,彼此之间和谐友爱,充满人情味。改革开放40余年来,中国的综合实力明显上升。随着城市化的推进及工业化的发展,以城市建设开发为目的,大量农业用地被城市所吸纳,失地农民从村庄空间转移到安置小区内,新型社区形态由此构成。"城中村""城郊社区""拆迁安置小区"等概念被提出用以概括新型社区的形态。但这些都只是基于表面事实的现象性描述,转型社区才是揭示这类社区的本质与核心的概念。

随着城镇化的推进,中国的行政村数量大幅减少,村民委员会的数量由2010年的594658个锐减至2017年的554218个,[9]一共减少了40440个,平均每天就会约有14个村落消失。消除城乡二元结构给转型社区带来的"社区失灵",是当前推进新型城镇化的必由之路。践行城乡融合发展战略,助推乡村加速发展,平衡城乡矛盾,最终实现城乡之间均衡发展,是新时代中国特色社会主义建设的必然要求。在中国城镇化的进程中,无一例外,城市总是表现出极为强大的吸引力,相当一部分的劳动力、资本、土地等要素由乡村流向城市。城市和乡村休戚与共,只有相互促进、彼此支持,二者方能共同发展。因此,重塑城乡关系,促进城乡融合发展,是中国乡村振兴战略实施的基本路径和基本逻辑。[10]

(二)案例选取介绍

此次研究之所以选取南充X社区作为研究对象,是因为其属于典型的"转型社区"。南充目前为四线城市,经济发展还有着极大的提升空间,故此案例对全国广大城市也具有参考性。南充市X社区位于四川省南充市北部,距市区直线距离仅5公里。辖区面积约1.6平方公里,常住人口3834人,流动人口28000余人,区域发展优势较为明显。随着社会发展,为积极构建和谐社区,X社区先后建立综合治理办公室、维稳信访领导小组、各种群团组织等。同时为进一步提高居民幸福感、获得感,还建立了文化活动广场、文化长廊。场地问题解决后,社区各种晨练、晚练也蔚然成风。南充X社区目前尚处开发建设区域,兼具城市风貌和乡村风貌,并毗邻南充知名高等学府。由原来的农村住地变成现在的城市社区,故住户成分较为复杂,既有高校老师、机关单位工作人员,也有原住农民、进城务工租房人员。

2016年,南充市委五届十三次全会提出了实施"155"发展战略、建设"成渝第二城",努力建设"五大千亿产业集群",期望重振川北重镇雄风。[11]此后,南充便开始大力进行城市建设,在这个过程中,城市规划者与部分土地所有者存在较大矛盾。例如,X社区周边还存在着大量的坟地、菜地,种菜也是很多住户的经济来源之一,但是为提高城市综合发展水平,当地政府决定铲除菜地,修建公园。菜地被铲,导致生活成本上升,损害了部分住户的利益,给住户情感上也造成一定损害。而在这一过程中,协同治理便是很好的选择。

(三)协同治理是社区治理的必然方法

协同治理是在多中心治理理论与协同学相互借鉴和吸收的基础上形成的。多中心治理极为强调治理主体的自主性和治理主体的多样性,是对政府和市场失灵现象的主动回应。协同学由德国物理学家赫尔曼·哈肯创立,在他看来,协同学是在普遍规律支配下的有序和自组织的集体行为的科学,它着重强调配合、平衡和秩序。[12]

作为一个社会集体的理念,协同治理的含义是什么呢?对此,广大研究者提出了自己的见解。熊光清和熊健坤以源理论为基础,认为协同治理就是力图把协同学的基本原理推广到社会治理各个领域中,从社会协同的角度去钻研探讨治理,考察在协同治理发展过程和协同治理成果体系中,不同治理主体之间的各种协同效应及其相互影响。具体来讲,就是要充分发挥各领域治理主体的资源优势综合作用,利用各方治理资源,调动各方治理积极性,从而有效形成协同效应,实现有效综合治理。[13]徐嫣和宋世明认为协同治理就是为有效应对公共服务问题,政府在制度设计和安排上应有一套相应方案,以便最大程度上发挥公民和其他社会组织、市场主体在社会公共事务经营管理以及公共服务供给管理中的"领头羊"作用。通过协商、协调、协作、协同等多种方式,为社会有效地提供公共服务产品和公共服务。[14]郁建兴和任泽涛更是明确提出,协同监督治理工作应该由政府来作为公民的主导,构建一个多方参与的制度化交流渠道和公民参与互动平台,并与社会一起在参与独立治理、服务、协同监督管理等各个方面充分发挥作用。[15]而联合国全球治理委员会则认为,"协同治理"是一个连续不断的治理过程,可以调和彼此存在冲突的不同利益相关者,并及时采取有效的联合行动,强调了利益相关者在系统治理中的多中心性、治理主体权限的结构多样性、子系统之间的合作和系统动态的统一性。通过对上述相关研究的简要回顾,我们可以得出协同治理的基本含义,那就是以解决公共事务为目标,突出强调多方协作。

三、转型社区特殊的治理困境

转型社区与成熟的城市社区间最明显的不同在于管理对象的不同。比如,X社区内的大部分居民既拥有城市户籍的身份,又拥有乡村社会的乡土性认知与习性,以城市社区治理模式管理具有身份二重性的居民,超出了其所能应付的能力与范围,从而形成了转型社区特殊的治理困境。

(一)居民教育水平参差不齐及公共意识的差异所带来的道德感弱化

乡土社会公共空间内的规则性较弱,可为与不可为的界限十分模糊。模式化的城市社区管理体制强调公私界限内有相应的规范性与秩序性,但依然保留乡土性的居民曾在没有特定管理制度规定的村庄内生活,其所建构出的公共规范意识模糊,道德感弱化。通过实地走访,我们发现X社区部分农民(住户)把公共荒地开辟为私人菜地,并且许多浇灌的是农家肥,给其他住户的日常生活造成极大的影响。78%的受访居民提到这一问题,但又多顾及邻里关系,不便明说。当居委会成员出面解决这一问题时,农民(住户)大多持不理解态度。此外还有居民肆意在公共楼道内堆放杂物,造成了极大的火灾隐患。原住居民在以往长久的乡村生活实践中所形成的公共空间的弱约束性意识,在以劝说为主的居委会管理下,显然短时间内难以改变。

(二)居民的乡土逻辑与市场逻辑的矛盾造成了社区治理困境

城市社区的治理需要政府、社会及市场多方主体的参与。市场售卖出服务,物业公司在城市社区治理中扮演着至关重要的角色。但在X社区,简约治理仍是主导,村民们没有购买市场服务的传统与经验。因此,X社区内的部分居民对物业运行的不了解导致了他们对交物业费的不理解。拖欠物业费是X社区最常见的管理问题,拖欠者又以老年人为多,而物业费欠费又严重地影响了转型社区的运行与发展。当物业缺少日常运行费用时,物业公司势必会降低给居民提供的服务质量。例如,物业以拖欠物业费为由不打扫楼道卫生,居民居住环境受到极大影响。缴了物业费的住户却没享受到应有的服务,久而久之也加入不缴费的队伍中,导致最后形成了"户户不缴费,家家有怨言"的情况。

(三)人户分离带来的治理困境

南充X社区的村民居住在社区内,应属于社区所在的居委会管理,但人户分离所带来的是居民对身份归属地认同的混乱,进而给X社区的管理带来不便。当居民的个体行为突破管理规则的界限,就会阻碍社区管理的良性运行。比如X社区部分原住居民爱听歌碟,甚至清晨便开始听,形成噪声扰邻;又比如,部分居民在社区公共空间乱堆乱放,不注重地面清洁,影响其他住户正常通行。居委会按规定行使管理权力,要求其停止不符合社区管理规范的行为,但居民会以户口在村,是村民而不是居民,居委会对其没有管理权为由,拒绝遵守居委会的规章条例。

(四)熟人社会生活方式与陌生人社会生活方式引发冲突

转型社区住户即便身份由村民转变为居民,但是其仍然保持着熟人社会的生活方式,即讲究生活的便利性,较为随意,忽视了陌生人小区的私人性和封闭性。例如X社区原住居民对于外来访客(亲戚)进门还需要登记确认表示不满;还有的居民对于居民楼防盗门随时关闭有抵触情绪,有时甚至把防盗门弄坏。当修理次数过多费用支出过高后,物业公司势必会提高物业收费标准,这又产生了新的矛盾:破坏公物的居民没有受到应有惩罚,却让所有住户承担损失。同时再次进行修理时,还会受到一些居民的责骂,这就很容易让物业公司陷入"里外不是人"的尴尬境地。

四、多元协同治理不足的原因初探

总体上来看,南充市X社区虽然已经由"村"转变为"社区",但是生产生活方式依旧保持着较为显著的乡村特色,可以说是一个以社区方式管理的农村。

通过实地走访南充市X社区,并分发调查问卷,对其协同治理情况进行调研。此次共发放问卷100份(其中社区居民问卷90份,社区干部问卷10份),同时随机访谈10人,问卷回收率95%,有效率95%。最后对调查问卷进行整理分析,得出的结果可折射出X社区存在的一些问题,其突出表现在社区治理中各行动主体之间协同不足,依赖于传统社区管理方式,主动参与能力不足,从而对诸多问题显得力不从心,极大地影响了社区有序健康发展。

(一)社区居民归属感、参与感不足

在发放的90份居民问卷中,最后回收到问卷88份,其中有效问卷87份。在有效问卷中,仅有42份问卷显示居民对社区工作基本满意或满意,比率为48.28%。有56份问卷显示居民希望参与社区建设管理,比率达64.37%。而在显示居民不愿参与社区管理的31份问卷中,认为自己没有义务参与社区共建的比例达到67.74%。这在一定程度上说明随着物质生活水平的提高以及受多元价值观念影响程度的加深,人们的日常行为越来越趋向功利化。许多社区居民不愿参与到社区治理当中来,其原因或是认为参与效果不大,或是认为参与成本过高,单单"有时需要牺牲休息时间开会"这一项要求便"吓退"了许多居民。而愿意出席相关活动的居民,更多也只是随意旁听,根本起不到积极献言献策的作用。同时通过随机访谈,我们还发现一个有趣的现象,那就是愿意参与社区治理的多为年龄较大者,年轻人所占比例较低。这次调查显示:大多数人"自扫门前雪"的观念根深蒂固,社区居民参与意识还有待提高。

(二)基层政府与居委会权责混淆,构成"上下级关系"

在社区干部问卷10份中,共收回有效问卷8份,总体上对居民与居委会关系持满意态度的问卷比例达87.5%。依照《中华人民共和国城市居民委员会组织法》的规定,居委会作为一个群众自治组织,具有独立的主体行为能力,工作上有些事情应得到基层人民政府的指导。但在实际生活中,居委会却承担着基层政府下派的行政事务,导致基层政府成为居委会的上一级组

织,居委会工作人员每天除了接待各种检查人员外,就是处理各项烦琐的事务性工作,集中精力为社区居民服务倒成了"奢望",因此作为自治主体的功能就很难显现出来。

综上所述,我们可以获知,多元主体在日常工作中"各唱各的戏",相互牵制,最终各方力量都得不到发挥,社区自然不能实现良好发展。对此,学者们也提出了相应的解决措施。梁慧等研究人员针对转型社区管理中居委会管理职能模糊、管理人员综合业务质量低下以及管理经费来源模糊等问题,提出改善管理体系促进工作转型、推动转型社区居委会职能转变、加强工作人员培训和完善社区居委会管理法律法规等相关建议。[16]陈柏峰等认为转型社区中法治化不足限制了自组织机制的发挥,而通过强化社区自治职能、提升群众参与度、建立健全社会治理规范体系等措施有助于完善转型社区的自组织机制。[17]笔者则从协同治理角度出发,提出对策建议。

五、X社区协同治理方法构建

(一)依托党员加强党的全面领导

南充X社区住户构成较为复杂,第一代原住居民只占少数,更多则是第二、第三代居民。所以很多居民便将住房出租或出售,这也就意味着以前因地缘性关系而形成的公共性认同逐渐消失。由于X社区毗邻高校,里面住户有部分为高校老师、机关工作人员,所以党员数量较多。"领袖培养"近年来被较多提及,我们同样可以把这一方法借鉴到社区治理之中,培育社区领袖。吸纳素质较高同时又有时间和热情参与公共事务的党员,让这些人员来充当楼组长。楼组长在平时生活中积极为社区居民提供志愿服务,当好信息员、调解员,把一些方针政策给居民解释好,协调邻里关系,尽量降低居委会工作难度。这也能让居民觉得自己是社区的一部分,增强其主人翁精神。

(二)通过专业化路线加强协同治理

现代社会分工越来越精细化,基层社会矛盾也越来越复杂化,传统的群众工作方法已经难以适应实际工作需求。X社区人口结构越来越复杂化,而这又势必会带来需求的多样化。比如,相较于年轻人,社区老年居民对于新媒体的接受能力较弱。X社区发布某些通知,有时为了简便,便选择直接在微信业主群里发布相关消息,而有些老年居民缺乏使用智能手机的技能,因而无法及时了解到微信业主群里的消息,这会让这些老年居民觉得自己没有受到应有的重视进而对物业怨念加深,为物业以后的工作增加了难度。所以应根据实际情况制定可行方案,在主体协同层面,要培养一批专业的基层干部,培养专业调解人员、专业社工人才和专业社会组织,让他们与传统型干部互有所长、互为补充,提高基层社会治理的专业化水平,选择专业的人、专业的方法去解决复杂的矛盾。

(三)运用智能化技术来辅助解决基层社会矛盾

科技创新是高效解决社会矛盾的技术支撑,也是治理现代化的最重要标志之一。21世纪是互联网的时代。根据中国互联网络信息中心(CNNIC)第44次《中国互联网络发展状况统计报告》,截至2019年6月,中国网民数量达到8.54亿,互联网普及率达到61.2%。并且互联网呈现持续向中高龄人群渗透的趋势。可运用互联网技术,形成"互联网+矛盾化解"新模式,构建网上小区服务平台,及时发布与居民利益相关的信息,并可设立民意反映专区,及时了解居民意见,推动社区治理良性发展。这可以使社区日常运行状况更加透明,让社区居民对社区更加充满信心。同时,每位居民所关注的问题都不同,可根据居民关注的热点问题在网上小区服务平台设立相应模块,让居民能在冗杂的消息里快速找到自己所需要的信息,这是个很好的利民措施。

(四)培育社区参与意识

社区以人为构成主体,社区治理发展应立足于"服务"二字,把以人为本作为导向,增进居民对社区的认同感及归属感,帮助居民实现从"村民"到"居民"的转变,使其更好地适应社区生活。转型社区也不应该忽视外来居民,而应给予他们充足保障及应有之尊重,以便更好发展社区自治。

注释

[1]林志鹏.乡村振兴战略需要坚持城乡融合发展的方向[J].红旗文稿,2018(18):23,24.

[2]刘彦随.中国新时代城乡融合与乡村振兴[J].地理学报,2018(4):637—650.

[3]王颂吉,白永秀.城乡发展一体化与全面小康:关系机制及路径选择[J].福建论坛(人文社会科学版),2016(11):10—16.

[4]张立.特色小镇政策、特征及延伸意义[J].城乡规划,2017(6):24—32.

[5]汤正刚.城乡一体化:中心城市市域城镇规划的总方针[J].经济体制改革,1995(4):17—22.

[6]石忆邵,何书金.城乡一体化探论[J].城市规划,1997(5):36—38.

[7]陈少牧,熊建军.城镇化与新农村建设积极互动的对策研究[J].求实,2008(S1):234—236.

[8]陈广汉.刘易斯的经济思想研究[M].广州:中山大学出版社,2000:69—70.

[9]2017年我国村民委员会数量为554218个 同比下降0.89%[EB/OL].观研报告网.http://data.chinabaogao.com/gonggongfuwu/2019/0W43X242019.html.

[10]何仁伟.城乡融合与乡村振兴:理论探讨、机理阐释与实现路径[J].地理研究,2018(11):2127—2140.

[11]实施"155"发展战略 南充建设成渝第二城[EB/OL].四川在线·南充.https://nanchong.scol.com.cn/sdxw/201609/55653909.html.

[12]哈肯.协同学:大自然构成的奥秘[M].凌复华译,上海:上海译文出版社,2013:7—9.

[13]熊光清,熊健坤.多中心协同治理模式:一种具备操作性的治理方案[J].中国人民大学学报,2018(3):145—152.

[14]徐嫣,宋世明.协同治理理论在中国的具体适用研究[J].天津社会科学,2016(2):74—78.

[15]郁建兴,任泽涛.当代中国社会建设中的协同治理:一个分析框架[J].学术月刊,2012(8):23—31.

[16]梁慧,王琳."村改居"社区居委会管理中的问题及对策分析[J].理论月刊,2008(11):171—173.

[17]陈柏峰,李梦侠.转型社区的自组织及其法治化保障——基于重庆市L社区的个案分析[J].社会发展研究,2018(3):22—46.

[本文在2021年度"成渝地区双城经济圈建设与青少年发展"征文活动中获二等奖;本文原载于《新生代》2022年第2期,有改动]

疫情防控下提升党组织领导基层社会治理能力探究

荣继伟[①]

摘要：中国共产党领导下的基层社会治理在全球性新冠肺炎疫情防控中取得显著成效，为全球社会治理贡献了"中国方案"。现阶段在疫情防控背景下，党组织领导基层社会治理还存在着治理体系不完善、治理能力不足、治理环境不成熟等一系列现实问题。实践表明，必须牢牢把握党的领导和党建引领这一根本原则，不断加强基层党组织建设，优化整合各类资源，推动重心下移，切实向基层放权赋能，才能充分释放在党的全面领导下基层社会治理的巨大效能。

关键字：疫情防控；基层党组织；党建引领；基层社会治理能力

2020年，新冠肺炎疫情在全球范围内暴发。这场重大突发公共卫生事件，不仅给国家的公共卫生防控体系带来严峻的挑战，同时更是对国家治理体系和治理能力的巨大考验。这次大考难度大、要求高、任务重，在以习近平同志为核心的党中央坚强领导下，全国上下一盘棋，全体人民一条心，快速形成了联防联控、群防群治的全面动员战略格局，疫情蔓延的态势快速得到了有效遏制。此次疫情防控的成功实践，一方面充分彰显了中国特色社会主义制度的强大优势，另一方面也充分释放了在党的全面领导下基层社会治理的巨大效能。

一、党组织领导基层社会治理的内涵

（一）准确把握"基层治理"与"基层社会治理"的关系

党的十九届四中全会提出了"构建基层社会治理新格局"的重大命题，加强基层社会治理是关乎党长期执政、国家治理体系和治理能力现代化的重大

[①] 荣继伟（1990—），女，河南西平人，重庆市团校讲师，主要研究方向为法治理论、行政法治改革实践及党的建设。

课题。首先,要明确"基层治理"与"基层社会治理"的关系。从国家治理体系角度来看,基层治理与社会治理分属国家治理体系的两个维度。[1]国家治理的纵向体系包括国家治理、地方治理和基层治理,基层治理是国家治理、地方治理的微观基础,其主体责任是社会治理;国家治理的横向体系包括国家治理和社会治理,此时的社会治理具有社会治理体制和具体社会事务治理的双重内涵。[2]根据党的十九届四中全会精神,新时代我国社会治理体系的内涵是"党委领导、政府负责、民主协商、社会协同、公众参与、法治保障、科技支撑",同时要"推动社会治理和服务重心向基层下移"[3],这意味着当社会治理指具体社会事务治理时,其概念即为"基层社会治理"之意。

(二)准确把握党的领导与基层社会治理的关系

中国共产党领导基层社会治理包含两个向度。其一,坚持党的领导是新时代中国基层社会治理最鲜明的特征,党对基层社会治理的领导是基层社会稳定发展的根本保障。其二,基层社会治理体制的内涵表明,基层社会治理的主体并不单纯局限于党委和政府,在明确各方角色定位和职能职责的前提下,通过民主协商的方式,运用法治手段保证更大范围的社会力量和公众能够直接参与其中,这就意味着党领导基层社会治理的重要途径之一即最大限度地激发基层社会自治的内在效能。因此,理论上,新时代中国基层社会治理体制既体现了坚持党的领导的根本制度,又遵循了"以人民为中心"的治国理政理念,既是"自上而下"的顶层设计,又是"自下而上"的底层逻辑,并聚焦于参与主体的多元性与客体的多维度。实践中,我国的基层社会治理离不开党的领导,党领导基层社会治理,这已明确写入《中国共产党章程》[4]。党的十九届四中全会明确提出,要"健全党组织领导的自治、法治、德治相结合的城乡基层治理体系"。[5]这意味着党组织的领导是实现基层社会治理现代化的重要保证和关键环节,提升党组织领导基层社会治理的能力重要且必要。

二、疫情防控下党组织领导基层社会治理存在的现实问题

(一)基层社会治理体系有待进一步完善

1.存在"多头治理"现象

实践中,一定程度存在着治理主体较为独立、治理方式不够兼容、治理机制衔接不足、治理行为互动不足、治理效果存在差异等问题。在行政层级方

面,基层社会治理层级过多,上级部门多且杂,工作层层分派,导致基层会议多、任务重;在职能设置方面,各职能部门之间有效互动不足,层级之间、区域之间联动性不够,主要表现在一些疫情防控部门之间的政策性差异。

2.部门间信息共享不到位

疫情期间,部门间信息共享不到位是影响联合防疫实现的最大问题,特别是部门之间、上级部门与基层之间信息不对称,基本数据的共享、交流不顺畅,造成对个别社区底数不清、人户不清、资源需求不清、存在风险问题不清,导致防疫举措缺乏精准度和针对性,此问题在疫情防控初期表现得更加明显。

3.社区负荷过重

从责任分配来看,"属地管理"意识较强,职能部门的"主管责任"意识不足。这主要表现在疫情防控责任以小区楼栋为基础单元,以社区为依托,主要实行"地域分片包干责任制",相比职能部门的"主管责任",更强调对社区工作人员的责任督查。从任务委派来看,防控任务的简单分派和下放导致社区负荷过重:对社区来说,一肩担"行政任务",一肩担"社会服务",社区疲于应付层层各类疫情防控会议、统计数据上报、进出人员信息汇总、日常防控情况反馈等行政事务,导致防疫一线人员数量不足、有心无力,掌握基础信息及基层社会需求不够精准,社会化服务的作用发挥不充分,社区同时扛起"两担"责任比较吃力。在这种情况下,社区不得不向居委会、业委会、志愿者组织等社会组织二次下派行政任务。对于社会组织来说,其不得不指派部分人员花费时间和精力完成行政任务,一定程度上限制了其自治功能的有效发挥。

4.应急管理体系不完善

应急管理工作是一套完整的系统,需要多部门快速反应、协同应对。但实践中,行政部门与社区的应急预案在一定程度上缺乏全局、系统、综合性考量,与常态化开展疫情防控的要求存在一定的差距。这突出表现在社区还没有形成配备专业技术队伍、综合数据分析、信息全面发布等较完备的应急预案机制,同时存在制度要求与行动能力不匹配现状,如疫情期间应急物资储备量不足、调配运送效率不够高等。

(二)基层社会治理能力有待进一步提升

1.基层党组织执行力、服务力不强

一是政策的执行落实不够充分。从落实区域化、网格化、全覆盖的基层党组织的要求来看,个别小区出入口及路口卡点、检测点、服务站在有条件的情况下却没有成立疫情防控临时党支部。从落实党员干部"双报到"制度来看,个别基层党组织在组织党员(包括在职党员、退休网格党员等)到社区报到、为群众服务的工作中没有做到全面覆盖、应到尽到。从落实具体防控工作要求来看,个别基层党组织及时有效应对的能力不足,存在"上有政策、下有对策"的情况,排查防控区域及基本信息或不全面不到位,或"无效重复",执行防控措施"走过场""机械落实",因地制宜的创新举措较少等,此种情况在疫情初期较明显。二是联系引导服务群众的能力不强。疫情防控中的人文关怀以及对特殊人群的针对性服务较少,即便有也多集中在满足其日常基本生活层面,服务思维较为局限、服务方式较为简单、服务种类较为单一、品质化的深度服务较缺乏。同时,疫情期间引导群众在突发公共事件中安全自救和互救的意识和能力不足,引导效果不明显。

2.社会组织参与社会治理的主动性不足

一是基层社会组织主体缺位,社会治理的社会化程度受限。如"两新"组织作为基层社会治理的重要力量,其行业及资源优势在疫情防控中的作用发挥较为迟滞,特别是在全面复工复产阶段表现得更加明显。二是自治意识和能力明显不足。如在疫情防控中,存在社会自治组织一味等决策、机械执行命令、困难问题上交等现象,社会自治组织的自治职能和作用没有充分发挥。三是基层社会组织专业化水平不高,主要表现在社工队伍的专业性方面。目前,各社区每年都在招聘专业社工,并且鼓励社区工作人员报考社工证书(包括"社会工作者国家职业资格证书"和"社会工作者职业水平证书"),但总体上专业社工数量不足、结构不优、素质有待提高,特别是在提供社会救助、社区服务、就业援助等方面的能力和水平较为有限。志愿者队伍建设也存在类似的问题,这也使得基层社会力量参与社会治理的效能无法充分释放。四是基层社会力量参与社会治理的平台、渠道、运行机制等存在不完善、不规范、不常态等问题。

3.基层社会治理信息化、智能化水平有待提升

从信息化平台建设来看,目前基层信息化建设存在信息收集"非智能

化"、信息保存调取不便、资源整合度低、专业化人才少、服务实用性不强等问题,总体来说,属于"有信息但非智能"状态。从信息平台服务能力来看,基层信息化建设暂时还无法做到精准对接社区便民服务,个别小区连最基本的水电气缴费都无法实现智能化操作,有些智能化服务平台并不实用。

(三)基层社会治理法治环境有待进一步优化

这主要体现在群众及社会组织享受权利和履行义务不平衡方面。其一,基层群众自治机制要求"群众自我管理、自我服务、自我教育、自我监督",其本身属于权利主体。但实际防控工作中,群众往往处于被动管理地位,多以义务主体的形式出现,因此容易缺失社会治理权利主体的积极性和主动性,在疫情防控中,广大群众及社会自治组织多表现为对政策的"被动接受"。同时,在疫情防控中,也存在只享受"权利人"权利、忽视履行"义务人"义务的现象,如普通群众参与社区志愿者服务工作的人数比例较低,一些群众以个人利益受限或受损为由拒绝协助配合防控工作等。其二,作为自治组织,基层社会组织有义务积极配合、协助完成相关行政职能,但并不是所有的社会组织都能成为行政主体,依法行使政府行政权力,加之政府授权不明,容易引起公众的"权力质疑"。典型的表现为疫情防控中,下沉干部、志愿者、网格长、楼栋长等行使特殊时期"协管"职能时,被群众无视或质疑"没资格";在群众不服从管理时,基层社会组织也没有合法合规的约束或惩戒权力,从而出现"破窗效应",导致防控一线人员既受累又受气。虽然上述现象为个别少数,但此种现实矛盾值得关注。

三、提升党组织领导基层社会治理能力的路径选择

(一)加强基层党组织建设,创新党建引领基层社会治理的体制机制

1.创新组织领导体系

探索设立职能、权责相对集中的基层社会治理统筹协调部门,可以将分散在不同党政部门的人力物力智力、服务政策项目等有效资源加以统筹,通过资源整合,实现重点突破,同时辅以督导落实,从而强化党对基层社区工作的统一领导,变"政出多门、权责不清"为"政出一门、权责清晰"。[6]

2.优化协同联动工作机制

进一步探索建立区域化党建联席会议工作模式,优化各部门及基层社会

的协同联动。原则上可以吸纳区域内党政机关、企事业单位、非公企业和社会组织、群众自治组织共同参与,定期商讨解决党的建设和区域治理中的重要事项和热点难点问题,特别是以此为纽带,增强跨区域协同的互动交流融合。可以签订《共驻共建协议书》,一方面切实发挥党组织的领导核心作用,另一方面通过组织联建、活动联办、服务联做等方式,推行"大党建、大工委"工作机制与常态化疫情防控、维护社会稳定、招商引资、精准扶贫、文明创建、乡村振兴等工作有机结合。在目前应急管理体系因人力、物力、技术等原因无法快速弥补应急管理短板的情况下,更需要通过优化协同联动工作机制来弥补处置突发公共事件时存在的不足。

3.形成规范化的制度体系

明确党建引领基层社会治理的思路、目标、重点任务、具体举措等,并以规范性制度文件下发,为基层社会治理提供明确的方向指引和工作遵循。特别是要建立推动"大党建、大工委"服务长效机制的相关制度,推动基层党组织和党员干部队伍"服务"的长期化、长效化和常态化,以制度为依据,以"共驻共建"活动为载体,构建资源共享、功能互补的长效机制。

(二)优化整合各类资源,实现"一核多元"的治理体系和共建共治共享的治理格局

1.强化社区基层党组织的领导核心作用

一是加强组织力。其一,推行在社区居住的优秀党员兼职本社区委员,全面落实社区警务室党员民警兼任社区党组织副书记、非党员民警兼任社区居委会副主任的措施,在社区党支部的领导下加强社区居民的管理。其二,健全完善党组织主导的决策议事机制,规范"四议两公开"工作法推进基层民主管理,加强社区事务监督。其三,持续健全完善"党建+物业(保安)+智能安防+网格"基层治理体系,在具备条件的社区成立党总支,在小区和网格上建立党支部(党小组),党支部书记兼党总支委员,并将离退休干部职工党支部纳入社区党总支管理,形成在社区党总支领导下,网格党支部、党小组,离退休干部职工党支部,物业公司,业主委员会,以及网格长、联户长、楼栋长、单元长多方共同参与的社区治理体系。

二是提升领导力。其一,加强社区党组织对辖区内各类组织的统一领导,在组织协调人员队伍、有效进行资源调配、防范化解风险隐患等方面提高社区的自主意识和治理能力。其二,推进社区党建和机关部门(单位)、行业党建的互动互补、共建共融,确保党建工作在"两新"组织等新兴领域全方位覆盖,增强基层党建的整体效能,使党组织成为引领基层社会治理的坚实组织保障。

三是增强服务力。其一,以党群服务中心建设为依托,进一步完善机关部门(单位)联系社区制度,推动干部下沉基层、服务基层常态化、制度化,提升基层党组织服务居民群众的能力。完善党员参与基层社会治理机制,充分发挥党员先锋模范作用,使党员积极投身基层社会治理。落实在职党员到社区报到制度,组织机关、企事业单位在职党员到所在社区报到,在社区党支部领导下,参与政策宣传、服务居民、治安巡逻等志愿服务活动,并将报到的党员、党组织充实到网格中,在网格员、楼栋长、单元长带领下参与基层治理。同时,发挥离退休党员作用,开展"老党员银发工作室"创建活动,引导离退休党员干部争做"八大员",为推进基层社会治理增添正能量。其二,组织开展党员亮身份、做表率活动,组织在社区居住的党员亮身份、亮形象、亮承诺,在社区党支部领导下参与基层社会治理。其三,提升信息化、智能化服务水平。一方面要强化平台建设,依托政务服务网,大力推进"互联网+"及智能化平台建设,构建集便民服务资源、网上办事等"一体化""一站式"服务平台;同时要充分利用好QQ、微信等日常信息互动平台,畅通民意表达渠道,构建民意收集—反馈双向机制,并使之成为日常宣传教育的重要渠道。另一方面要强化平台服务,切实推进智慧城市、智慧社区建设,将先进的信息技术与基层社会治理理念有机结合,做好网络服务与现实服务的衔接,提高治理效率,满足群众的多元需求。

2.充分释放社会力量参与基层社会治理的效能

一是鼓励各类社会资源参与基层社会治理。一方面发挥辖区内企业、社会组织的党组织政治优势、组织优势和资源聚集优势,整合运用辖区内各类资源,动员驻区单位参与基层社会治理。如支持群团组织用好工人之家、青年之家、妇女之家、老年人之家等阵地,定期安排群团组织负责人指导社区工青妇工作,发挥群团组织联系群众的桥梁纽带作用,广泛组织各方面力量参与基层社会治理工作。另一方面可以充分利用市场主体自身具有的市场特性及人、财、物、智、技等优势,进一步拓宽基层社会治理的横向可能性和可行性,提升社会服务的专业化、科学化、精细化水平。

二是拓宽社会力量参与基层社会治理的途径。探索创新"四议两公开"工作法在基层,特别是在社区的运用,实现在党组织领导下民主议决社区重大事项。同时,完善群众利益诉求表达机制,推动"四问于民"民情恳谈会和群众利益诉求表达机制落实落地,及时了解群众诉求,解决群众反映的各类问题,把各类不稳定因素和群体性事件苗头发现在基层一线、解决在萌芽状态。

(三)推动重心下移,向基层放权赋能,提升基层社会治理的精细化水平

1.为基层放权赋能

一是要结合基层社会治理实际,给社区适度分类放权,特别是关系到群众切身利益的事项,要"一放到底"。二是进一步完善小区楼栋的组织体系,强化党组织在小区楼栋中的组织覆盖和工作覆盖。三是完善小区楼栋治理的工作机制和方法。四是注重向居民小区资源下沉、赋权提能。可以建立社区保障资金和社区激励资金双轨并行的社区经费保障激励机制,并将社区经费通过制度化程序下沉到小区,真正惠及广大居民群众。[7]

2.切实为基层减负

理论上,基层党组织和群众自治组织都不是法律意义上的行政主体,其更多的是完成协助配合义务,因此在向基层适度合理放权赋能的同时,要切实为基层减负,避免以"放权"为名增加基层不必要的行政工作负担。2020年4月,中共中央办公厅印发《关于持续解决困扰基层的形式主义问题为决胜全面建成小康社会提供坚强作风保证的通知》,要求"持续为基层松绑减负","进一步把广大基层干部干事创业的手脚从形式主义的束缚中解脱出来"[8]。这就意味着要将基层力量从行政性事务中释放出来,使其更多地在社会服务性事务上发力。但同时要认识到,基层减负并不等同于去政治化,不是要弱化上级对基层行政管理的职能,更不是要削弱党组织的政治属性和政治功能,[9]反而要进一步完善基层社会治理的体制机制,明确党委、政府、社会、公众等各方参与主体的职能职责,从而真正实现"共建共治共享"的治理格局,真正释放基层社会治理的巨大效能。

注释

[1][2]郁建兴.辨析国家治理、地方治理、基层治理与社会治理[EB/OL].人民网. https://baijiahao.baidu.com/s? id=1643249330696146883&wfr=spider&for=pc.

[3][5]中共中央关于坚持和完善中国特色社会主义制度 推进国家治理体系和治理

能力现代化若干重大问题的决定(2019年10月31日中国共产党第十九届中央委员会第四次全体会议通过)[EB/OL].共产党员网.https://www.12371.cn/2019/11/05/ARTI1572948516253457.shtml.

[4]中国共产党章程[EB/OL].共产党员网.http://www.12371.cn/special/zggcdzc/zggcdzcqw/.

[6][7][9]陶元浩,戴焰军.关于成都市党建引领基层社会治理创新的调研报告[J].中国井冈山干部学院学报,2020(7):90—95.

[8]中共中央办公厅印发《关于持续解决困扰基层的形式主义问题为决胜全面建成小康社会提供坚强作风保证的通知》[EB/OL].中华人民共和国中央人民政府网.http://www.gov.cn/zhengce/2020-04/14/content_5502349.htm.

[本文在2021年度"成渝地区双城经济圈建设与青少年发展"征文活动中获三等奖;本文原载于《沈阳干部学刊》2022年第2期,有改动]

全面建成小康社会视域下脱贫攻坚成效探究

姚恒伟[①]

摘要：2021年7月1日，习近平总书记庄严宣告："我们实现了第一个百年奋斗目标，在中华大地上全面建成了小康社会，历史性地解决了绝对贫困问题"。建党百年之际，回首党在全面建成小康社会的历程中所取得的成就，对迈向全面建成社会主义现代化强国的第二个百年奋斗目标具有现实启发意义，要充分巩固改革开放以来所积累的物质基础，抓住建党一百年之时的制度成熟优势，利用好全面建成小康社会所带来的政策机遇。此外，总结精准扶贫政策的扶贫之势，把握精准扶贫退出机制人性化、验收方法精细化、监管严格化之势，乘势巩固全面建成小康社会成果。为此，更要坚持激发内在动力，以基层党组织为阵地，加强基层党员干部队伍的建设，巩固好高水平全面建成小康社会成果。

关键词：建党百年；全面建成小康社会；党的领导；绝对贫困

贫困问题由来已久，马克思主义为中国脱贫攻坚的问题提供了认识，指明了消除贫困的方向和基本原则，确立了理论方向，但因历史局限性以及我国的特殊国情，解决我国的贫困问题无现成模式可遵循。面对我国贫困问题的艰巨性、复杂性、特殊性，我们党领导人民以中国具体国情为出发点，实行"三步走"发展战略，在脱贫攻坚的伟大实践中，走出了一条中国特色减贫道路，形成了中国特色反贫困理论。

2021年2月25日，习近平总书记在全国脱贫攻坚总结表彰大会上庄严宣告我国脱贫攻坚战取得了全面胜利。2021年7月1日，习近平总书记在庆祝中国共产党成立100周年大会上庄严宣告："经过全党全国各族人民持续奋斗，我们实现了第一个百年奋斗目标，在中华大地上全面建成了小康社会，历史性地解决了绝对贫困问题，正在意气风发向着全面建成社会主义现代化强国的第二个百年奋斗目标迈进。"

[①] 姚恒伟（1990—），河北邯郸人，男，天津师范大学2022级博士研究生，主要研究方向为马克思主义中国化。

一、把握脱贫攻坚之"时"

(一)改革开放深入发展之"时"

1.中国经济快速增长,产业结构不断优化,为脱贫、扶贫提供现实的可能

1978年改革开放以来,我国历经了四十多年的发展,经济建设取得显著成就,经济总量持续增长。中国在实现自身发展的同时,也为世界经济的增长做出了巨大贡献,"我国国内生产总值占世界生产总值的比重由改革开放之初的1.8%上升到15.2%,多年来对世界经济增长贡献率超过30%"[1]。我国不仅注重经济发展的速度,也重视经济发展的质量,在保证经济高速发展的同时,产业结构不断优化。1978年,第一产业占27.7%,第二产业占47.7%,第三产业占24.6%,到2018年,第一产业占7.2%,第二产业占40.7%,第三产业占52.2%。第三产业所占比例显著提高,产业结构由第二产业为主向第二、三产业协调发展,共同拉动经济增长,产业结构在调整中不断优化。①经济总量的提升、产业结构的不断优化,为脱贫攻坚提供了物质基础,推进了脱贫、减贫的进程。

2.社会主义市场经济体制确立、宏观调控能力不断增强,为产业扶贫提供稳定经济环境

1992年,邓小平在南方谈话中提出,"还要从根本上改变束缚生产力发展的经济体制,建立起充满生机和活力的社会主义经济体制"[2]。该年,中共十四大正式提出我国确立社会主义市场经济体制的改革目标。随着社会主义市场经济体制的确立,生产力得到进一步解放、发展,市场活力得以激发,市场充分发挥了其在资源配置中的基础性作用。社会主义市场经济的发展,充实了市场主体,为贫困人口提供了更多的就业机会,推进了产业脱贫的步伐。政府的宏观调控的能力在实践中不断增强,应对市场调节失灵、经济危机的爆发,政府采取强有力的宏观调控手段,既有法律措施,又有行政手段,精准施策,与人民生活状况相结合,规避了对群众生活的不利影响,有效稳定经济运行,保障经济稳步提升,增加了贫困人口对产业扶贫的信心。

3.高新技术引领经济发展,人民生活水平得以提升,为扶贫质量提供科技保障

---

① 数据来源于《中国统计年鉴2019》。

改革开放以来,我国的科技事业蓬勃发展,科技实力持续增强。在我国经济发展由粗放型向精细化方向发展的转型时期,科技创新能力驱动经济转型升级的作用正在显现。2019年全球创新指数报告发布,我国的全球创新指数排名提升至第14位。与此同时,我国抓住了第四次科技革命的机遇,实现工业与科技的深度融合,培育出了一大批高新科技产业,在信息技术、新材料、新能源等战略性产业上迈出坚实步伐。科技的进步推动新兴产业的发展,为百姓的衣、食、住、行等各方面提供了便利,促进了人民生活水平的提升,进而提升了扶贫的质量。

(二)建党一百年之"时"

"坚持和完善中国特色社会主义制度、推进国家治理体系和治理能力现代化的总体目标是,到我们党成立一百年时,在各方面制度更加成熟更加定型上取得明显成效。"[3]中国特色社会主义制度有其显著的制度优势,既有党的坚强领导,又有人民当家做主的制度优势,更有注重激发市场活力的经济制度、凝集社会共识的核心价值观、集中力量办大事的优势。在中国共产党的坚强领导下,中国特色社会主义制度更加成熟更加定型,中国特色社会主义制度的显著优势愈发彰显,这推进了国家治理能力和治理体系的现代化,也为决胜脱贫攻坚战提供了制度保障。

(三)全面建成小康社会之"时"

20世纪末,我国总体达到了小康水平,但是这种小康是低水平的、不全面的、发展不平衡的。因此,在此基础上,我国进一步提出要全面建设小康社会。从新世纪开始,我国进入了全面建设小康阶段。新世纪前十来年的发展、建设,为我国全面建成小康社会打下了坚实的基础。2012年,党的十八大召开,这次大会是在我国进入全面建成小康社会决定性阶段召开的一次十分重要的大会。党的十八大进一步深化了全面建成小康社会的目标,实现从全面建设小康社会到全面建成小康社会的跨越式发展。2017年召开的党的十九大进一步明确了决胜全面建成小康社会的时间安排:"从现在到二〇二〇年,是全面建成小康社会决胜期。"[4]党的十九大提出要提高保障和改善民生水平,而其中一项重要任务便是坚决打赢脱贫攻坚战。精准脱贫作为决胜全面建成小康社会必须打好的三大攻坚战之一,对如期全面建成小康社会、实现第一个百年奋斗目标具有决定性意义。在全面建成小康社会之"时",脱贫攻坚战是赢得全面建成小康社会最后胜利的重点,是全面建成小康社会的题中应有之义,更是以人为本理念的践行。

二、明确脱贫攻坚之"势"

(一)精准扶贫政策之"势"

精准扶贫政策支撑下的扶贫措施助力决胜脱贫攻坚战。精准扶贫政策是决胜脱贫攻坚战的具体政策,其最大的优势即贫困人员选定的精准性、扶贫举措的切实可行性和惠民性、扶贫举措落实的责任制以及构建扶贫与社会力量相结合的扶贫格局。

1.精准识别贫困人员是该政策的最大亮点,即"扶"持谁

"精准扶贫,首先要精准识贫。识贫要下功夫。有的地区做法很好,派大量干部下去,一家一家摸底,然后公示,让村民来议贫,还要了解外面买没买房子、有没有务工、实际生活条件怎么样,经过一系列环节后才认定贫困户,认定以后群众也认同。识贫要弄准,否则扶的对象不对,从头就错了,第一颗扣子就扣错了。"[5]精准识贫的精准性避免了抚贫的盲目性,进而才能真正令贫困人口享受到国家扶贫政策带来的福祉。贫困人员的选定要经过严密的程序,需成立各级专门扶贫办公室,由扶贫办根据党中央的政策部署,根据地区经济发展程度,因地制宜制定详细的贫困人员选定标准,再由基层的村委会、居委会根据所制定的系列标准选定贫困人员。

2.扶贫举措的内容,即怎么"扶"

扶贫举措涉及从基本的居住环境到教育、医疗、就业等多个领域,真正地实现教有所学,病有所医。要落实教育扶贫和健康扶贫政策,突出解决贫困家庭大病、慢性病和学生上学等问题。解决贫困人员最大的收入支出项目,真正做到扶贫的惠民性,解决贫困人员的最大民生问题,增加人民的获得感。教育涵盖从幼儿教育到高等教育多个阶段,并且涵盖公办性质和私营性质的学校,实现教育范围全覆盖。义务教育阶段在免除学杂费的基础上为学生提供助学金的扶贫,解决学生的生活困难,有效阻断贫困代际传递。

3.扶贫措施的实施具体到党政干部个人,实行责任制,即谁来"扶"

精准扶贫不仅精准在贫困人员的选定、扶贫举措的制定,更要精准于政

策的实施者,即落实党政一把手负总责的责任制,"坚持精准扶贫、精准脱贫,坚持中央统筹省负总责市县抓落实的工作机制,强化党政一把手负总责的责任制,坚持大扶贫格局"[6]。省级负总责能有效部署政策,协调跨地区的教育、医疗等方面的资源,市县抓落实便于责任落实到个人,防止遇事互相推诿。包村干部责任制是落实责任到个人的重要举措。该机制方便村委熟知政策内容,方便贫困人口解读政策,解决了文化水平低的贫困人口的难题,有效避免了政策理解不到位、求助无门的现象,遇到就医、升学等问题,贫困人口联系负责干部,及时解决各项问题,方便了贫困人口享受各项福利,增加了贫困人的脱贫信心,激发了他们的斗志。

(二)退贫机制人性化之"势"

1.制定脱贫时间表,有序退出

凡事预则立,不预则废,脱贫攻坚战也不例外,打赢脱贫攻坚战离不开脱贫计划的制定、时间的规划。中共中央、国务院印发了《关于打赢脱贫攻坚战的决定》,确定了"两不愁,三保障"脱贫攻坚总体目标,即"稳定实现农村贫困人口不愁吃、不愁穿,义务教育、基本医疗和住房安全有保障"[7]。明确脱贫阶段性任务,掌控好脱贫时间表,思想紧迫、不松懈,才能如期完成脱贫攻坚的任务。精准扶贫是扶贫的手段,最终需要落实到脱贫的实践,才能达到脱贫目标。

2.优化验收脱贫效果的方法

优化验收脱贫效果的方法有利于提高脱贫的质量,这也是在脱贫攻坚中取得的最大成效。对脱贫效果的验收,采取随机抽取地区调查脱贫情况和组织第三方抽查评估组相结合的方法。"要严格脱贫验收办法,明确摘帽标准和程序,确保摘帽结果经得起检验。"[8]一方面,随机抽取某一地区检查组来进行跨地区验收脱贫效果,防止各地区的利益关系影响脱贫效果的真实性,检查组具有深刻理解、解读政策的优势,能够科学地按照摘帽标准验收。另外,以跨地区寻求与高校脱贫研究课题组合作的方式来充实验收方法,组织第三方抽查评估组,高校分派学术性专家代表带领具有一定实践经验的专业人员来进行实地验收,随机分派地区验收其脱贫情况。这些专业人员具有较高的科学文化素养、坚定的政治立场,能有效避免与贫困地区的利益关系牵扯,避免行贿的现象、防止弄虚作假,进而真实、准确反映脱贫的效果。

3.从严考核监督

脱贫过程中,党和国家注重对脱贫的真实性进行监督,对是否符合"两不愁,三保障"的标准进行考量,监督各地依照流程退出贫困范围,坚持整体脱贫与局部脱贫相结合,避免"一刀切"的方式,有效防止为了完成脱贫任务而短期突击、搞面子工程。除此之外,脱贫的验收程序经得起监督,派驻与巡查监督相结合,监督验收标准、退出程序。监督扶贫组织和个人说清楚脱贫的方法,讲得出帮扶过程,从而有效验收,保障真实脱贫。

三、全面建成小康社会的脱贫经验

2021年2月25日,脱贫攻坚战取得全面胜利。2021年7月1日,我国实现了第一个百年奋斗目标,全面建成了小康社会。自从脱贫攻坚战以来,我国贫困人口明显减少,贫困发生率由10.2%降至0.6%,区域性整体贫困基本得到解决。贫困群众收入水平大幅度提高。在脱贫攻坚过程中,我国积累了脱贫攻坚的经验,笔者总结如下:

(一)培育贫困人口就业技能,增强脱贫内在动力

注重提高贫困人口的就业技能,增强群众的脱贫内在动力,这是我国脱贫攻坚所取得的重要经验。如:对于文化水平低、技能短缺的具有劳动能力的人员,依据地区企业雇佣劳动力的标准,对其进行必要的技能培训,以企业需求为导向、实践经验为内容、培训上岗为目标,注重短、易、实综合并用,即培训时间短、培训方法易被接受、培训内容实用,用教育来阻断隔代贫困,增强贫困人口的内在动力,为乡村振兴储备人才。

(二)因地制宜扶持特色产业,扩宽脱贫途径

通过扶持地方特色产业,提供就业岗位,是民众脱贫的重要途径。"一个地方必须有产业,有劳动力,内外结合才能发展。最后还是要能养活自己啊!"[9]可见在脱贫攻坚过程中,就业是解决贫困的最为有效的方式。产业的发展为民众提供了就业岗位。各贫困地区根据地域优势资源发展特色农业,深加工农产品,加强对贫困地区龙头企业和合作社的扶持,发挥其吸收贫困人口就业的作用,建立其与贫困人口利益相生的机制,进而带动生态旅游业的发展,创造更多就业岗位、提供更多就业机会,防止劳动力外流,吸引外

流人员回流;提供政策上的倾斜、帮扶,统筹使用助农专项基金,为贫困人口创业提供无息贷款、税收减免、订购加工等优惠措施,建设容纳贫困人口的产业基地,扶持其逐步成长壮大直至有自我发展的内在动力;同时,引导贫困人口学习、掌握现代农业的生产技能,利用现代科技推动贫困人口与现代农业的有机结合,提高种植业、养殖业的产量和质量,从而拓宽脱贫的途径。

(三)以基层党组织为阵地,推动政策落实

政策的生命力在于执行,执行的生命力在执行者。基层党组织则是党的政策的执行者,"农村基层党组织是党在农村全部工作和战斗力的基础,是贯彻落实党的扶贫开发工作部署的战斗堡垒。抓好党建促扶贫,是贫困地区脱贫致富的重要经验"[10]。在脱贫攻坚过程中,基层党组织注重自身建设以及内部工作的协调,从而有效落实脱贫政策。党加强对贫困地区党组织的领导,以党支部为核心,以纯洁党基层组织队伍为落脚点,建设思想过硬的基层队伍,着重抓好基层党组织干部建设,强化基层党员时刻发挥先锋模范作用的意识,提高党组织的领导力、战斗力,提高基层党组织执行政策的能力。

我们已经实现了第一个百年奋斗目标,历史性地解决了绝对贫困的问题。习近平总书记在党的十九届六中全会指出,在党的领导下中国人民"历史性地解决了绝对贫困的问题,创造了人类减贫史上的奇迹"[11]。我国在脱贫攻坚实践中创造出丰富的理论硕果。我国脱贫攻坚战取得全面胜利,这不是终点,而是新生活、新奋斗的起点。我们党将带领全国人民向着实现第二个百年奋斗目标奋勇前进。

注释

[1]习近平.在庆祝改革开放40周年大会上的讲话[M].北京:人民出版社,2018:12.

[2]邓小平.邓小平文选(第三卷)[M]. 北京:人民出版社,1993:370.

[3]中国共产党第十九届中央委员会第四次全体会议公报[M].北京:人民出版社,2019:8.

[4][6][7]习近平.决胜全面建成小康社会 夺取新时代中国特色社会主义伟大胜利——在中国共产党第十九次全国代表大会上的报告[M].北京:人民出版社,2017:27,48.

[5]习近平扶贫论述摘编[G].北京:中央文献出版社,2018.

[8]中共中央国务院关于打赢脱贫攻坚战的决定[N].人民日报,2015-12-08(01).

[9]十八大以来的重要文献汇编(下)[G].北京:中央文献出版社,2018:45.

[10]习近平.做焦裕禄式的县委书记[M].北京:中央文献出版社,2015:18,21.

[11]习近平.中共中央关于党的百年奋斗重大成就和历史经验的决议[M].北京:人民出版社,2021:48.

[本文在2021年度"成渝地区双城经济圈建设与青少年发展"征文活动中获三等奖]

1 青年工作与青年发展研究篇

当代中国青年是与新时代同向同行、共同前进的一代,生逢盛世,肩负重任。广大青年要爱国爱民,从党史学习中激发信仰、获得启发、汲取力量,不断坚定"四个自信",不断增强做中国人的志气、骨气、底气,树立为祖国为人民永久奋斗、赤诚奉献的坚定理想。要锤炼品德,自觉树立和践行社会主义核心价值观,自觉用中华优秀传统文化、革命文化、社会主义先进文化培根铸魂、启智润心,加强道德修养,明辨是非曲直,增强自我定力,矢志追求更有高度、更有境界、更有品位的人生。要勇于创新,深刻理解把握时代潮流和国家需要,敢为人先、敢于突破,以聪明才智贡献国家,以开拓进取服务社会。要实学实干,脚踏实地、埋头苦干,孜孜不倦、如饥似渴,在攀登知识高峰中追求卓越,在肩负时代重任时行胜于言,在真刀真枪的实干中成就一番事业。

——习近平总书记在清华大学考察时的重要讲话

赢得青年才能赢得未来,塑造青年才能塑造未来。要站在党和国家事业后继有人、兴旺发达的高度,把青年发展摆在党和国家工作全局中更加重要的战略位置,整体思考、科学规划、全面推进,努力形成青年人人都能成才、人人皆可出彩的生动局面,为实现"两个一百年"奋斗目标、实现中华民族伟大复兴的中国梦注入强劲、持久的青春动力。

——《中长期青年发展规划(2016—2025年)》

作为世界上最大的发展中国家,中国始终把青年视为国家发展的重要力量,把青年工作作为一项关系根本、极端重要的工作。特别是中国共产党第十八次全国代表大会以来,中国党和政府站在国家可持续发展的战略高度支持青年发展,制定实施中华人民共和国历史上第一个青年发展国家专项规划,倡导青年优先发展理念,围绕青年发展的十个重点领域提出一系列务实举措,中国特色青年发展政策体系和工作机制日渐成熟完备,中国青年发展进入全新阶段。

——《国际青年发展指数报告2021》

"自信人生二百年,会当水击三千里。"中国的未来属于青年,中华民族的未来也属于青年。实现中华民族伟大复兴的中国梦,需要一代又一代有志青年接续奋斗。广大青年紧密团结在以习近平同志为核心的党中央周围,坚定理想信念,志存高远,脚踏实地,勇做时代的弄潮儿,一定能够担当起党和人民赋予的历史重任,在实现中国梦的生动实践中放飞青春梦想,在为人民利益的不懈奋斗中书写人生华章!

——《让青春在奉献中焕发绚丽光彩》

建党百年高校社会主义意识形态传播与基本经验

赵忠琦[①]

(中国矿业大学)

摘要：建党百年来，社会主义意识形态在高校的传播经历了启蒙式传播、改造式传播、开放式传播和交互式传播的历史变迁。在长期的高校意识形态传播工作中，中国共产党积累了宝贵的经验，主要体现在：坚持马克思主义的指导地位是意识形态传播的根本遵循，牢牢掌握意识形态工作主动权是意识形态传播的根本保障，创新发展意识形态传播方式是意识形态传播的必然路径。这些经验对于新时代意识形态传播工作具有借鉴意义。进入新时代，中国共产党要继承和发扬优良传统，营造新时代高校社会主义意识形态传播新气象。

关键词：意识形态传播；中国共产党；经验启示

党和国家高度重视意识形态工作，意识形态关乎国家安全和国家利益。高校是我们党意识形态工作的前沿阵地，做好高校社会主义意识形态传播是全面加强党对教育工作领导的重要任务。中国共产党自成立以来，在艰苦卓绝的实践中积累了宝贵的历史经验，梳理高校社会主义意识形态传播在不同阶段的发展历程，总结百年来的基本经验，对于新时代社会主义意识形态传播具有重要的借鉴意义。

一、高校社会主义意识形态传播的历史进程

建党百年来，中国共产党领导全国人民艰苦奋斗，经历了国内国际的风云变幻，社会主义意识形态的传播也受到了诸多因素的影响，其传播理念、传播内容、传播方式也因时而变，形成了适应时代变化的社会主义意识形态传播样态。

[①] 赵忠琦(1996—)，女，江苏徐州人，中国矿业大学2019级硕士研究生，主要研究方向为思想政治教育。

(一)1921—1949年是社会主义意识形态启蒙式传播阶段

在新民主主义革命时期,中国共产党为了培养中国革命需要的人才骨干,通过多种渠道,在高校中广泛积极地开展社会主义意识形态工作,对中华大地上的青年学子起到了启蒙的作用。在艰苦卓绝的斗争中,社会主义意识形态传播运动具有学习革命理论和进行生产劳动的特点。

第一,以马克思主义理论教育为主要内容进行社会主义意识形态传播。毛泽东称赞"延安的青年运动是全国青年运动的模范"[1],因为在延安,青年"在学习革命的理论,研究抗日救国的道理和方法"[2]。只有开展以马克思主义为主要内容的意识形态教育,青年们的政治方向才能够正确,青年们才能成为为中国革命不懈奋斗的人才。20世纪20年代上海大学就开设了科学社会主义等课程。1938年,延安马列学院成立,以学习和研究马列主义为重点。在国统区,中国共产党一方面积极发动学生参加革命活动,另一方面积极引导学生学习马列主义,对他们进行思想启蒙。

第二,结合生产劳动、工农运动和革命实践开展社会主义意识形态传播。毛泽东在《五四运动》一文中指出:"真正的革命者必定是愿意并且实行和工农民众相结合的。"[3]我们党提倡青年学生深入农村、组织群众运动、宣传革命理论,要求学生参加军事活动、生产劳动等革命实践。例如一二·九运动后成立的"平津学生南下扩大宣讲团"就通过多种形式传播社会主义意识形态内容。

第三,贴近学生思想实际,创新方式方法组织社会主义意识形态传播。一是把握学生思想转变规律,创办进步刊物,积极开展适应学生思想转变的传播活动,《新青年》等报刊成为意识形态论战的主要阵地。二是将意识形态传播融入文艺活动,鲁迅艺术学院师生就创作出了《黄河大合唱》《白毛女》等优秀文艺作品。三是依据不同学生关心的不同社会问题组织宣传教育,引导青年学生在与切身利益相关的斗争中深化对社会主义意识形态的理解和认同,树立共产主义伟大理想。

中国共产党在新民主主义革命时期对高校知识分子进行了启蒙,引导他们信仰马克思主义,将社会主义意识形态寓于革命实践和生产运动中,为我们党开展意识形态工作积累了宝贵的经验。

(二)1949—1978年是社会主义意识形态改造式传播阶段

在新中国成立后的第一个30年,我们党围绕中心工作,开展了大规模的宣传学习教育活动。

首先是社会主义意识形态传播内容中正面宣传与批判运动并行。新中国成立初期,我们党面临着诸多意识形态风险,如价值观混乱、思想多元、意识形态渗透等问题,开展大规模的宣传学习教育活动势在必行。20世纪50年代,以马克思主义为指导的社会主义意识形态宣传教育活动广泛开展。由青年团组织开展的"培养青年共产主义道德,抵制资产阶级思想侵蚀"活动充分发挥青年团组织在高校意识形态传播工作中的积极作用,为高校后续开展意识形态工作积累了经验。"向雷锋同志学习"活动是这一时期社会主义意识形态宣传教育的典型案例,其衍生的"学雷锋纪念日"开始成为高校社会主义意识形态传播的重要载体。

其次是在社会主义意识形态传播链条中构建高校思想政治教育工作体制机制。当前高校环境中思想政治理论课与辅导员的日常教育管理是对大学生开展社会主义意识形态教育的重要渠道,而这两项体制机制的建立正是源自社会主义意识形态改造式传播阶段。在这一阶段,"双肩挑"政治辅导员队伍创立,这成为高校辅导员制度的开端,是我们党加强社会主义意识形态建设的成功探索。在完善思想政治理论课课程体系的历史进程中,规定了思想政治理论课的名称与课时,如开设新民主主义论、政治经济学、辩证唯物论与历史唯物论等课程,这标志着高校思想政治理论课课程体系的初步确立。高校逐步形成了新型思想政治工作体系,体现了科学性和政治性的统一,引导大学生学习马克思主义理论,自觉抵制不良思想,提高社会主义意识形态认同度。

再次是在社会主义意识形态传播媒介中偏重报刊思想争鸣。这一时期,媒介发展仍然处于第一媒介时代,主要的媒介形态有报纸、杂志、广播、电视等,而报刊仍然是思想争鸣的重要阵地。"培养青年共产主义道德,抵制资产阶级思想侵蚀"活动正是依托《中国青年报》《中国青年》等报刊展开的,《马小彦为什么会腐化堕落的》等文章揭示了反动思想对青少年的荼毒,后续发表的《为青年一代的良好道德而积极斗争》等文章引导青年思想,产生了强烈的社会反响。

这一阶段,社会主义意识形态上升为国家意识形态,主流意识形态初步构建,确立了马克思主义在国家意识形态中的指导地位。

(三)1978—2012年是社会主义意识形态开放式传播阶段

改革开放以来,经济社会持续快速发展,这也给我们党的意识形态工作带来了巨大挑战。高校作为接收新信息的前沿阵地,极易产生意识形态风险,复杂的国内外形势对增强社会主义意识形态的凝聚力和引领力提出了新的要求。同时,媒介的快速发展使社会主义意识形态的传播发生巨大改变,其传播环境、传播理念、传播方式都呈现出开放性的特征。

一是互联网的兴起开辟了意识形态传播的新阵地。在波斯特划分的第一媒介时代,大众传播中的社会传播关系具有单向度的特点,强调单向度的权威信息传播,而互联网的兴起使得这种传播关系的变化成为可能。社会主义意识形态的传播必须紧跟时代发展,主动占领新阵地。高校大学生主动对互联网中的社会主义意识形态传播进行了尝试:1998年,全国第一个思想政治教育网站"红网"建立,而后,各大高校陆续推出自己的红色教育网站;2004年,教育部推出了"中国大学生在线"高校思政示范网站。从高校红色网站到中国大学生在线,这意味着网络已经从意识形态工作的新阵地演变成为重要阵地。

二是高校社会主义意识形态工作体制机制不断健全。自改革开放以来,高校意识形态工作取得了突破性发展,围绕着经济建设这一中心工作,精心设计、不断发展。高校压实意识形态工作责任,不断完善相关政策制度,改进思想政治理论课课程设置,创新意识形态传播方法,建设意识形态工作队伍。《中共中央国务院关于进一步加强和改进大学生思想政治教育的意见》是这一时期加强和改进大学生思想政治教育的纲领性文件。思想政治理论课课程设置从"85方案"到"98方案"再到"05方案",三次重大调整体现了我们党对于大学生思想状况的关切。在前期意识形态宣传教育各类活动的经验基础上,高校结合学生实际,对意识形态传播的方式方法进行了创新,理论社团层出不穷,与此同时,组织各类社会实践活动,让学生在实践中体会社会主义意识形态的内涵。

在改革开放和社会主义现代化建设时期,社会主义意识形态的传播实现了创新和发展,高校意识形态工作蓬勃发展,巩固了大学生的思想基础,为培养社会主义事业的建设者和接班人提供了重要保障。

(四)2012年至今是社会主义意识形态交互式传播阶段

党的十八大以来,我国进入了新的历史阶段,国内国际形势复杂,波谲云诡。习近平总书记强调:"意识形态工作是党的一项极端重要的工作"[4]。当前,媒介融合的趋势已深度影响了社会现实,自媒体、新媒体、全媒体、融媒体等媒介传播形态对社会主义意识形态的传播既带来了机遇也带来了巨大的挑战。社会主义意识形态传播在这一阶段已摆脱单向度的传播关系,交互式的传播特点愈发明显。互联网成为意识形态传播的主要阵地,其传播链条中的信息源、传播者、受传者、媒介和反馈都出现了颠覆性的变化。

其一,社会主义意识形态信息源与传播者从单一走向多元。在单一向度传播关系中,只有极少数人拥有对意识形态内容的发布权力,建立起意识形态的权威性比较容易。而来到自媒体时代,人人都可以成为信息的传播者和生成者,由此出现了社会主义意识形态权威弱化、错误社会思潮泛起等意识形态风险问题。针对平台的多样化、信息发布者的复杂化、信息质量参差不齐等问题,应注重社会各界的互助合作,逐步建立起大宣传格局,守住意识形态传播的主战场。

其二,社会主义意识形态传播媒介从传统媒体转变为新媒体。新媒体的特性打破了传统媒体传播话语权的垄断,"它既使教育的场所和环境具有开放性、无形性、无限性的特点,也使教育的模式具有开放性、参与性、互动性的特征,同时还使意识形态传播具有交互性、即时性、形象性的表征"[5]。这种特质对社会主义意识形态传播提出了新的要求,因此要适应新的传播诉求,用新媒体技术手段构建起与高校大学生的连接,做好高校社会主义意识形态传播。

其三,社会主义意识形态传播信息风格从权威到大众。在新的传播环境下,信息内容已逐渐适应受传者的需求,风格更贴近学生、贴近生活,更方便传播。社会主义意识形态传播的话语不断创新,让党的理论有机融合于不同载体,融入日常生活,对于朝气蓬勃的青年大学生而言,这无疑增加了社会主义意识形态对其的吸引力、生命力和感召力。

其四,社会主义意识形态传播反馈从被动接受到积极回应。在单向度传播媒介时代,意识形态传播的反馈基本为零,即使是高校知识分子,对于意识形态传播的反馈影响也十分有限。在交互性特点极强的新媒体时代,对于意识形态传播的反馈有了新的样态,如支持、批判、加工和再传播等,特别是再传播,其出现加深了意识形态传播的复杂性。

进入新时代,社会主义意识形态工作面临巨大挑战,在以习近平同志为核心的党中央的带领下,社会主义意识形态工作实现了新跨越,科学把握社会主义意识形态传播规律,运用好交互性特性,提升社会主义意识形态传播效率和水平,使党的理论在高校中切实起到思想引领的作用。

二、高校社会主义意识形态传播的基本经验

中国共产党成立百年来,在高校社会主义意识形态传播方面形成了具有特色的宝贵经验。进入新时代,历史沉淀下来的经验仍然历久弥新,对于未来高校开展社会主义意识形态传播具有重要意义。

(一)坚持马克思主义的主导地位是意识形态传播的根本遵循

中国共产党成立以来,始终坚持把马克思主义作为指导思想和行动指南,始终重视意识形态建设,特别重视意识形态在高校中的传播,积极发挥社会主义意识形态的思想引领作用。坚持马克思主义在意识形态传播中的指导地位,对高校师生进行理论武装,使其能够辨别错误社会思潮,进而对其进行有效抵制。

一是用马克思主义理论武装头脑,指导实践。习近平总书记指出:"宣传思想工作一定要把围绕中心、服务大局作为基本职责,……就是要巩固马克思主义在意识形态领域的指导地位,巩固全党全国人民团结奋斗的共同思想基础。"[6]马克思主义及其中国化成果为党和人民提供了科学理论指导。马克思主义具有与时俱进的理论品格,它不是不可改变的教条,而是提供了研究和工作的根本立场和出发点。新时代呼唤新理论,新理论引领新实践。习近平新时代中国特色社会主义思想是马克思主义中国化的最新理论成果,它对于新时代的意识形态传播实践工作具有重要指导意义。

二是用马克思主义理论抵制错误社会思潮。面对复杂的社会思潮侵袭和西方意识形态渗透,我们党坚持用马克思主义引领社会思潮,对于反马克思主义、反社会主义的思潮坚决反对,与之顽强斗争,而马克思主义理论及其中国化成果就是进行斗争的底气。我们党坚持指导思想的一元化和思想文化多样性的统一,既强调马克思主义在意识形态领域的指导地位,也注重发挥不同思想文化之间的交流、沟通和借鉴。

进入新时代,面对国内外严峻的意识形态形势,以习近平同志为核心的党中央更加重视意识形态工作,进一步强调马克思主义在意识形态领域的指导地位,建设具有强大凝聚力和引领力的社会主义意识形态。

(二)牢牢掌握意识形态工作主动权是意识形态传播的根本保障

当今世界正经历百年未有之大变局,社会主义意识形态的传播遭遇了重大变化,既有挑战,也有机遇。在新时代的条件下,意识形态传播的范式可以与时俱进,因时而变,而对于意识形态工作的领导权,党必须紧紧抓住。

一是保持党管意识形态优良传统。"党管宣传、党管意识形态,是我们党在长期实践中形成的重要原则和制度,是坚持党的领导的一个重要方面,必须始终牢牢坚持,任何时候都不能动摇。"[7]自中国共产党成立以来,我们党有意识地加强了对宣传思想工作的统一领导,在意识形态前沿阵地的高校更是如此。习近平总书记在全国高校思想政治工作会议上明确指出:"办好我国高等教育,必须坚持党的领导,牢牢掌握党对高校工作的领导权,使高校成为坚持党的领导的坚强阵地。"[8]坚持党对高校意识形态工作的领导是我国高校社会主义属性的体现。2015年修订的《中华人民共和国高等教育法》也明确规定了党在高校的领导地位。一百年来,党对于意识形态传播的领导贯穿意识形态传播的各个环节,从传播内容的生产、传播队伍的建设、传播媒介的变革到传播机制的建立,都可见中国共产党对于意识形态传播的领导。

二是贴近学生思想实际,回应关切。意识形态传播不是不分受众的大水漫灌,我们党在高校意识形态工作中注重贴近学生、贴近实际、贴近生活,及时回应青年学生的社会关切,依据不同历史阶段的历史任务,主动从高校学生的切身利益问题出发,提出意识形态斗争的口号。毛泽东在批判党八股时明确提出:"做宣传工作的人,对于自己的宣传对象没有调查,没有研究,没有分析,乱讲一顿,是万万不行的。"[9]做意识形态工作必须对宣传教育的对象进行调查研究分析,缺乏对受众要求的分析,党对于意识形态工作的领导也就无从谈起,要帮助大学生解决实际问题,使社会主义意识形态内容更具说服力。

三是掌握意识形态话语权。意识形态宣传教育工作必须解决站在什么立场这一重要问题,意识形态内容主要由话语表现出来,掌握了意识形态话语权也就掌握了意识形态工作的要害。我们党的舆论宣传工作在赢得传播优势上具有宝贵的经验,主要包括维护群众利益的话语价值取向、直面现实问题的话语诉求、科学严谨的话语体系、通俗易懂的话语方式等方面。

回顾发展历程,坚持党的对于意识形态传播的全面领导是我们党在实践中得出的一条重要经验。我们必须继续坚持,牢牢把握意识形态工作领导权,提高高校师生主流意识形态认同,应对西方意识形态威胁。

(三)创新发展意识形态传播方式是意识形态传播的必然路径

追溯中国共产党百年奋斗历程,社会主义意识形态传播的方式方法一直在创新、发展。传播媒介发生了从报纸杂志到广播电视再到互联网的巨大变革,意识形态传播方式也随之更新,但其中的核心经验却得到继承与发展,对于我们加强意识形态舆论管理有很强的实践意义。

第一,坚持分类施教。我们党在社会主义意识形态传播中坚持宣传教育与文艺活动相结合,对于不同的对象采取不同的方法。高校知识分子具有文化程度较高的特点,我们党对其着重采取理论灌输的形式,如开设思想政治理论课、开办马克思主义理论讲座等,引导其坚定理想信仰,自觉抵制错误思潮。同时,针对大学生,意识形态传播呈现出更加活泼、更加前沿的特点,如指导学生创作具有社会主义意识形态内涵的优秀文艺作品,组织学生创办报刊、网站、新媒体平台等等,提高社会主义意识形态对于大学生的吸引力和引领力。

第二,结合社会实践。培养社会主义可靠接班人和建设者,必须一手抓理论学习教育,一手抓社会实践。社会主义意识形态相关的理论知识必须通过实践,社会主义意识形态传播才能够达到应有的效果,青年学生才可以将社会主义意识形态内化于心、外化于行,高校才能够最终实现立德树人的根本使命。新民主主义时期的革命实践、生产实践,改革开放后创新开展的"三下乡"暑期社会实践、大学生志愿服务活动等实践在社会主义意识形态传播中起到了重要作用。

第三,完善高校思想政治教育工作体系。高校大学生在学校中接受的思想政治理论课教育与日常教育管理是该群体接受社会主义意识形态教育的主要途径,必须明确高校思想政治教育的地位和目标,健全思想政治教育体制机制,完善思想政治理论课课程设置,提升工作队伍育人能力。要紧紧抓住制度建设这一全局性、稳定性、长期性的重要环节,完善"三全育人"工作格局,形成全校共同推动的强大育人合力。

注释

[1][2][3]毛泽东选集(第二卷)[M].北京:人民出版社,1991:568,568,560.

[4][6]习近平.习近平谈治国理政(第一卷)[M].北京:外文出版社,2018:153.

[5]龙献忠,陈方芳.新形势下高校主流意识形态认同教育:困境、契机与路径[J].求索,2017(6):74—79.

[7]坚持用"三个代表"重要思想统领宣传思想工作 为全面建设小康社会提供科学理论指导和强大舆论力量[N].人民日报,2003-12-08(01).

[8]习近平在全国高校思想政治工作会议上强调:把思想政治工作贯穿教育教学全过程 开创我国高等教育事业发展新局面[N].人民日报,2016-12-09(01).

[9]毛泽东选集(第三卷)[M].北京:人民出版社,1991:837.

[本文在2021年度"成渝地区双城经济圈建设与青少年发展"征文活动中获二等奖;本文原载于《新生代》2022年第2期,有改动]

高校学生党员政治能力提升路径浅析

郭佳鑫[①]

摘要：提升高校学生党员政治能力是全面从严治党向纵深推进、落实立德树人根本任务和培养堪当民族复兴大任的时代新人的现实需要。当前,对高校学生党员政治能力的培养存在着教师党员教育引领作用发挥不充分、理论学习重视不够、政治意识薄弱等问题。可通过构建师生混编党支部、创新党建育人模式,强化理论学习、提高政治素养,加强实践锻炼、提高工作能力,密切联系同学、提高服务能力,强化内外部监督、推动严以律己等路径解决这些问题,提升高校学生党员的政治能力。

关键词：高校;学生党员;政治能力

党的政治建设是党的根本性建设。加强党的政治建设,"关键是要提高各级各类组织和党员干部的政治能力"[1]。习近平总书记指出:"在干部干好工作所需的各种能力中,政治能力是第一位的。"[2]高校学生党员作为党的新鲜血液和未来建设社会主义的中坚力量,对他们的培养关乎党的事业是否后继有人,高校学生党员所承担的特殊使命决定了要将其政治能力的提升作为一项党的政治建设的重要任务来推进。

一、提升高校学生党员政治能力的重要性

（一）提升高校学生党员政治能力,是全面从严治党向纵深推进的需要

旗帜鲜明讲政治是马克思主义政党的根本要求,全面从严治党"要以党的政治建设为统领"[3]。"政治建设是政党的根本性建设,是我们党作为马克思主义政党的一贯主张和优良传统"[4]。历史经验告诉我们一旦党内政治生活不严格、党的政治功能被忽视,党内各种弊病就会丛生、人心就会涣散、战斗力就会下降,从而对我们党的事业造成严重负面影响。当下,面对国内外发展的新形势新挑战,我们党必须在领导伟大社会变革的同时,勇于进行伟

[①] 郭佳鑫(1994—),男,四川仁寿人,西南财经大学组织人事部职员,主要研究方向为党的建设、高教管理等。

大的自我变革,不断推进全面从严治党向纵深发展。加强高校学生党员政治能力建设是全面从严治党进一步向基层的延伸,是强化高校基层党组织建设的应有之义。学生党员作为高校基层党组织的重要成员,其政治能力得到强化才能不断巩固和创新基层党组织建设成果,才能更好地发挥学生党员服务学生成长成才的作用,才能推动全面从严治党往深处走、往实里落。

(二)提升高校学生党员政治能力,是落实立德树人根本任务的需要

作为社会主义国家,要想实现"培养德智体美劳全面发展的社会主义建设者和接班人"[5]这一高等教育的目标,需要高校认真落实立德树人的根本任务,以立德树人为根本标准指导学校一切工作的开展。思想政治教育是落实立德树人的根本,学生党员政治能力的培养是党员思想政治教育的重要内容。要通过对学生党员政治能力的培养提高思想政治教育工作成效,要通过发挥学生党员的先锋模范作用带动更多青年学生树立坚定的政治信仰,从而推动立德树人工作进一步落细落实。

(三)提升高校学生党员政治能力,是培养担当民族复兴大任的时代新人的需要

"青年一代有理想、有本领、有担当,国家就有前途,民族就有希望。"[6]对于青年学生来讲,树立正确的理想信念离不开树立正确的政治信仰,要做到有本领、有担当必须具备一定的政治能力。学生党员作为青年学生群体的重要组成部分,在其中发挥着"领头羊"作用,因此必须从培养担当民族复兴大任的战略高度来认识提高学生党员政治能力的重要性,增强其政治责任感和使命感。

二、高校学生党员在政治能力培养方面存在的主要问题

(一)教师党员教育引领作用发挥不充分

教师党员作为教师群体中的先进代表,其一言一行中表现出的优良政治品格对学生党员政治能力的提升起着重要的带动作用。当前,由于大多数高校教师党支部与学生党支部之间建设分离,缺少教师党支部与学生党支部之间的联动共建,导致教师党员与学生党员之间互动不足,不利于发挥教师党员在学生党员政治能力提升上的带动作用。

(二)学生党员理论学习不够深入

在学生党员队伍中普遍存在重业务学习轻政治理论学习的现象。一方面是学生党员主动学习的意识不强,特别是一些理工科类的学生党员对政治理论学习"不感冒";另一方面是学用结合不到位,理论学习停留于表面,在口头打转的现象较为明显,即便是有组织的理论学习活动也大都流于形式,理论学习与个人的成长发展和工作实际结合不够紧密,学习不够深入和透彻。

(三)学生党员的政治意识不强

作为学生党员应该政治要强,在任何时刻都要旗帜鲜明讲政治。但是部分学生党员政治信仰不够坚定,对自身的政治使命和责任认识不到位,仅仅把入党看成为个人争取荣誉和利益的一个跳板,所以在日常的学习、工作和生活中忽视党员身份,"不能以一名合格的共产党员的标准来严格要求自己"[7],对自己的言行举止不加约束,偏离了党组织对一名党员的政治要求。

(四)学生党员在工作中的实践历练不够

学生党员在工作开展和活动组织中需要有主动性和创新意识,但是学生党员的主动性和创新意识往往也受到限制。一方面,受多方因素影响,部分教师不敢放"权",工作开展因循守旧、中规中矩,害怕学生犯错担责,导致学生党员开展工作的积极性不高,缺乏工作的谋划和创新,得不到很好的锻炼;另一方面,部分学生党员缺乏工作的责任感和使命感,在工作中浑水摸鱼,影响工作的开展和创新。

(五)学生党员联系同学不够紧密

为人民服务是党员的天职,学生党员要做好服务工作就需要深入学生之间了解情况。目前,部分高校基层党组织存在联系非党员学生不紧密,甚至脱离学生的情况。首先,由于相关负责人对支部建设工作不够重视,没有建立联系服务非党员学生的体制机制,使得支部与非党员学生脱离,支部活动与其他活动割裂,影响了基层党组织示范引领作用的发挥。其次,部分学生党员没有主动联系服务同学的意识,对身边同学的工作、学习和生活不关心,即便身边同学遇到困难也少有主动提供帮助的意识。此外,一些学生党员对党组织的各项工作参与的积极性不高,缺乏在工作中为同学服务的意识。

三、高校学生党员政治能力提升的有效路径

(一)构建师生混编党支部,创新党建育人模式

提升学生党员政治能力需要发挥教师党员对学生的教育引领作用,增强师生党员之间的互动。"传统的组织管理模式容易将教师党员和学生党员割裂开来"[8],不利于支部活力的激发和教师党员教育引领作用的发挥。将师生党员混编为同一个支部,选拔思想道德素质高、科研教学能力强的优秀教师担任支部书记,选拔志存高远、品学兼优的学生担任支委会成员,以严格的制度和丰富的活动为"催化剂","激发教师的主导性与学生的主动性,打破教师党员和学生党员之间无形的墙"[9],形成师生共建、教学相长的党建新模式。一是通过师生共建激活支部内生动力,防止党的组织生活随意化。创新党组织活动,探索建立"支部+文化""支部+实践""支部+平台"等党建育人模式;发挥教师党员学习政治理论知识的带头作用,将党组织生活固定在每周的特定时间,通过严格的制度保障会议的实效性和严肃性,教师党员带头在生活会上对党的理论进行学习和解读,激发学生党员对政治理论知识的学习兴趣。二是用教师党员的言行引导学生党员,培养其在干事创业中提升政治能力的意识。通过师生混编党支部,师生党员在一起干事创业,教师党员在工作中充分展现其坚定的政治立场以及政治思维和分析能力,在解决问题中展现政治担当,用独特的政治魅力引导学生党员有意识地在干事创业中培养政治能力。

(二)加强理论学习,不断提高政治素养

马克思主义作为我国立党立国的根本指导思想,青年学生应该自觉地去深入学习了解,把它作为自身行动的指南。高校学生党员更应该把马克思主义作为自己想问题、干事情的理论源泉,夯实自身政治能力的基石。习近平总书记指出:"要注重提高马克思主义理论水平,学深悟透,融会贯通,掌握辩证唯物主义和历史唯物主义,掌握贯穿其中的马克思主义立场观点方法,掌握中国化的马克思主义,做马克思主义的坚定信仰者、忠实实践者。"[10]对于高校学生党员来讲,学习马克思主义应该做到四个维度。第一,要学习马克思主义经典著作,尝试和坚持读原著,学原文、悟原理。对于很多青年学生来讲,像《资本论》等马克思主义经典著作有些晦涩难懂,一时的阅读激情过后难免坚持不下来。对此,读原著不能追求"快",许多句子需要反复琢磨

好几遍才会有豁然开朗的感觉,并且要结合学习、工作、生活的实际去理解,慢慢从中领会真理的"甜"。第二,要深入学习了解中国化的马克思主义,特别是要学习贯彻习近平新时代中国特色社会主义思想。深刻领会习近平新时代中国特色社会主义思想对当今中国的重大理论和实践意义,对构建人类命运共同体的世界意义,深刻理解习近平新时代中国特色社会主义思想的核心要义、精神实质、丰富内涵、实践要求。第三,要学习党史、新中国史、改革开放史、社会主义发展史。了解历史才能看得远,理解历史才能走得远。从历史的脉搏中感受中国共产党的伟大和新中国的来之不易,用历史的眼光思考中华民族伟大复兴战略全局和世界百年未有之大变局,深化对当下中国青年责任和使命的认知。第四,要坚持学用结合,及时将所学理论用于指导自己的学习、工作和生活,增强对理论学习的兴趣和信心。

(三)积极投身工作实践,强化政治担当

对于任何一个人而言,政治能力都不是天生就有的,也不是仅仅通过理论学习就可以轻易提高的。提升高校学生党员政治能力的关键和落脚点是政治担当,"而政治担当只有在实践中才能得到体现和检验"[11]。要有意识地通过各类实践提升广大高校学生党员的政治能力。高校各级部门要积极为学生党员搭建工作锻炼的平台,建立容错纠错机制;相关教师要敢于放"权",在一定范围内,大胆地让学生党员独立思考和完成相关工作,让学生党员在具体实践中迅速成长。学生党员要抓住一切工作锻炼的机会,主动思考、积极谋划、勇于创新,将自身对工作的想法通过实践展现,同时汲取成功的经验和失败的教训。学生党员在工作中必须提高政治敏锐力和政治鉴别力,在各类大是大非面前要头脑清醒,特别是在对外沟通交流的过程中要有正确的政治立场,在做决策时要小心谨慎。当然,学生党员不要因为害怕犯错就畏首畏尾,不敢开拓创新,要向老一辈革命家学习,在工作中弘扬斗争精神,增强斗争本领,通过社会实践锻炼、岗位锻炼、重大活动和关键时刻考验等途径,在破解一个又一个难题中提升政治素质和提高政治能力。

(四)密切联系同学,提高为同学服务的能力

学生党员要树立为同学服务的意识,积极主动参与到学校各项工作中去,以工作为抓手,深入联系同学,切实为同学办实事解难题,提高服务能力。高校各级党组织要整合资源,搭建服务平台,建立健全学生党员常态化联系服务同学的体制机制:一方面在党支部建设上加强支部与非党员学生之间的联系,通过吸引非党员学生参与支部活动、支部活动与学生活动联合开展等方式打破两者间沟通的障碍,进一步发挥基层党组织对青年学生的示范引领作用;另一方面在工作的开展中要充分尊重广大同学的主体地位,优化工作方式,提高工作效率,通过建立健全工作沟通反馈机制,以线上开通意见反馈窗口、线下定期组织召开座谈交流会等方式,在每一项工作举措出台前、实施后或活动结束后,充分收集同学们意见,推动反馈建议的落地落实,让同学们切切实实看到学生党员在为同学利益奔走,树立起学生党员为同学服务的良好形象。此外,在工作中要注重开发和尊重民智,发挥广大学生的首创精神。开展工作要从学生中来,到学生中去,主动在工作开展上发动学生的力量,在组织方式与工作方式上尽可能地满足学生的期望。学生党员与广大同学的关系像是鱼和水,学生党员要提升政治能力就要重视与广大同学的密切联系,在扑下身子为同学服务中锻造过硬的政治能力。

(五)强化内外部监督,推动严以律己

习近平总书记指出,讲政治必须严以律己,要通过修身律己,慎终如始,时刻自重自省自警自励,"做到慎独慎初慎微慎友"[12]。高校学生党员正处在思想道德养成阶段,其自律精神的形成需要内外部监督协同发力。《中国共产党党内监督条例》指出要坚持党内监督和人民群众监督相结合。在学生阶段,党内监督以党支部内部自评考核为主,从政治素质、道德品质、知识学习、社会工作、纪律作风等维度设置评价考核指标,定期组织学生党员进行自评,评价考核意见作为支部评优的重要依据。同时发挥好人民群众的监督作用:一方面学生党员要主动亮明党员身份,利用同学们的监督来约束自己的一言一行;另一方面,通过召开党员大会、畅通意见表达通道接受同学的监督,虚心听取意见建议。同时,担任主要学生干部的学生党员还要接受学生干部管理条例的监督。此外,要严格按照《中国共产党党员教育管理工作条例》《中国共产党纪律处分条例》等对不履行党员义务的学生党员进行党内整改教育,对违纪的学生党员进行党纪处分,绝不能姑息迁就。

注释

[1]王建文.培养选拔适应新时代要求干部队伍的几点思考[J].人力资源,2020(4):22—23.

[2][10]习近平在中央党校(国家行政学院)中青年干部培训班开班式上发表重要讲话强调 年轻干部要提高解决实际问题能力 想干事能干事干成事[N].人民日报,2020-10-11(01).

[3]中共中央关于加强党的政治建设的意见[EB/OL].http://www.gov.cn/zhengce/2019-02/27/content_5369070.htm.

[4]王联辉.推进新时代党的政治建设[J].理论视野,2018(11):33—35.

[5]习近平:坚持中国特色社会主义教育发展道路 培养德智体美劳全面发展的社会主义建设者和接班人[N].人民日报,2018-09-11(01).

[6]习近平.决胜全面建成小康社会 夺取新时代中国特色社会主义伟大胜利——在中国共产党第十九次全国代表大会上的报告[M].北京:人民出版社,2017:70.

[7]周亚莉,厉佳,宋萍,等.英语专业学生党员思想状况与管理研究[J].管理观察,2013(34):109—110.

[8]把党支部建在科研团队上——西南石油大学积极探索支部混编拓展育人平台[EB/OL].https://m.gmw.cn/baijia/2021-01/21/34559200.html.

[9]一个混编支部的"浸染式"教育[N].光明日报,2021-01-21(07)。

[11]贾波.新时代高校学生党员政治能力提升路径[J].承德石油高等专科学校学报,2020(4):87—90.

[12]加强政治建设提高政治能力坚守人民情怀 不断提高政治判断力政治领悟力政治执行力[N].人民日报,2020-12-26(01)。

[本文在2021年度"成渝地区双城经济圈建设与青少年发展"征文活动中获三等奖]

共青团基层团支部书记激励约束机制研究

——以重庆团支部书记背靠背测评为例

黄 争[①]

摘要：共青团基层组织是整个共青团组织体系与普通青年相结合的关键节点，要让群团改革举措落到基层，就势必要加强对基层团支部的管理，建立对基层团支部书记的激励约束机制。重庆共青团在此领域已经进行了先期试点，建立了较完善的团支部书记背靠背测评机制，有效地促进了团支部和支部书记的工作开展，强化了基层的战斗堡垒作用，密切了团员青年与组织的情感联系。本文分析了基层团支部书记队伍存在的五大共性问题，以机制建设破解问题的导向对重庆团支部书记背靠背测评机制进行了实效分析，从细化测评指标、实施过程考核、完善效果评估、注重反馈激励、挖掘测评内涵五大板块提出了功能性完善方案，以期整体、系统、协同地推进基层团支部书记激励约束机制建设。

关键词：基层组织；团支部书记激励约束机制；团支部书记背靠背测评

一、研究背景

共青团基层团支部是共青团组织的末梢细胞，它覆盖企业、农村、机关、学校、科研院所等各个领域，直接担负着教育团员、管理团员、监督团员和组织青年、凝聚青年、服务青年的重要职责。全团特别是团的领导机关要眼睛向下、重心下移，以最大的决心加强基层组织建设和基层工作。[1]

党和国家领导人都高度重视基层团组织的建设和作用发挥。2013年6月20日，习近平总书记在同团中央新一届领导班子成员集体谈话时，向共青团发出了切实加强基层组织建设的动员令。2018年7月2日，习近平在中南海同团中央新一届领导班子成员集体谈话时强调要树立大抓基层的鲜明导向，推动改革举措落到基层，使基层真正强起来。

如何让基层团支部活起来、强起来？参照组织行为学理论，答案是抓住

[①] 黄争（1979—），女，重庆人，重庆市团校办公室副主任，主要研究方向为青年工作和团的基层组织建设工作等。

"关键少数","关键少数"即团支部书记。2015年6月,习近平总书记在贵州调研时讲话指出:基层干部是加强基层基础工作的关键。习近平的讲话明确了抓基层工作的核心在于抓基层干部。团的十八大报告也指出:"基层团干部有信念、善服务,有本领、在状态,共青团就有生命力、战斗力。"基层团支部书记存在什么问题,我们就要破解什么问题。

目前,关于团支部书记激励约束机制的研究文献很少,笔者通过知网以"团支部书记激励约束机制"为主题查询,相关文献为0篇,以"基层团支部书记"为篇名查询,文献仅有7篇,通过万方以"基层团支部书记"为题名查询,文献仅为13篇。通过查阅文献和数据调研,笔者搜集整理了基层团支部书记队伍存在的共性问题,主要表现在五个方面。一是工作精力不足。各级基层团组织的团支部书记大多身兼数职。他们既是单位业务骨干,同时还要完成工、青、妇等相关工作。工作千头万绪,造成团支部书记每天疲于应付事务性工作,投入团支部建设与管理的时间与精力较少。二是履职动力不强。许多基层团支部书记不是自愿走上团支部工作岗位的,他们对团组织工作的情感认同度不高,缺乏开展好团支部工作的强烈动力。李新生和杨名对国资委所属的130多家中央企业基层团支部开展了访谈,其中,64.9%的团支部书记表示是党组织直接任命,24.3%的表示是团组织提名、党组织任命。[2]三是工作专业素养不高。学校的团支部书记由于年龄普遍偏小,政治敏锐性不高。而部分企业、社区、农村团支部书记又存在年龄结构老化的问题,因而存在未掌握新形势下开展青年工作的新方法等问题。目前,对团干部的系统培训主要集中在省、市、区(县)一级,基层团支部书记一定程度上成了培训的盲区和短板,许多基层团支部书记对团支部的工作职能、工作方法、工作对象认识不深、研究不透,常规工作流于形式,更谈不上在工作上的创新。四是工作资源匮乏。因为上级组织重视不够及团支部书记争取资源的能力限制,基层团支部工作长期存在工作经费、工作项目、工作阵地等资源的匮乏问题。团支部工作经费主要从团费收取、上级团组织划拨等渠道筹措,经费普遍偏少。团支部开展活动缺少固定场地,或者是有场地但无书籍、器材、文化宣传等配套。五是缺乏激励约束。大部分单位会围绕工作实效、活动开展、团费收缴等指标对团支部工作进行定期或不定期考核,也有部分单位采取走访、问卷、团员投票等方式进行考核,但激励的举措普遍较少。团支部书记的业务工作还没有建立制度化的约束机制,没有形成激励约束的完整闭环,还不能深层次、多角度地激发团支部书记开展工作的主观能动性。上述五大共性问题,其中最核心最重要的问题是缺乏必要的激励约束。建立强有力、重实效的激励约束机制,对于激发团支部书记的潜能至关重要。所以,本文着重研究并呈现一套有效的激励约束机制。

二、重庆共青团建立团支部书记激励约束机制的有益探索

党的群团工作会议明确提出要加强基层组织建设,共青团的改革方案也明确要加强团的基层基础。团的十八大报告指出:"以建立科学的激励约束机制为牵动,持续调动基层团干部的积极性主动性创造性。"[3]原团中央书记处第一书记陆昊强调:"抓基层需要对社会生活的变化进行深刻把握,并对团的组织行为方式不断进行创新。"[4]团支部是团的基础组织,更需要进行有力创新。重庆共青团历来注重团支部建设的创新。2015年,重庆共青团作为群团改革试点单位,在全市范围内探索、启动团支部书记背靠背测评,着力建立基层团支部书记激励约束机制,旨在探索破解团支部书记队伍问题的有效方法。共青团重庆市委制定了《团支部书记年度满意度测评工作实施办法(试行)》《团支部书记年度满意度测评工作规范》,用于规范推进专项工作。该项机制以团支部书记背靠背测评为抓手,以团支部书记工作满不满意"团员青年说了算"为支撑,以团员不满意则团支部书记免职、团员满意则团支部书记获得激励为导向,倒逼团支部书记强化履职动力、深化服务意识、提高工作素养、抓出工作实效,引导各级团组织和团干部真正做到"眼睛向下、面向基层"。

(一)开展形式

团支部书记年度背靠背满意度测评(以下简称"满意度测评")是指支部团员用无记名投票方式对团支部书记作出客观、公正的年度评价。参加人数达支部团员总数的2/3及以上方为有效。为凸显团员青年的参与感和团内活动的仪式感,测评方式有线上、线下测评两种。线下有定点投票和会后投票两种形式。

满意度测评由上级团组织策划、组织、指导,区(县)团委、直属、重点联系团组织均需参与。测评分组织筹备、书记述职、团员评议、公示结果、报批情况五个环节。

第一,组织筹备。上级团组织充分发动下属团支部做好测评方案,广泛

宣传,全员动员,确保所有团员了解整体工作要求。

第二,书记述职。团支部书记需对上年度工作开展情况进行述职,述职要围绕本人履行岗位职责情况、各项具体工作的开展情况、联系服务团员青年情况以及其他需要说明的情况进行,述职前应先集体奏唱团歌。

第三,团员评议。团员青年现场"背靠背"无记名填写测评表,勾选"满意、基本满意或不满意",对团支部书记进行总体评价。不能现场参与的团员青年,完成网络投票。所有选票在规定时间内回收。

第四,公示结果。各基层团组织应及时在张贴栏、网站等平台公布背靠背测评结果。

第五,报批情况。各基层团组织向同级党组织和上一级团组织报告测评结果。

满意票数高于参评人数的50%,结论为满意;满意票数等于或低于参评人数的50%,结论为不满意。满意票数等于或高于参与测评人数的80%时,优先推荐参加区县级评选表彰;满意票数等于或高于参与测评人数的90%时,优先推荐参加市级及以上的评选表彰、交流培训,入党将优先推荐。测评结果为不满意的团支部书记按组织程序予以"免职"。

(二)实施过程

满意度测评在团员青年中引起了极大的反响,大部分青年认为参与无记名投票既体现了团员的话语权,也极大地促进了团支部书记的工作。对于团支部书记而言,这种机制既是考验,也是鞭策。团支部书记们纷纷表示今后会进一步改进工作,关心青年,联系青年,在团员青年的监督下更好地开展团的工作。极少数考核结果为不满意的团支部书记也及时被调整了工作岗位。

重庆共青团的满意度测评连续几年都受到了团员青年的广泛关注。2016年,130万余名团员、6.2万余个团支部完成满意度测评工作,35名团支部书记因测评结果为不满意被"免职"。2017年,131万余名团员、6.3万余个团支部参与完成满意度测评工作,14个团支部书记测评结果为不满意。2个团组织因换届不满3个月未开展测评,其余团支部测评满意度均超过80%。2019年,全市共有65名测评结果为"一般"的团组织负责人被谈心谈话,8名满意度低于60%的团支部书记被免职。2020年,6.9万个团支部完成满意度测评工作。1299个测评结果为"一般"的团组织负责人,由上级团组织与该负责人进行谈心谈话,帮助其改进工作状态;27名测评结果为"差"的团组织负责人中,16名团组织负责人被上级团组织约谈,另外11个被免职,由团组织按照组织程序和有关规定,重新推选任命负责人。

(三)实施成效

重庆共青团从2016年开始,连续几年实施团支部书记背靠背测评,一定程度上改变了团支部工作的松散状况,进一步提升了团员青年的存在感,激发了团支部书记履职尽责的主动性,取得了一定成效,其主要表现在以下几个方面。

一是测评内容较全面。测评内容包括满意、基本满意和不满意三档,如参与测评者填写不满意档次,则需从德、能、勤、绩、廉五大方面,根据自身对团支部书记的认知,给出具体意见。测评结果为不满意的团支部书记数量从2016年的35名减少到2017年的14名,团支部书记不满意百分比从2016年的5.6%下降到2017年的2%,这说明该项机制对团支部书记产生了潜移默化的约束效应。

二是测评过程较为公正。测评采用公开、不记名的方式填写有关问卷,并在上级团组织监督下公开统计。我们采用电话访谈的方式进行了团支部书记背靠背测评效果的调查分析,确定公正性。此次电话访谈共涉及高校、企业、乡镇团委书记36名,农村、企业、高校、社区团支部书记39名,团员青年206名。访谈结果显示,超过85%的团员青年认为背靠背测评真实、有效,让他们更了解团支部和支部书记的工作开展情况,更有效地行使了团员青年对团支部书记工作的评价、监督权利。

三是团员青年的主体意识得到一定程度增强。团支部与团员青年的联系更加紧密,团支部工作开展得好坏由团员青年说了算的探索,让每一个团支部真正动起来、活起来。测评数据显示,参与测评的团支部参与率从第一年的85%上升到第二年的94%,越来越多的团员青年通过测评体现了存在感。

四是团支部书记的履职动力得到进一步增强。测评让每位团支部书记倍感压力,团支部工作的好坏不再由自己说了算,团支部的工作更加全面地受到了团员青年的监督。访谈结果显示,超过93%的团支部书记认为背靠背测评给了他们无形的工作压力和动力,团支部书记一年述职要求他们对工作既要有计划,更要抓计划的落实,团员青年的测评结果督促他们开展工作要围绕青年、服务青年、让青年参与、让青年满意。超过90%的团支部书记认为测评工作既让青年广泛参与了团的工作监督,也帮助团支部书记看到自己工作的短板,进而促使他们改进工作。

三、关于进一步改进措施的思考

团支部书记背靠背测评取得一定成效的同时,也暴露出一些需要改进的问题。通过历年测评数据整理和分析,我们认为团支部书记背靠背测评还应从细化测评指标、实施过程考核、完善效果评估、注重反馈激励、挖掘测评内涵五大板块进行功能性完善。

(一)细化测评指标

测评指标设置是整个测评的最核心内容。目前,团支部书记背靠背测评表由测评对象(团支部书记信息)、测评内容(满意、基本满意、不满意)、不满意原因(德、能、勤、绩、廉)三部分构成。建议增加满意的具体标准,用习近平总书记提出的新时代好干部标准(信念坚定、为民服务、勤政务实、勇于担当、清正廉洁)做一级指标并将这些指标量化,让团员青年看到支部书记为青年做了哪些具体服务,也督促团支部书记着眼实干、力抓实效。"信念坚定"描述为"全年阅读党和团的书籍多少本,参加培训学习多少次"。"为民服务"描述为"与团员青年谈心谈话多少次,协助解决实际困难多少人"。"勤政务实"描述为"全年开展'三会一课'多少次,创新性开展团的活动多少次,个人及支部获得表彰多少次"。"勇于担当"描述为"全年组织团员青年参加志愿者服务多少次,参加三下乡服务多少次,组织团员青年参与危难险重任务多少次"。

(二)实施过程考核

目前,团支部书记背靠背测评是在年终开设的一项具有针对性的工作,是对团支部书记一年工作的结果性考核。在考核实施过程中,存在着一种现象,临近考核的时间段里,团支部书记有目的的积极作为会带来部分团员青年的好评,没有客观公正地反映该团支部全年的实际工作状态。建议背靠背测评设定一定的阶段性考核任务,在每年的"3·5"学雷锋纪念日、五四青年节、七一建党节、十一国庆节等几个青年相对容易集聚的重要时间节点进行考核。这些时间节点的考核结果与年终总的考核相结合,形成全年系统的测评结果。

(三)完善效果评估

团支部书记背靠背测评这项工作机制在广大团员青年中产生了什么样的影响,对团支部书记产生了什么作用,对激活基层团组织活力产生了什么效果,是值得长期深入研究的。目前,重庆共青团还没有通过专题调研、座谈交流、专家论证等方式对团支部书记背靠背测评这项工作机制进行效果评估及改进措施研究,后期还应大力跟进此项工作。

(四)注重反馈激励

重庆共青团在2016—2021年已经全面开展了6年的测评工作,从2019年开始将工作机制进一步优化为三级述职评议测评,获得了数万个基层团支部书记的实际工作大数据,然而,测评结果目前还没有完全发挥作用。以2016、2017年的数据为参考,这两年的测评结果中共有49人因没有认真履职被免职,这49个团支部的工作得到了较大的改善,而对满意票数高于参评人数50%但低于参评人数80%的团支部没有进行任何反馈,这类团支部数量占到参与测评的团支部总数的近20%,因而,大多数这类团支部的工作状况在测评后没有较大改善。建议对这类团支部的团支部书记进行全面反馈,帮助其找到进一步提升的空间,同时对测评过程中发现的好典型予以推广,让更多的团支部互相交流学习。

(五)挖掘测评内涵

测评只是手段,而通过测评促进基层团支部书记队伍建设才是目的。要强化以评促建导向,务必要坚持"以评促建,以评促改,以评促管,评建结合,重在建设"的测评工作方针。在测评中发现团支部书记问题,找出解决方案。要强化团员青年的思想引领,要让他们知道参与测评既是团员的民主权利,也是促进团支部书记工作提升和团支部发展的重要手段,引导其树立正确的评估观,鼓励其广泛积极参与、公正科学评价、积极建言献策,充分体现团员青年的主人翁意识。

团支部书记背靠背测评不是简单的为测评而测评,而是需要坚持正确的问题导向,只有树立问题意识,坚持问题导向,科学分析问题,深入研究问题,弄清问题性质,找到症结所在,才能不断有效地破解基层团组织建设中的各种难题,才能真正推动测评工作公开公平进行,才能保证测评工作真正推动基层共青团工作深入全面地开展,有效激励团支部书记干事创业,有效提升共青团工作的吸引力和凝聚力。

注释

[1]李木之.落实团中央基层组织建设电视电话会议精神[N].巴彦淖尔日报,2008-08-14(07).

[2]李新生,杨名.中央企业基层团支部建设现状与对策研究[J].中国青年研究,2010(3):21—24.

[3]贺军科.高举习近平新时代中国特色社会主义思想伟大旗帜 奋力谱写决胜全面建成小康社会全面建设社会主义现代化国家的壮丽青春篇章——在中国共产主义青年团第十八次全国代表大会上的报告[J].中国共青团,2018(7):11—23.

[4]陆昊同志在全团基层组织建设和基层工作研讨会暨全团组织工作会议上的讲话[EB/OL].http://www.gqt.org.cn/documents/bgtqk/201809/t20180907_779751.htm.

[本文在2021年度"成渝地区双城经济圈建设与青少年发展"征文活动中获三等奖;本文原载于《新生代》2022年第2期,有改动]

建党百年来青年运动的特点

李杰伟　毕铭玉[①]

摘要：青年运动在党的百年历程中呈现出一些鲜明的特点。从政治角度而言，党的领导是百年来青年运动先进性的保障。新时代的青年运动需要继续坚持党的领导。从实践角度而言，爱国主义是百年来青年运动的实践旋律。新时代青年运动需要将爱国情与中国梦紧密结合，投入中国梦的伟大实践之中。从文化角度而言，百年来，青年人从接受马克思主义的洗礼，到受到更加多元的文化思潮影响，新时代需要做好青年的思想和价值引领，保证青年运动与国家进程的同频共振。

关键词：百年党史；青年运动；先进性；实践性；多元性

青年运动是以青年群体为活动主体，为实现和追求某种社会价值和自我价值而产生的群体行动。习近平总书记在庆祝中国共产党成立100周年大会上的讲话中指出："一百年来，在中国共产党的旗帜下，一代代中国青年把青春奋斗融入党和人民事业，成为实现中华民族伟大复兴的先锋力量。"百年来，一代代青年人的命运和国家命运高度关联，青年运动在不同的历史时期发挥了重要的作用，也呈现出一些趋势与特点。从青年运动与党团的关系、与实践的关系、与文化的关系三个角度总结青年运动的特点，有助于正确理解和把握新时代青年运动的主题，吸引和用好青年人才。

一、党的领导是百年来青年运动先进性的保障

五四运动是新民主主义革命的开端。正是这之后的青年运动的发展促进了中国共产党和中国共青团的成立。

（一）青年运动促进了党团创建

巴黎和会上中国外交的失败直接导致了五四运动的爆发，无产阶级开始登上历史舞台。学生罢课、工人罢工，五四运动是无产阶级在民族危机前的

[①] 李杰伟（1991—），男，山西长治人，北京财贸职业学院讲师，主要研究方向为马克思主义理论教育。
毕铭玉（1988—），女，山东威海人，中国人民大学博士研究生，主要研究方向为法哲学、政治哲学。

行动,也显示出无产阶级所拥有的强大政治力量。五四运动作为中国新旧民主主义革命的分水岭,不仅激发了青年群体研究学习新思潮,也促进了一系列青年进步团体的创建,吸引了共产国际的关注,并加速了中国共产党和中国共青团的建立。1920年便相继成立了中国共产党的早期组织,并进一步成立了共青团的最早组织——上海社会主义青年团。这为1921年7月中国共产党的诞生和1922年5月中国社会主义青年团(共青团前身)的建立打下了坚实的基础。[1]

(二)马克思主义指导了青年运动

马克思主义是中国共产党的指导思想,在中国共产党和共青团成立后,马克思主义指导了中国青年运动的发展,并推动了青年运动对中国面貌的改变。早在党的三大通过的《对于青年运动的决议案》中就曾指出,青年运动是党的重要工作之一,学生运动是青年运动的重要组成部分,社会主义青年团应加强对青年进行马列主义教育,引导他们参加实际的革命斗争。"事实充分说明,当年党带领人民闹革命、打天下,群团组织不可或缺;现在,党带领人民搞改革、求发展,群团组织依然不可或缺。新形势下,党的群团工作只能加强、不能削弱,只能改进提高、不能停滞不前。"[2]

历史和现实都告诉我们,青年一代有理想、有担当,国家就有前途,民族就有希望,实现我们的发展目标就有源源不断的强大力量。如今,中国实现了从站起来、富起来到强起来的伟大飞跃,在中国强起来的关键时代,我们应该进一步坚持马克思主义对青年运动的指导,充分重视和引导青年运动,保证青年运动的先进性,使青年运动更好地发挥应有的作用。

(三)党的领导和团的组织保证青年运动的先进性

中国共产党是青年运动的领导者,中国共青团是青年运动的组织者,"党有号召,团有行动"是共青团工作最大的政治逻辑。青年运动正是得益于党的领导和团的组织才保证了其政治正确和先进性。[3]在第一次和第二次国内革命战争时期,青年陆续掀起了1925年的五卅运动、1935年的一二·九运动等等,并在革命斗争过程中积极加入统一战线,开展武装起义。毛泽东在《中国革命和中国共产党》中指出:"数十年来,中国已出现了一个很大的知识分子群和青年学生群。……他们有很大的革命性。他们或多或少地有了资本主义的科学知识,富于政治感觉,他们在现阶段的中国革命中常常起着先锋的和桥梁的作用。"[4]在抗日战争时期,青年运动和党领导的整个人民运动有效地结合起来,为争取抗日战争的胜利进行了艰苦的斗争。毛泽东在《青年运动的方向》中指出,青年运动是整个人民革命运动中的"一个方面军,而且是一个重要的方面军"[5]。在解放战争中,青年在中国共产党的领导下,为争取和平民主、反对国民党内战独裁,争取人民解放战争的胜利而进行斗争。在从1919年至1949年三十年的现代革命史中,中国青年都站在英勇斗争的最前列,为人民革命运动作出了光辉的贡献,中国青年运动是中国革命运动中的重要组成部分。[6]在建设年代,中国青年以高度组织化的形式,积极参与国家建设和社会改造,通过一系列"运动式"的生产建设活动,勇敢地向困难进军,满怀激情地奔赴祖国最需要的地方,发挥出这一时期青年运动的时代正能量。改革年代,中国青年以嵌入式集体行动,成为倡导新理念、承接新技术、打造新产业的主力军。[7]中国特色社会主义进入新时代,中华民族迎来了从站起来、富起来到强起来的伟大飞跃。在整个从站起来、富起来到强起来的过程中,青年运动需要始终在党的领导和团的组织下保持先进性,持续发挥重要作用。

二、爱国主义是百年来青年运动的实践旋律

国家和民族是由个体组成的,个体命运与国家和民族的命运息息相关。近代中国历史无疑是一部以爱国主义为主旋律的中华儿女奋斗史。

(一)近代民族危机奠定了青年运动的底色

1840年以来,中国逐渐沦为半殖民地半封建社会,国家民族危机加深,人民群众生活在水深火热之中。青年人目睹了中华民族所遭受的耻辱,也愈加希望能够改变国家和民族的面貌,拯救国人于水火之中。国家、民族与个体高度关联,青年运动也逐渐发展为以爱国主义为主旋律的救亡图存的运动。青年高举爱国主义的旗帜,力求推翻帝国主义、封建主义和官僚资本主义的统治,建立独立、民主、自由、繁荣的中华人民共和国。在危难中的中华儿女将大我和小我整合一体,爱国主义成为青年运动的主旋律。爱国主义是一个历史范畴,爱国主义的具体内容是与时俱进的。无论是在新民主主义革命时期,还是在社会主义革命、建设和改革时期,爱国主义都是一以贯之的,虽然表现形式有所差异,但是无论是同敌人作斗争,还是投身社会主义现代化建设事业,都是爱国的。我国青年运动的底色是爱国主义,这是有深厚的历史根源的,也是持久不变的。解决民族危机,推动社会进步,投身现代化事业都需要富有家国情怀和使命担当的青年来支撑。牢牢坚守爱国主义的主旋律,将爱国之志转化为爱国之行,发挥出青年的最大能力,才能够完成不同的历史使命,为国家和民族建功立业,作出无愧于时代的成绩。

(二)新时代青年运动的时代主题

在不同的历史条件之下,爱国主义的具体内容是有不同体现的。理解和把握新时代青年运动的主题,是引导广大青年参与到新时代青年运动中的前提。党的十八大提出了"两个一百年"奋斗目标,从党的十九大到二十大召开,是"两个一百年"奋斗目标的历史交汇期。我们既要完成第一个百年奋斗目标,又要开启第二个百年奋斗目标。广大青年成长和发展于实现"两个一百年"奋斗目标的历史进程这一背景之下。2021年7月1日,习近平总书记指出:"经过全党全国各族人民持续奋斗,我们实现了第一个百年奋斗目标,在中华大地上全面建成了小康社会,历史性地解决了绝对贫困问题,正在意气风发向着全面建成社会主义现代化强国的第二个百年奋斗目标迈进。"为实现中华民族伟大复兴的中国梦而奋斗,是中国青年运动的时代主题。新时代爱国主义的体现就是积极投身到实现中华民族的伟大复兴的伟大实践之中去。青年学生是我们实现第二个百年奋斗目标的主力军,青年的成长和发展与国家和民族的发展是一体的,广大青年也要把握新的历史机遇,自觉地参与到新时代青年运动中。

(三)新时代青年运动的实践方向

青年是祖国的未来,重视青年就是重视未来。新时代青年运动需要有明确的实践方向。广大青年要在青年运动中磨砺自身,在社会实践中历练自己,争做人才,在实现中国梦的生动实践中放飞青春梦想,在为人民利益的不懈奋斗中书写人生华章。青年身处实现第二个百年奋斗目标的伟大时代,新时代的中国青年要以实现中华民族伟大复兴为己任,把远大志向和现实结合起来,既要坚定理想信念,志存高远,又要脚踏实地,在现实中去磨砺自己,勇做时代的弄潮儿。"把视线投向国家发展的航程,把汗水洒在艰苦创业的舞台,到基层去、到西部去、到祖国最需要的地方去,做成一番事业、做好一番事业。"[8]广阔的西部、边远少数民族地区、贫困地区、革命老区和基层是最需要青年人才的地方。青年时期,在基层一线和困难艰苦的地方拼搏奋斗,会增强青年对于自己、对于人民和国家的深刻认识,有助于青年成长为祖国建设的有用之才和栋梁之材。此外。中国在积极参与国际事务中,需要更多的国际化人才,为我国参与全球治理提供有力的人才支撑。广大青年要抓住新时代的机遇,为中国参与全球治理体系改革和建设,为中国在国际舞台发挥大国作用作出贡献。广大青年要放眼天下,纵览全球,积极参与到国际交流合作中,成为具有全球化思维的人才,不断在国际竞争中提升自身实力。

三、百年来青年思想从接受洗礼到更多元

青年运动是受社会思潮和文化观念影响的,百年来中国青年的思想逐步从僵化走向解放,进而实现多元化。

(一)青年接受思想的洗礼

1916年,李大钊在《新青年》杂志中刊发《青春》一文,号召青年们自觉起来,把古老的旧中国变成"青春之国家"。《新青年》杂志的主要读者是青年学生,青年学生在阅读杂志的过程中思想得到解放和洗礼。新文化运动启发了青年的思想觉悟,青年们聚集在进步学生和先进知识分子周围,开始联合起来,爆发了五四运动,开启了新民主主义革命。五四运动后,进步青年开始广泛学习、宣传马克思主义。中国共产党创立后,与国民党合作建立黄埔军校,开办农民运动讲习所,不断培养和教育青年人才。延安时期,党还建立了抗日军政大学等,以革命思想培养和教育青年,这些都为革命斗争储备了大量人才,而且使大量人才聚集在党的周围。新中国成立之初,一大批知识分子怀着爱国之心,突破阻碍,毅然回国。改革开放以来,思想文化氛围更加开放,党也更加重视培养和凝聚各级各类人才,加强思想引领。无论是在革命斗争年代,还是在其他阶段,中国共产党都有重视人才,引导人才,凝聚人才的传统。到了今天,我们更要做好青年的思想工作,把青年人才紧密团结在实现中华民族伟大复兴的伟大实践中,发挥青年人才的作用。

(二)青年思想的多元化

每个时代都有每个时代的精神和价值观念。近年来,我国青年的利益诉求和思想状况发生了很大变化,青年的思想观念、道德意识、价值取向呈现出多元化的趋势。在社会主义现代化建设的征途中,我们需要引导青年群体培

育和践行社会主义核心价值观。青少年时期是价值观、人生观、祖国观和民族观形成的关键时期,青年的价值取向决定了未来整个社会的价值取向。"青年是引风气之先的社会力量。一个民族的文明素养很大程度上体现在青年一代的道德水准和精神风貌上。"[9]因此,引导青年人培育和践行社会主义核心价值观尤为重要,这关系到在未来社会中,青年能否在多元的文化思潮中坚持正确的价值导向,成为有崇高理想,有政治信仰的人,并为中国特色社会主义的伟大事业而奋斗。

(三)加强青年思想引领

青年人有其独特的个性和特点,他们容易接受新的思想,但是需要构建起青年人的话语框架来影响认知,塑造认同,进而引领思想。[10]也就是说,在尊重青年特点和青年发展规律的同时,要以青年人可以接受的方式,结合时代的特点,紧紧围绕党和国家工作大局,找准工作切入点、结合点、着力点,加强对青年人和青年运动的政治引导,促进马克思主义中国化的最新理论成果在青年人中广泛传播,充分发挥广大青年的生力军作用,团结带领广大青年在实现中华民族伟大复兴的实践中续写新的光辉。

青年思想引领要利用好校园、网络、党群组织,将社会主义核心价值观的深厚历史底蕴和坚实现实基础讲清楚,抓好马克思主义理论教育,引导青年领会学习习近平新时代中国特色社会主义思想,使青年掌握科学的世界观和方法论,不断增强对中国特色社会主义的道路自信、理论自信、制度自信和文化自信,并将其自觉地转化为投入中国梦伟大实践的动力。青年思想引领要加强对广大青年的政治引领和政治吸纳,坚持正确的政治方向,避免青年思想发生偏离、分化,引导青年做坚定的马克思主义者,树立正确的价值观和义利观,坚持社会主义的正确政治方向,坚定不移地走中国特色社会主义道路,并投身中国特色社会主义事业的建设实践。

中国梦将在一代代青年的接力奋斗中变为现实。回顾百年党史中青年运动的特点,我们总结出经验:要持续加强党对青年运动的领导,牢牢坚守爱国主义的主旋律,引导青年的思想,不断激励青年人在实现中国梦的过程中,发挥好先锋作用,实现个人命运与国家、民族命运的同频共振。

注释

[1]闵小益.中国共产党和青年运动[J].上海青年管理干部学院学报,2011(2):3—5.

[2][8]中共中央文献研究室.习近平关于青少年和共青团工作论述摘编[M].北京:中央文献出版社,2017:103,55.

[3]胡献忠.读懂中国青年运动:概念、逻辑与模式[J].中国青年研究,2019(11):53—60.

[4][5]毛泽东选集(第二卷)[M].北京:人民出版社,1991:641,565.

[6]共青团中央青运史研究室.中国青年运动史[M].北京:中国青年出版社,1984:282.

[7]胡献忠,郗杰英.中国共产党与青年、青年运动关系研究[J].中国青年研究,2013(6):38—44.

[9]中共中央文献研究室.十八大以来重要文献选编(上)[M].北京:中央文献出版社,2014:280.

[10]陈晓运.新时代共青团何以引领青年运动——基于社会运动理论的分析[J].中国青年研究,2019(4):46—54.

[本文在2021年度"成渝地区双城经济圈建设与青少年发展"征文活动中获三等奖;本文系2016年度教育部高校示范马克思主义学院和优秀教学科研团队建设项目重点选题"高职高专思想政治理论课教学方法研究"(项目批准号:16JDSZK046)、北京市职业院校教师素质提高工程资助项目、北京财贸职业学院2021年度科研计划一般课题"迎接建党百年华诞 塑造红色旅游品牌"(编号BJCZY2021C02)阶段性成果;本文原载于《新生代》2022年第2期,有改动]

重大疫情时期新发展理念推动大学生思想政治教育发展研究

张栩晨　武双欣[①]

摘要：新冠肺炎疫情给大学生思想政治教育带来严峻挑战，也为新发展理念推动其发展提供了契机。立足新时代，大学生思想政治教育要牢牢抓住疫情防控的特殊形势，坚持用创新发展理念激活思想政治教育的创新动力，坚持用协调发展理念促进思想政治教育的协同共进，坚持用绿色发展理念打造思想政治教育的绿色生态，坚持用开放发展理念拓宽思想政治教育的教育视野，坚持用共享发展理念明确重大疫情背景下思想政治教育的发展指向。

关键词：新冠肺炎疫情；新发展理念；大学生思想政治教育

2020年新春，突如其来的新冠肺炎疫情给人民的生命健康安全造成了重大威胁。习近平总书记向全党、全军和全国人民发出"坚决打赢疫情防控的人民战争、总体战、阻击战"[1]的战"疫"强音。同时，疫情也给大学生思想政治教育带来严峻挑战。党的十八届五中全会审议通过的《中华人民共和国国民经济和社会发展第十三个五年规划纲要》提出"实现发展目标，破解发展难题，厚植发展优势，必须牢固树立和贯彻落实创新、协调、绿色、开放、共享的新发展理念"[2]。2020年是全面建成小康社会和"十三五"规划的收官之年，面对重大疫情的猛烈袭击，大学生思想政治教育应牢牢抓住疫情防控的特殊形势，坚持用新发展理念发挥准力，转危为机，做到防控与育人有机结合，进而推动大学生思想政治教育的新发展。

一、重大疫情背景下创新发展理念激活思想政治教育的创新动力

创新是发展的核心要素，是引领发展的第一动力。在重大疫情防控期间，大学生思想政治教育存在着育人理念、方式方法、内容途径等方面缺乏创

[①] 张栩晨（1996—），男，湖北黄冈人，华中师范大学化学学院辅导员，主要研究方向为高校思想政治教育、大学文化。
武双欣（1993—），女，河北保定人，华中师范大学化学学院辅导员，主要研究方向为高校思想政治教育、大学生党建。

新、发展动力不足的问题,亟待通过转变思维、创新理念,做到"因事而化、因时而进、因势而新"[3],寻求创新发展的思想引擎和精神动力,进而实现自身的纵深发展。

(一)创新思想政治教育理念

理念是行动的先导,疫情期间创新大学生思想政治教育理念,应当关注国内外疫情发展情况,学习贯彻习近平总书记关于疫情防控工作的讲话精神,改变墨守成规的传统思维方式,主动适应疫情防控的各项要求。首先,在做好线上线下教育工作统筹推进时,要树立"以生为本"的教育理念,立足学生的生命安全和身体健康,认识疫情之下大学生的发展诉求,帮助学生勇敢面对眼前的困难与挑战。其次,在进行思想政治教育时,要围绕"立德树人"的根本任务,将其作为疫情期间线上思政教育的价值导向,引导大学生在面对重大疫情时,高擎理想信念的旗帜,做到"明大德、守公德、严私德"。最后,在面对重大疫情时,要增强"三全育人"的教育理念,遵循疫情防控大局,把握学生认知规律,实现疫情期间育人工作无不尽责、无时不有、无处不在,最大限度提高育人成效。

(二)创新思想政治教育方法

在方法创新实践中,教育工作者应当充分结合当前疫情防控的实际情况、当下青年大学生的思想状况和个性特点,着力于从传统线下灌输式教学模式转变为重大疫情背景下线上引导型教育,完成教育方法的创新。首先,要充分认识疫情影响下的大学生思想状况。大部分学生在面对疫情时依然能够保持良好心态和乐观精神,而少部分学生却深受外在环境影响,缺乏科学理性思考,出现了认知偏差。其次,要尊重学生的个性化特点。思想政治教育方法要尽可能满足学生的个体需求,精准掌握每位学生的思想和行为特点,并根据学生的合理需求,有针对性地开展分层分级分类的教育、管理、服务和指导。[4]最后,要注重拓宽思想政治教育的有效载体。疫情期间,大学生思想政治教育应当适应新形势,探索新媒介,通过微信、微博、抖音等新媒体手段开展线上思政课、校园文化活动、谈心谈话等,提高思想政治教育的覆盖面与效率。

(三)创新思想政治教育内容

思想政治教育学科自建立以来,就不断吸收时代发展的新内容、新资源。

抗击新冠肺炎疫情本身就是一本内容复杂、分量沉重的活教材。要抓住疫情防控工作中的生动素材、典型案例,把准科学防控与育人的结合点、切入点,科学创新大学生思想政治教育的内容。[5]首先,要将理论学习与国情世情相结合,在突如其来的疫情中开展有目的、有计划、有组织的理想信念教育、社会责任感教育、生命健康教育、科学精神教育。其次,要将理论学习与学生需求相结合,在强化人文关怀的基础上,注重了解学生现状,运用各种网络平台传播相关知识,满足学生对防控知识、防护措施等方面的生存需要和安全需求。最后,要将理论学习与宣传工作相结合,充分认清当前的世界形势,明确国家总体格局,利用疫情的经验教训,引导大学生明确个人价值实现的目标定位,树立引领时代发展的价值导向。

二、重大疫情背景下协调发展理念促进思想政治教育的协同共进

协调是持续健康发展的内在要求,协调发展注重的是解决发展不平衡的问题。习近平总书记强调:"协调既是发展手段又是发展目标,同时还是评价发展的标准和尺度","是发展两点论和重点论的统一","是发展平衡和不平衡的统一","是发展短板和潜力的统一"。[6]在重大疫情时期,大学生思想政治教育作为人才培养的重要一环,要充分发挥协调发展的作用,实现各环节协同作用,各方力量、各方资源鼎力配合。当前,在应对疫情期间,大学生思想政治教育存在着长效机制、主渠道与微循环、学校与社会教育等方面缺乏协调的问题,亟待通过整合资源、协同共进推动平衡发展。

(一)协调思想政治教育机制

思想政治教育机制的协调发展是一个复杂的系统工程,它指的是思想政治教育协调发展的内在机理和内在过程。在重大疫情防控时期,思想政治教育工作体系需要健康、良性的协调运行机制。首先,要构建"合作共赢"的育人机制,充分运用线上平台,将各类教育资源、教育手段统一于协调发展的共同目标,积极整合线上资源,使各类资源融合高效利用,实现优势互补。其次,要统筹推进"十大育人体系",形成"课程育人、科研育人、实践育人、文化育人、网络育人、心理育人、管理育人、服务育人、资助育人、组织育人"的长效机制,全面了解学生在疫情期间的各项诉求,尽可能为学生提供有效的帮助。最后,要探索"反馈分析"的总结机制,反馈分析是承前启后的关键步骤,既能

对当前思想政治教育进行总结和反思,又能为下一步开展新的教育提供经验和思路。

(二)协调思政课与其他各类课程

习近平总书记在高校思想政治工作会议上指出:"要用好课堂教学这个主渠道,思想政治理论课要坚持在改进中加强,提升思想政治教育亲和力和针对性,满足学生成长发展需求和期待,其他各门课都要守好一段渠、种好责任田,使各类课程与思想政治理论课同向同行,形成协同效应。"[7]首先,要提升教育工作者的协同作用,大学生思想政治教育不仅是思政课教师和辅导员的工作,也是任课教师的职责。教育工作者应将教书与育人相结合,在传授专业知识的同时,帮助大学生树立正确的价值观念。其次,要发挥思政课的主渠道作用,融合当前疫情大考所产生的思政教育素材,总结实践经验,将其升华为思政课的主题内容,把思想政治教育专业学习融入学生生活。最后,要发挥其他各类课程的思想政治教育功能,思政课教师应加强与其他课程教师的密切配合,实现教学内容和教学方法的贯通融合,共同促进疫情期间学生思想政治教育水平的提高。

(三)协调思想政治教育与社会实践教育

社会实践教育是大学生思想政治教育的重要载体和关键环节。在疫情防控时期,大学生在保证自身健康安全的前提下,应将学校学习与社会实践相结合,在实践中锤炼本领,服务社会。首先,要提升大学生参与社会实践的频率。大学生思想政治教育应融通理论与实践,大学生通过参与社会实践,能够更好地了解国情世情,加深对理论的体悟,提升对社会的认知。其次,要将理论学习成果运用于社会实践。疫情当前,大学生无论是下沉社区,还是坚守网络战线,都应充分运用理论知识解决实际问题,拓宽自身视野,磨砺坚强意志,做到"行知合一"。最后,要善于在社会实践中总结,在实践中提炼新的理论成果,并将其与马克思主义中国化理论成果相结合,推进思想政治教育学科理论创新,进一步探索形成理论与实践相互促进、共同发展的新格局。

三、重大疫情背景下绿色发展理念打造思想政治教育的绿色生态

绿色是发展的底色,绿色发展是可持续发展的必要条件,注重的是解决人与自然和谐的问题。恩格斯曾言:"人本身是自然界的产物,是在自己所处

的环境中并且和这个环境一起发展起来的"[8]。当前,大学生思想政治教育仍存在着生态文明教育缺失的情况,在疫情之下,亟待树立大学生绿色生态意识,引导其养成"人与自然和谐共生"的科学理念,进而推动思想政治教育的可持续发展。

(一)培养学生的生态文明意识

从生态学角度看,新冠肺炎等传染病发生原因可追溯到对自然界敬畏精神的缺失、生态失衡、气候变暖、环境污染和生物多样性减少等。正是在这样的背景下,大学生思想政治教育必须坚持绿色发展理念,不断增加生态内容,帮助学生树立"尊重自然、顺应自然、保护自然"的绿色生态意识。一是要把生态文明教育纳入思想政治教育体系之中,不断在教育过程中融入生态文明内容,涵盖必要的生态科学知识和理论、生态道德素养、绿色生态方式等。二是要提高学生的生态文明素养。此次疫情本身就是最好的生态文明教材,思想政治教育应当利用好疫情经验,将生态文明意识根植于心,引导大学生养成节约资源、保护环境的习惯,以关注民生、关怀社会的责任感和更加健全的人格投身美丽中国的建设事业之中。

(二)构建校园绿色生态环境

在疫情背景下,高校是传播知识、宣传战疫正能量、推动文明进步的主战场,大学生思想政治教育应当以科学的理论为抓手,结合大学生的思想、心理、认知规律等因素,用绿色发展理念引领构建"绿色环境"。一是要构建绿色校园文化。校园文化熏陶和滋养着学生,要借助校园人文环境和自然环境的培育,实现战疫精神和校园精神的有机结合,引导大学生树立艰苦卓绝的奋斗意识,使其具有健康向上、尊重自然、崇尚科学的"绿色精神"。二是要实现绿色管理。所谓绿色管理,即思想政治教育应遵循学生身心发展规律,秉持"公平、公正、公开"的原则,建立高效、和谐、健康的绿色管理体系,以学生需求为导向,主动应对和适应当前网络条件下思想政治教育的变化和挑战,抓好顶层设计,引领正确方向,提高管理服务效能,做到精准育人。

四、重大疫情背景下开放发展理念拓宽思想政治教育的教育视野

开放发展注重的是解决发展内外联动问题,它是新发展理念的重要内涵之一,是国家繁荣发展的必由之路。疫情期间,网络传播过程中很多消极信

息和思想影响着学生,教育进程中思想固化、视野狭隘等弊端阻碍着学生的发展。面对当前的新环境和新挑战,亟须在教育理念、内容和方法等方面发生转变。因此,大学生思想政治教育需要以开放发展的理念适应和面对当前因疫情所产生的诸多变化,深化与外界的联系,拓宽育人的整体视野。

(一)开放思想政治教育网络渠道

习近平总书记指出:"要运用新媒体新技术使工作活起来,推动思想政治工作传统优势同信息技术高度融合,增强时代感和吸引力。"[9]青年大学生对于各种新兴的网络传播手段接纳程度较高,受网络上各种文化思想的影响较大,尤其在疫情期间,大学生时常通过网络了解国内外疫情形势,但在网络传播过程中,很多疫情信息内容虚假、想法片面、态度消极,导致大学生及其家人深受其害。因此,高校应与相关信息管理部门展开合作,加强对网络的监控和管理,消除一些消极、反动信息,及时发现大学生网民中存在的思想问题,通过网络回应学生最关注的问题,引导学生理性思考,阻断错误信息的传播。同时,大学生思想政治教育要积极利用网络开放性的特点,打造网络育人阵地,结合疫情大考素材,开展互动式、体验式、实践式的教育模式创新,借助直播微课堂、慕课、翻转课堂、微助教、微信公众号等新颖的网络育人手段,拓宽思想政治教育在疫情期间的教育领域和活动空间。

(二)开放思想政治教育校内外交流视野

马克思主义唯物辩证法认为,任何事物都是普遍性和特殊性的统一体。由于在层次、文化、专长、地区等多方面存在差异,每所大学甚至每个专业在思想政治教育方面都拥有自己的特点。疫情期间,只有通过校内、校际的开放交流,加强与社会的联系,才能把握疫情背景下大学生的思想状态,促进思想政治教育整体发展。首先,要促进校内思想政治教育工作者之间的开放交流,通过举办辅导员经验沙龙、思想政治理论课教学研讨会、专业课程教师与思政课教师交流会等方式,增加思想政治教育工作者之间的交流频次,创造良好的氛围和条件。其次,要搭建校际思想政治教育工作者间的交流平台,通过开展互帮互助结对行动、思想政治教育职业能力竞赛、专家主题讲座、空中座谈会等方式,将开放发展理念落到实处,推动大学生思想政治教育的发展。最后,要深化与社会的联系,疫情当前,应当充分运用战疫感人故事,提炼理论成果,积极把教育成果转化为大学生的外在行为,广泛宣传战疫正能量,引领社会正向发展。

(三)开放思想政治教育国际全球化视野

"开放是与世界互联互动、互学互鉴的共同事业,既要有着眼全局的战略擘画,更须兼具'构建广泛的利益共同体'的国际视野。"[10]在全球疫情快速蔓延的紧要关头,大学生思想政治教育应当加强对外开放,挖掘他国抗疫的经验,吸收与借鉴国外优质资源。一是要以审慎的态度对待国外教育资源。思想政治教育的开放交流必然带来文化、思想的碰撞,尤其在疫情背景下,大学生的思想观念将更加多元化,各种西方思潮也会趁机传播,这对我国意识形态领域的工作带来极大挑战。因此,疫情期间的大学生思想政治教育既要加强对外开放交流,又要严把入口关,保持高度的政治警惕性。二是要借鉴国外的优秀资源,培养大学生的全球意识,在强调爱国主义、民族精神的同时,引导大学生以更加全球化的视野,增强国际交流,积极学习和借鉴不同文化的优秀成果,勇于在国际发声,讲好中国战疫故事,坚定理想信念。

五、重大疫情背景下共享发展理念明确思想政治教育的发展指向

共享发展理念注重的是解决社会公平正义问题,它要求"必须坚持发展为了人民、发展依靠人民、发展成果由人民共享,作出更有效的制度安排,使全体人民在共建共享发展中有更多获得感,增强发展动力,增进人民团结,朝着共同富裕方向稳步前进"[11]。此次疫情正是人人参与、人人尽力的一次大考,在这场大考中,全国各族人民团结一心,共克时艰,共享战疫成果。大学生思想政治教育在此时期应关注学生发展,解决学生的实际问题,坚持资源平等共享,指明学科未来发展方向。

(一)共享促进学生多元发展

大学生思想政治教育归根到底是解决"为谁培养人,培养什么人,怎样培养人"的根本问题,因此,必须始终坚持"以人为本"的教育理念。大学生思想政治教育贯彻共享发展理念,也必须坚持发展为了学生、发展依靠学生、发展成果由学生共享。首先,要充分尊重学生个性和主体性。疫情期间开展线上教学正是改变传统课堂教学的良好契机,在网络授课的过程中,应不断发掘学生兴趣和潜能,满足学生的合理需求,同时充分调动学生的积极性,增加学生的课堂参与率,发挥学生的主体性。其次,要坚持学生全面发展与个性发

展相结合。共享理念下的思想政治教育应当尊重差异,鼓励多元发展,在全面发展的大趋势下,增强因材施教的教育意识,重视学生个性发展。最后,要加强学生共建发展。在线上思想政治教育过程中,学生既是客体也是主体,应当突出共享共建的发展理念,引导学生发挥自我教育、自我管理、自我服务、自我监督的作用,切实调动其成才内需,激发其时间的能动性,提高实践的自觉性。

(二)共享发展理念指引思想政治教育发展

疫情防控为大学生思想政治教育提出了新要求,也是提升大学生思想政治教育时效性的重要契机,为大学生思想政治教育指明了前进道路。此次疫情防控成效充分显示出了中国共产党领导和中国特色社会主义制度的显著优势,大学生思想政治教育要以马克思主义、毛泽东思想和中国特色社会主义理论体系为指导,立足我国社会实践,不断完善思想政治教育发展新思路,以共享为重要发展目标,为党和国家培养德智体美劳全面发展的社会主义建设者和接班人。此外,大学生思想政治教育要在共享发展理念的指引下,通过有目的、有计划、有组织的防疫教育和战疫实践活动,提高大学生面对重大危机事件的政治理论素养和思想道德水平,并使大学生在受教育的过程中进一步接受和认同我国主流意识形态文化和思想观念,使大学生在疫情大考中有更多的精神获得感。

注释

[1]分析新冠肺炎疫情形势研究加强防控工作[N].人民日报,2020-02-13(01).

[2][11]中华人民共和国国民经济和社会发展第十三个五年规划纲要[M].北京:人民出版社,2016:14,15.

[3][7][9]张烁.把思想政治工作贯穿教育教学全过程 开创我国高等教育事业发展新局面[N].人民日报,2016-12-09(01).

[4]杜斌.新发展理念下高校思想政治工作的新思考[J].新西部,2019(32):125—127.

[5]孙楚航,许克松.重大疫情防控工作中大学生思想政治教育功能与实践路向[J].思想理论教育,2020(3):97—101.

[6]习近平.在省部级主要领导干部学习贯彻党的十八届五中全会精神专题研讨班上的讲话[N].人民日报,2016-05-10(02).

[8]恩格斯.反杜林论[M].北京:人民出版社,2018:36.
[10]中国发展新理念[M].北京:新华出版社,2015:144—145.

[本文在2021年度"成渝地区双城经济圈建设与青少年发展"征文活动中获三等奖;本文系教育部高校思想政治工作创新发展中心(华中师范大学)2020年度课题项目(课题编号:ZZYR202127)的阶段性研究成果]

抗击新冠肺炎疫情中"90后"青年"标签"变革研究

速清杰[①]

(云南大学)

摘要:每个时代的青年都被印上了一些特定的标签。"80年"后曾经被大众称为"迷惘的一代","90后"则被称为"垮掉的一代","00后"则被称为"颓废的一代"。然而,在新冠肺炎疫情中我们却看到了大量与这些标签不符的新形象。"90后"的警察、护士、社区工作者、大学生志愿者、"外卖小哥"等都争当逆行者,在疫情防控这场人民战争中做出了自己的贡献。肇始于"垮掉的一代",终结于"最美逆行者","90后"青年的标签在抗击新冠肺炎疫情中已然发生变革。

关键词:标签;逆行者;新冠肺炎疫情

引言

不知道为什么,这个社会就是这样,每一代人都喜欢给下一代人贴上标签。"80后"称"90后"为"垮掉的一代","90后"则称"00后"为"颓废的一代"。这种的现象反映了社会的一种偏见。笔者认为,每一代人都有自己的成长环境,我们不能全盘否定任何一代人。正如卢勒谈到的:"什么样的教育就会产生什么样的孩子,我们不能离开社会和家庭的因素来评价'90后',应该客观看待在一部分青少年中存在的信仰缺失、爱心缺失的现象。"[1]我们应当以一种综合的角度来评价"90后"青年,只有这样才能对"90后"青年做出客观的评价。

"己亥年末,庚子初春,楚地大疫,时震天下。"这场突如其来的新冠肺炎疫情让原本热闹非凡的春节陷入了寂静。在中国共产党的领导下,全国人民团结一致,共同抗击新冠肺炎疫情。其中就有这样一群人,他们曾被称为"垮掉的一代",但在这次疫情中,他们踊跃地投入到抗击疫情的行动中去,他们

---

① 速清杰(1995—),男,重庆丰都人,云南大学2023届硕士研究生,主要研究方向为公共政策。

就是新时代下的"90后"青年。虽然他们来自各行各业,有医护人员,有人民警察,有大学生,有社区工作者,有"外卖小哥"……,但是他们都有共同的信念,他们都想为我国抗击新冠肺炎疫情奉献自己的一分力量。他们用实际行动诠释着当代青年的真正的品格,他们也用实际行动向人民宣告:我们是"最美逆行者",而不是"垮掉的一代"。

习近平总书记在纪念五四运动100周年大会上说道:"青年是整个社会力量中最积极、最有生气的力量,国家的希望在青年,民族的未来在青年。"在抗击新冠肺炎疫情的行动中,青年群体彰显了自己生气勃勃的青春力量、对自我清晰的认知和对伟大祖国深厚的情感。"90后"青年已经在抗击疫情的行动中为自己正名。

一、老标签:"垮掉的一代"

每个年代的人都有过"标签化"的称呼。这些"标签"通常是年龄更大的群体根据自己的人生经历并结合年龄小的群体的一些特征做出的主观评价。谈及"90后","非主流""佛系""任性""娇气"等标签总是不可避免地印入人们的脑海中。此外,"90后"这一代人也被称为"垮掉的一代"。这些"标签化"的评价体现了人们对于"90后"群体"怒其不争"的焦虑感,也表达了人们对"90后"群体的担忧和关怀。"90后"青年很多的习惯与现代社会的主流文化不相符合,比如喜欢以不同寻常视角的拍照、有着与众不同的穿衣风格等,这些都体现了"90后"群体的"非主流"特征。"90后"青年的任性则体现在对物质消费的沉迷,曾经出现过为了买一个苹果手机卖肾的行为,这种为了物质消费而"献身"的行为让人感到震惊。"90后"青年同时也是伴随互联网发展成长起来的一代。在互联网环境下,他们"佛系"惯了,不出门交友,通过互联网进行交流,一大批"宅男""宅女"开始出现。

虽然"90后"被称为"垮掉的一代",但他们有着一腔热血,在大义面前仍不失风范。"90后"这一代成长于中国走向繁荣富强的历程中,他们经历过2003年的"非典",2008年的雪灾、汶川大地震和北京奥运会,见证了中华人民共和国成立50周年、60周年和70周年的历史时刻。在这一系列的事件中,他们早已把自己命运融入到祖国的命运中。这次新冠肺炎疫情,让世人看到了"90后"青年的新面貌,当责任降临到他们身上的时候,他们义无反顾,挺身而出,用自己的实际行动,表明了"90后"青年乐观向上、勇于担当的态度。

二、新标签:"最美逆行者"

根据资料显示,此次疫情防控工作中,有一半的医务工作者是"90后""00后"群体,此外还有一大批"90后"奋战在社区、机场、火车站等抗击疫情的第一线。他们展现出了无畏担当、舍我其谁的风采,他们都是"最美逆行者"。

(一)"90后"青年正在发生蜕变的原因

在这次疫情中,"90后"以实际行动展现了当代青年的责任和担当,让人们看到了他们的蜕变。之所以发生如此的变化,具体来说有以下几个方面的原因:第一,人面对危机的本能反应;第二,中华民族优秀传统文化的熏陶;第三,爱国主义教育的成功。如果说人的本能反应只是人性,那么文化和教育影响则是"90后"青年在面对新冠肺炎疫情时做出理性选择的决定因素。

1.人面对危机的本能反应

著名的心理学家让·皮亚杰认为人在儿童时期的某个阶段会以自我为中心,会把自我看得十分重要,之后在成长中将经历一个"去中心化"过程。在"去中心化"过程中会形成极强的自我保护意识。在面对突发的公共事件时,尤其是个体感到这些公共事件将会危及自己时,这种本能的自我保护意识就会出现。新冠病毒肆虐,新冠肺炎疫情蔓延,给全社会带来深重的危机。在面对疫情时,"90后"青年出于本能反应,深知不能坐以待毙,别无选择,也没有退路,只有"应战出征""逆行而上",赢得这场疫情的全面胜利是新时代青年应担负起的责任。[2]处在危难之中时,"90后"青年对自己的责任更加明确,更容易发生本能反应,做出本能的选择。因而,在这次疫情中,我们看到许多"90后"青年医护人员、青年学者、青年社区工作者、大学生志愿者等奋战在抗击疫情的第一线,挥洒着自己的青春力量。

2.中华民族优秀传统文化的熏陶

习近平总书记在文艺工作座谈会重要讲话中指出:"中华优秀传统文化是中华民族的精神命脉,是涵养社会主义核心价值观的重要源泉,也是我们在世界文化激荡中站稳脚跟的坚实根基。"[3]中华民族传统文化源远流长,它影响着一代又一代的中国人民,"90后"也同样受其熏陶。中华民族优秀传统文化根植在"90后"青年内心深处,其所蕴含的人文精神已融入"90后"的血液,为其提供精神滋养和行为指引。面对迅速蔓延的新冠肺炎疫情,"90后"青年挑起重担,或者勇赴抗疫一线,或者在其他岗位为抗疫做出自己的贡献。

他们用实际行动弘扬了中华民族优秀传统文化,将"大义为先""艰苦奋斗""以人为本""众志成城"等传统文化精神体现得淋漓尽致。

3.爱国主义教育的成功

爱国主义是千百年来巩固起来的人们对祖国的一种最自然、最朴素和最深厚的情感。[4]爱国主义教育是指让学生树立热爱祖国并为之献身的思想教育,是思想政治教育的重要内容。我国历来重视爱国主义教育,将爱国主义教育融入育人的目标,把爱国作为学校德育工作的核心内容。依托课堂教学的主渠道,将爱国主义精神贯穿于学校教育全过程,推动爱国主义教育进课堂、进教材、进头脑,培养学生的爱国主义情怀。爱国主义教育是一项系统工程。除了依托课堂教学主渠道,还开展专门的思想政治课、各类实践活动,发挥各类媒体传播作用、先进典型的引领作用、制度和法治的保障作用、各级领导的带动作用等,营造爱国主义教育的浓厚氛围,建立多元化的爱国主义机制。广大的"90后"青年在这样的教育体制下,把自己的命运和祖国的命运融为一体,在大灾大难面前势必要与祖国共同进退。

正因为广大"90后"青年受到中华民族优秀传统文化的熏陶以及良好的爱国主义教育,他们树立起了正确的人生态度。正如习近平总书记在给北京大学援鄂医疗队全体"90后"党员回信中指出:"在新冠肺炎疫情防控斗争中,你们青年人同在一线英勇奋战的广大疫情防控人员一道,不畏艰险、冲锋在前、舍生忘死,彰显了青春的蓬勃力量,交出了合格答卷。广大青年用行动证明,新时代的中国青年是好样的,是堪当大任的!"[5]

(二)"90后"青年在抗疫战役的责任心

"青年是时代责任的担当者。一代人担负一代人的责任,这是国家、民族发展的动力所在,也是历史得以延续的基础。青年是整个社会力量中最积极、最有生气的力量,在使命感的驱使下,凭借其创造力、想象力,成为国家、民族发展的主力,成为时代责任的担当者。"[6]当代青年在新冠肺炎疫情的危机中,用他们的实际行动表明了他们的责任心。

在这次抗疫战争中,涌现了许多"90后"的抗疫英雄。24岁的吕俊是工地上的运输车司机,他每天24小时,除了吃饭时间,就是忙着开车运土,累了就在车上短暂休息一下。他说这都是为了能够顺利完成"火神山医院"这所特殊医院的建设,这所医院建成后将用于容纳疑似和轻症患者,使他们得到很好的照顾,这样就缓解了定点医院的压力,从而阻止疫情的扩散,这是他的责任。[7]河南"90后"护士刘建行在面对汹涌而来的疫情时,第一时间请战:"护士长,不管是顶班还是外出采核酸我都能胜任,你一定第一时间考虑我,我是男护士,身体没问题,我保证完成任务。"朴实的话语彰显出他的责任感。[8]

还有许多"90后"青年,他们虽然没有工作在抗疫第一线,但也以自己的方式承担着自己的责任,贡献了自己的力量。有的"90后"青年响应国家的号召,不串门,不聚集,待在家中。有的"90后"青年在家中通过互联网,向群众传播抗疫知识。还有的"90后"青年主动申请成为社区志愿者,为自己所在社区的居民服务。成千上万的"90后"青年勇于奉献、恪尽职守、忘我工作,在抗疫战争中,谱写了一首首极具正能量的青春之歌。

(三)"90后"青年在抗疫战役中的担当精神

担当是中国精神的脊梁,是中华民族的优良品质,担当精神是我们伟大民族精神的重要元素,是当代青年对时代精神的最好诠释,成为推动社会进步的精神基因。[9]"90后"青年不再是没有担当的"垮掉的一代"。透过疫情这面"镜子",平凡的青年一代正在用自己的"一技之长"尽己所能地为他人撑起一片爱的晴空,他们的行为无不为当世所感,世人的感念说明了对新时代青年们有关责任担当方法方式的认同。[10]

2020年大年三十晚上,当我们正在家里和亲人团聚时,解放军经中央军委批准派出三支医疗队伍驰援武汉,他们参与了方舱医院、火神山医院、雷神山医院的救治工作。据统计,疫情期间有超过4000多名解放军医护人员参与救治和管理工作,他们大多数都是青年,而其中,很多都是"90后"青年。军人的担当就是保卫祖国和守护人民,他们"招之即来、来之能战",用实际行动守护着广大人民群众。青年应急人员由青年救援队和青年公安民警组成,他们忙碌于汽车站、火车站、机场、高速路口等公共场所,排查来往交通工具,切实保障了交通的正常运转。可以毫不夸张地说:"他们是'辛苦一个人,保卫一座城'。"青年应急人员的担当就是服务人民,他们所做的一切,都是为了广大人民群众在疫情期间能够正常生活。这场抗疫战役形势十分严峻,广大勇于担当、甘于奉献的"90后"青年,成为疫情防控中强有力的一股力量,他们在这个过程中成长、奋起,做着有意义的事情,用自己的实际行动向世人展现出"90后"青年的担当精神,书写出属于"90后"青年的抗"疫"青春。

三、未来的标签:"崛起的一代"

习近平总书记在党的十九大报告中指出:"青年兴则国家兴,青年强则国家强。青年一代有理想、有本领、有担当,国家就有前途,民族就有希望。"年龄最小的一批"90后"也已经21岁,他们许多还是大学生,即将毕业步入社会;而年龄最大的"90后"也已经跨过30岁这个坎了。"90后"青年大多已经步入职场,在社会上打拼多年了。根据资料显示:在文教传媒、金融和互联网行业,"90后"从业者占比均超过四成;在直播、二次元、宠物等热门领域,"90后"从业者均超50%;有超过七成的"90后"认为自己在团队里已经承担起重要作用。由此可见,在老年化越来越严重的中国,"90后"一代正在崛起,"90后"的社会价值也得到越来越多人的认可。"90后"这一代,必将创造出属于他们自己的辉煌。

在全国抗击新冠肺炎疫情的斗争中,以"90后"为代表的中国青年群体,同在一线奋战的广大疫情防控人员一道,不畏艰险、冲锋在前、舍生忘死、担当奉献,展现出新时代中国青年的精神风貌,彰显了蓬勃的青春力量。[11]"90后"充分展现了他们的责任心与担当精神,表达了自己对祖国深厚的情感。相信在不久的将来,他们会以此为基础,踏着前人探索的路,一步一步地成为社会的中流砥柱。新时代青年适逢其时,正赶上全面深化改革迎来中华民族伟大复兴光明前景的历史机遇。[12]抓住机遇,迎接挑战,"90后"的青年们能行。

历史会记录下"90后"青年们在疫情中的英勇表现,在新时代,"90后"青年们也必将摆脱旧标签,依托新标签,创造出属于"90后"青年们自己的未来标签。

注释

[1]卢勤."90后":被误读的青年一代[J].人民论坛,2011(19):30—31.

[2]谌雯洁,李红琼.武汉抗疫与新时代青年的责任与担当[J].学理论,2020(10):112—114.

[3]庄严.以高度的文化自信推动中华文化繁荣发展——学习习近平总书记关于中华优秀传统文化的重要论述[J].求是,2015(2):47—49.

[4]项红专.爱国主义教育育英才——近代南开学校爱国主义教育的成功实践[J].中

国德育,2020(3):33—36.

[5]习近平回信勉励北京大学援鄂医疗队全体"90后"党员 让青春在党和人民最需要的地方绽放绚丽之花[J].中国高教研究,2020(4):2.

[6]李娟,陈金龙.中国青年的责任和使命[N]. 光明日报,2019-05-07(11).

[7]赵宇飞,徐海波.中国"90后"在疫情面前展现责任担当[N].吉林日报,2020-01-29.

[8]王静,李丽.郑州市九院疫情防控:"90后"诠释责任与担当[EB/OL].中原经济网.https://www.zyjjw.cn/news/health/2021-08-23/695212.html.

[9]李运,鲁宽民.论抗疫战役中当代青年的历史责任与担当精神[J].赤峰学院学报(哲学社会科学版),2020(8):33—36.

[10]谌雯洁,李红琼.武汉抗疫与新时代青年的责任与担当[J].学理论,2020(10):112—114.

[11]王珑玲.全民抗疫行动与90后青年崛起[J].中国青年研究,2020(5):4.

[12]张滕.习近平新时代青年使命观的价值意蕴及践行路径[J].豫章师范学院学报,2020(5):1—5.

青年发展与共青团改革研究
——武隆区社会青年就业创业情况调查报告

林子琪[①]

摘要：共青团是党的助手和后备军,是党和政府联系青年的桥梁和纽带。推进共青团改革,是全面从严治党的一部分,是焕发共青团生机活力的重要举措。促进青年就业创业是当前共青团的重要工作之一,为了充分了解重庆市渝东南地区社会青年就业创业状况,寻求促进青年就业创业的有效途径与方法,通过对武隆区作为样本的社会青年就业创业情况加以分析,以期对重庆渝东南地区乃至非主城区社会青年就业创业情况做一个管中窥豹式的研究。

关键词：青年发展；共青团改革；社会青年；就业创业

促进青年就业创业是当前共青团的重要工作之一,为了充分了解重庆市渝东南地区社会青年就业创业状况,寻求促进青年就业创业的有效途径与方法,笔者借助暑期集中调研的时间到重庆市武隆区,深入一线、深入基层,采取召开座谈会、发放调查问卷、走访恳谈等形式,对武隆区的社会青年就业创业情况进行了摸底调查。笔者在团区委的大力支持下,在全区范围内对18—35周岁的无业失业青年进行了抽样调查。[②]本次调查采取问卷调查、个案调查和集体访谈相结合的方法,在全区范围内发放了问卷,在巷口镇、仙女山镇、石桥乡、浩口乡进行了实地访谈,在羊角、白马、鸭江3个镇召开座谈会。问卷内容涉及与青年生活和工作密切相关的11道题,共发放问卷200份,收回有效问卷187份,有效率达93.5%。其中男性129人,女性58人,男女青年分别占69%和31%。

一、基本情况

（一）文化水平偏低

统计数据显示：社会青年中小学学历14人,占7.5%；初中学历82人,占

[①] 林子琪(1983—),男,四川自贡人,重庆市团校办公室主任、政工师,主要研究方向为青少年宣传思想文化工作和校外教育、共青团史研究。
[②] 文中对调查对象统一采用"社会青年"这一称呼,专指本次受调查的待业、失业或暂无职业的青年。

43.9%；高中学历67人，占35.8%；大专学历24人，占12.8%。学历水平普遍不高，如果又没有一技之长，知识水平低就成了他们待业、失业的主要原因。

(二)单身者居多

受调查者中28周岁及以下的青年有118人，其中44人已婚，已婚者只占这个年龄段人数的37.3%，晚婚现象有增加趋势。28周岁以上的青年有69人，其中：10人未婚，占这个年龄段人数的14.5%；24人离异，占这个年龄段人数的34.8%。经调查了解，没有固定职业和收入来源是导致他们单身的重要原因。

(三)曾经从事的职业以体力劳动为主

从本次调查中发现：从事劳务类工作的青年人数最多，有64人，占34.2%；从事技术类工作的有47人，占25.1%；从事管理类工作的有14人，占7.5%；从事营销类工作的有15人，占8.0%；从事其他类工作的有47人，占25.1%。受调查者中只有14人从事过简单的管理工作，占比仅7.5%，其余92.5%的青年都是从事技术性或服务性的体力劳动。他们从事的职业相对简单，可替代性强，这正是他们经常处于失业、待业状态的原因。

(四)社会收入偏低

受调查青年中，每月收入在600元及以下的有30人，占16.0%；收入在601—1000元的有68人，占36.4%；收入在1001—1800元的有64人，占34.2%；收入在1801—3000元的有18人，占9.6%；收入在3000元以上的有7人，仅占3.7%。总的来看，月收入在1800元及以下的人数占比高达86.6%。收入状况普遍与学历和从事职业的类型相关，学历高或从事管理类职业的青年收入较高，月收入多数在1800元以上，而初中、高中学历且从事劳务工作的，月收入多在600—1800元之间。

(五)普遍没有生产技能

社会青年有驾驶证并从事过驾驶类工作的人有17人，都为男性；掌握一定计算机操作技能的有26人，其中男性为15人，女性为11人。调查显示，受调查者最熟悉的技术类型：男性主要是建筑、养殖、机械维修、木工电工等；女性为餐饮、纺织、美容美发、养殖等。除此之外，男性受调查者还有工艺制作、钻探、玻璃钢选材、水电安装、陶瓷制作等技术，个别女性受调查者还从事过手工制作、护理等工作。从统计中发现，男性青年懂技术的人多于女性，并且所掌握技术的种类也多于女性。

（六）对就业的预期不高

当被问到"认为自己当前能否找到能胜任的固定工作"的问题时：有47名男性受调查者认为能找到固定工作，占男性受调查者总数的36.4%；女性受调查者有26人认为能找到固定工作，占女性受调查者的44.8%。经过分析，笔者认为女性较多从事服务业和不片面追求高工资是女性再就业预期高于男性的主要原因。

（七）多数参加过培训

对社会青年参加培训情况的调查发现，参加过培训的人数为170人，占比达90.9%，仅有17人未参加过培训，占比为9.1%。这说明我国当前各种机构组织的培训覆盖面已经很广，这与近几年来各级各部门对培训工作高度重视密不可分。参加过培训的受调查者中：曾就读于职业技术学校的有67人，占比为35.8%；参加公司内部培训的有70人，占比为37.4%；参加乡镇社区组织的培训的有33人，占比为17.6%。从这些数据可以看出社区培训，特别是市民自组织的社区培训还比较少。青年参加培训的收费情况为：全额收费41人，部分收费56人，免费培训73人。参加免费培训的人数最多，说明国家在培训上的投入逐步加大，同时也说明社会经济活动进一步规范，企业愿意投入一定资金培训更加专业的从业人员。当然，这也说明了人们对社会青年的培训越来越重视，培训也成为促进其就业创业的主要手段。

（八）多数青年愿意参加短期培训且期望参加的培训专业多元化

在回答"如果有免费培训的机会，你愿意参加培训吗？"有150人表示愿意参加培训，说明多数社会青年认识到了自身素质和社会需要的差距，愿意提升自己。在希望参加的培训时间方面，时间为1个月的有65人，时间为3个月的有45人，时间为1年的有40人。大多数青年希望参加中短期培训（1个月左右），这与他们的生活状况不佳、收入水平偏低有直接关系。他们普遍希望尽快通过培训获得谋生的手段，找到较好的工作，解决自己和家人的生计问题。在期望参加的培训专业方面，希望参加营销培训的有25人，希望参加驾驶培训的有15人，希望参加养殖培训的有13人，希望参加管理培训的有11人，其他为电焊、电脑、汽车维修、美容美发、厨师、服装加工等培训专业。在社会多元化、市场需求多元化的今天，培训需求千差万别很符合实际。

(九)创业积极性很高

调查中,有超过一半的人表示想自己创业,其中男性77人,女性31人,男性、女性自主创业的意识都比较强。据有关资料显示,如果中国实现像发达国家一样平均每20—30人就拥有一个小企业的水平(目前中国大约每60人拥有一个企业),中国的就业总量将增加1倍以上。因此,创业越来越成为解决就业的有效途径,对于有着青春和活力的青年来说尤其应该如此。调查结果表明,有自己创业想法的受调查青年占57.8,其中,学历高的青年大多有创业的想法,30岁及以上青年的创业愿望和30岁以下青年的创业愿望相比显著下降,可见创业愿望与学历和年龄显著相关。

在选择创业方向上:男性选择养殖业的有13人,其余家电、餐饮、美容美发、医药等行业较多;女性较多选择服装、美容美发、养殖、餐饮、园艺、汽车美容等行业。这说明社会青年选择自己熟悉的和有一定技术基础的职业作为自己创业方向的倾向明显,创业计划比较理性。

在回答"创业需要哪些帮助"的问题中,表示需要资金帮助的有124人,需要技术培训的有95人,需要市场信息的有71人。这说明资金、技术和信息仍是制约青年创业的最大瓶颈。

(十)参加集体活动不多

调查问卷设计有唯一一个开放性问题,即"社会青年业余生活和个人爱好状况"。调查结果显示:男性喜欢上网、驾驶、棋牌、体育运动、看书的人占大多数;女性表示喜欢上网、唱歌、跳舞、看书、体育运动的占大多数。平时参加过团组织和其他青年组织活动的有51人,其中男性31人,占受调查男性的24%,女性20人,占受调查女性的34.5%。参加集体活动的人数总体偏少,多数倾向于独自或与个别好友一起娱乐,女性比男性参加团体活动的意愿略强。这从一个侧面说明社会青年的社会资源比较薄弱,自己也没有太多机会或没有意愿和能力去改善自己的社会资源[①]状况。

二、青年就业与创业存在的主要问题

从前面的调查数据,我们可以进一步分析出社会青年就业创业面临的主

[①] 广义上讲,社会资源是指一个社会在其运行、发展进程中,以及生活在这个社会中的人们在其活动中为了实现自身目的所需要具备或可资利用的一切条件。狭义上讲,社会资源是指人的社会网络和他通过直接或间接接触能动员的资源的总体。本处使用狭义内涵。

要问题,其主要体现在以下三个方面:

(一)自身素质制约社会青年就业

社会青年普遍学历水平不高,文化知识缺乏,职业技能不强,工作经验不足,总体素质比较低,是青年群体中的弱势群体。虽然他们的就业愿望比较强烈,但可胜任的就业岗位有限,就业机会不多,因而他们收入水平普遍不高,或没有较为稳定的收入来源,生活状况不尽如人意。另外,部分有较高创业愿望的社会青年并不真正具备创业的能力,而是进一步暴露出由于自己没有较好的谋生手段,找不到固定的工作,所以寄希望于自主创业的无奈心理。对这部分社会青年,应更加重视对他们的技能培训和就业引导。

(二)社会关注度还不够高

社会青年工作流动性很大,劳动权益往往得不到很好的保护。一方面是社会青年自身法治观念不强,对国家政策法规缺乏了解,不能及时地用法律来维护自身的权益;另一方面,相比对国有企业下岗失业人员群体的关注,目前全社会对社会青年这类群体的失业问题的重视还很不够。对社会青年就业创业的帮助还基本停留在提供单纯培训的范畴,对培训后的就业创业指导,对就业后的长期关注,以及对发生劳资纠纷等问题后的社会救助,都还没有成形的机制,也没有明确的职能部门或代言机构为社会青年提供便捷的服务。因此,总体来看,对社会青年就业创业的服务还很不到位。

(三)政策和资金支持不够

社会青年自身的社会资源并不丰富,国家对他们就业创业也没有专门的政策和资金扶持,这一群体的就业创业环境有待进一步优化。目前各管理机构的力量没有得到有效整合,社会青年失业救助、就业扶持、社会保障、技能培训和创业指导等工作的协调配合机制不够完善,要么出现"大家呐喊,没人兑现"的情况,要么出现大家都在做容易做的工作,真正为青年排忧解难的攻坚项目没人接手。比如,现在还只有共青团联合多家银行为青年提供的小额贷款项目,出台正式的政策性文件为青年提供创业启动资金的工作比较滞后,总体上没有形成资金支持青年创业的规模和社会氛围。

三、促进社会青年就业创业的政策建议

(一)技能培训和创业指导需要升级

从这次调查中可以看出,虽然社会青年整体受教育程度不太高,但达到初中及以上文化程度的人数占到93%,他们接受技能培训和吸收实用知识不是什么问题。通过对他们开展技能培训,提高他们的科学文化素质和运用技术的能力,同时也能够使他们的劳动力升值,从根本上提高社会青年就业创业的实力。给社会青年做培训,让他们真正获得实惠,为他们成为未来新型技工的主力打下坚实的基础。除了技能培训,还可以开展日益受到青年们青睐的创业指导培训。在鸭江镇的座谈会上,两名受过SYB(创办你的企业)创业培训的农村青年在谈到创业培训时深有感触,他们认为自己通过培训,不仅学习了与创业相关的专业知识,而且还受到人生启迪,开阔了自己的创业思路,很多想不透的东西都豁然开朗了。然而,在受调查的187名社会青年中,也只有他们两人参加过SYB创业指导培训。这说明,对社会青年的技能培训和创业指导需要不断地升级,用更多有实用价值的培训项目去吸引青年,不断扩大培训的覆盖面。

(二)对社会青年自主创业给予有力的扶持

改革开放后成长起来的青年已不同于过去保守的青年,他们的思想受新时代的影响和召唤,萌发着创业的冲动和进取的欲望,他们不再有那种"小富即安、小进则满"的思想观念。当代青年不仅有很强的创业意识,而且有较强的自信心,表现出积极、乐观、向上的生活态度。调研中发现,社会青年在自主创业的过程中,资金是最大的瓶颈,仅靠社会青年自己的努力很难解决。经营管理能力不够、信息闭塞、法律知识贫乏、缺少接受教育和培训的机会等也阻碍他们创业计划的实施。因此,需要政府及相关机构为社会青年创业提供有效的支持,出台更多优惠政策、提供有效运作的贷款、发布真实及时的市场信息、创造更多在职教育和培训的机会,以及传授给他们更多实用的科技知识。政府和相关机构作为一种有效的力量,应组织社会青年闯荡市场、抵御风险,为其创业保驾护航。

(三)开展丰富多彩的集体文化活动

农村文化基础设施建设还比较滞后,农民精神文化生活比较单调。乡镇

文化站由于面积狭小、设施陈旧落后、活动器材和设备奇缺,无法开展相应的文化活动,服务能力很弱。青年正处于渴求知识和社交的年龄。集体文化活动有利于增加青年的社会资源。通过组织青年参加文化活动和文娱活动,可以使他们在良好的社会网络中共享信息,从而促进他们的就业创业。同时,青年在参加文化、科学知识学习,农业技术培训,体育比赛和唱歌、跳舞等文娱活动过程中容易形成较为稳固的青年自组织,公共管理机构通过对青年自组织的有效指导,有利于形成促进青年就业创业的长效机制。

(四)团组织应当发挥更积极的作用

本次对社会青年的调查数据显示,仅有27.2%的社会青年参加过团组织和其他青年组织的活动。由此可见,发挥团组织在社会青年中的影响力,提高团组织在社会青年中的凝聚力、号召力已刻不容缓。首先,要加强团的基层干部队伍建设。不断优化团干队伍,吸纳青年中热爱共青团工作,能广泛联系群众,有一定科技文化水平,有较强市场意识的能人到团的工作岗位上来,通过他们自身的先进行动,去影响、引导、带领社会青年勤劳致富。其次,要活跃团的基层工作。团组织要努力促进青年教育文化生活阵地建设,推动图书室、阅览室的兴建、兴办。组建各种读书协会、农业科技协会、法律协会等群众性社团组织,引导社会青年农民学习科技文化和法律知识。塑造健康向上的文化氛围,丰富社会青年的业余生活,增进社会青年之间的友谊和联系,展示社会青年富有时代特性和拼搏进取的精神风貌,激发他们创造美好生活的热情。再次,帮助社会青年自主创业。基层团组织应该积极地为社会青年的创业活动穿针引线、铺路搭桥,及时为青年人排忧解难。将青年自身的价值追求与利益追求融入科技培训中,让社会青年在依靠科技、依靠团组织中实现自身价值,获得良好社会效益,重振团组织在青年人心中的形象和地位。最后,树立就业创业成功典型。要在青年中抓典型,树榜样,不断增强社会青年就业创业的信心和追求美好生活的希望。

通过本次调研工作,笔者更加深刻地认识到,共青团组织,特别是基层团组织有这样的义务和历史使命:应该更加紧密地与青年联系在一起,从党的现行政策出发,立足于当地资源,积极引导和促进农村青年就业创业,使他们逐步走上成才致富的道路。

大学生主题教育活动的思想政治教育功能发挥研究

陈立平　叶　得[①]

摘要：主题教育活动是拓展大学生思想政治教育的有效途径，具有引导大学生的价值观念、激发大学生的创新思维、促进大学生的全面发展的思想政治教育功能。由于社会不良风气的冲击、思政工作队伍的不足、大学生逆反心理等因素的影响，其功能的发挥受到一定阻碍。牢固主题教育活动的初心、强化思政工作队伍的建设以及提高学生自我参与的意识是促进大学生主题教育活动思想政治教育功能更好地发挥的有效举措。

关键词：大学生；主题教育活动；思想政治教育功能

随着时代的变迁和社会的快速发展，大学生思想政治教育形势复杂多变，为了在遵循大学生成长规律的基础上更好地进行思想政治教育，主题教育活动的模式应运而生。主题教育活动强调教育主体以一种主题鲜明、形式直观、内容具体的实践活动方式，组织大学生参与其中，通过他们亲身感受、接受熏陶、升华思想的方式，达到提高其某一个或几个方面思想政治素质的目的。[1]它是思想政治教育的重要活动形式，在大学生思想政治教育中发挥着重要作用。2004年中共中央、国务院在《关于进一步加强和改进大学生思想政治教育的意见》中强调拓展新形势下大学生思想政治教育的有效途径，"开展特色鲜明、吸引力强的主题教育活动"。[2]这为新时期大学生思想政治教育指明了方向，在新时代大学生的思想政治教育中同样要继续坚持和完善这一有效形式。但在活动实际开展过程中，在多种因素的影响下，主题教育活动的实际效果不佳，如何更好地发挥主题教育活动的思想政治教育功能，是亟待解决的问题。

---

① 陈立平（1997—），女，安徽马鞍山人，华中师范大学2023届硕士研究生，主要研究方向为思想政治教育理论与实践。
叶得（1998—），男，湖北黄石人，华中师范大学2023届硕士研究生，主要研究方向为思想政治教育理论与实践。

一、大学生主题教育活动的思想政治教育功能剖析

大学生思想政治教育与大学生主题教育是一种从属关系,是一般与特殊的关系。主题教育活动具有针对性强、灵活性高、实践性突出等特点,是对大学生进行思想政治教育的重要手段,其中包括理论学习式、专题讨论式、专题报告式和活动体验式等一系列形式的主题教育活动,蕴含着强大的思想政治教育功能。

第一,主题教育活动引导大学生的价值观念。恰当的主题教育活动能够引导学生的价值取向朝着正确的方向发展,发挥着思想政治教育的导向功能。思想政治教育的导向功能,就是根据国家和社会发展的要求,通过明确社会发展和个人的目标,引导受教育者的思想意识和社会行为符合社会发展要求。正确的导向是思想政治教育成功的关键。顾名思义,主题教育活动通常都有着鲜明的教育目标,以活动主题统摄活动过程。也就是说,主题教育活动意在通过一个个"小切口"向参与其中的大学生传递"大道理"。如各大高校每年都会举办的学雷锋活动,大学生在学习雷锋同志的先进事迹以及在做好事的行动中逐渐树立正确的价值观念,确立为人民服务、为社会奉献的理想信念。当前新冠肺炎疫情防控进入常态化,就更要发挥主题教育活动的导向功能。思想政治教育的导向功能如同串起珍珠的丝线,在方向上决定和影响着各种具体措施的制定、落实和实施。[3]学校开展关于疫情的主题教育活动的过程也是不断使大学生重视疫情防控工作的过程,从而引导大学生积极配合疫情相关政策和规定,更好地聚人心、暖人心,保障校园环境的和谐稳定。

第二,主题教育活动激发大学生的创新思维。主题教育活动在增长学生知识、锤炼学生才干、丰富学生的情感的同时,在一定程度上也发挥了思想政治教育的激励功能。激励就是激发与鼓励,即通过利用一定手段来刺激和诱发思想、愿望和行为的形成。思想政治教育的激励功能就是充分运用多种手段调动学生的积极性、主动性和创造性,促使学生为中国特色社会主义事业发挥出强大的精神动力。丰富的主题教育活动,不仅能够增长学生的知识,更为重要的是它能够激发大学生的创新潜能、创造灵感,使大学生能够以饱满的精神状态、奋发向上的斗志投入创新活动,从而提升自身的创新素质和创新能力。当前高校的第一课堂更强调按照教学要求进行理论的讲述,大学生常常难以在自由的氛围中激发和提升其创造力。创新意识是创新行为的

先导,而富有参与性、互动性的主题教育活动,能够营造出生动活泼的教育氛围,从而激发大学生推崇创新、追求创新、以创新为荣的观念,激发其无限的创新潜力。

第三,主题教育活动促进大学生的全面发展。传统的思想政治教育活动在培养人的过程中往往只关注到学生局部或某几个方面的发展,缺乏整体大局的视角,在一定程度上忽视了学生的体力智力、社会关系、个性等各方面的全面发展。而主题教育活动更加强调学生的实践性、参与性,在活动参与过程中学生的个性能够得以展现、人际关系得以拓展。这就要求我们从多角度开展主题教育活动,从而发挥其全面育人的功能。尤其在新时代背景下,党和国家事业的发展急需优秀人才,急需高质量的教育。这比以往任何时候都更为迫切。党的十九大报告中指出:"要全面贯彻党的教育方针,落实立德树人根本任务,发展素质教育,推进教育公平,培养德智体美全面发展的社会主义建设者和接班人。"[4]而主题教育活动就是实现人的全面发展的重要途径,是培养德智体美全面发展的时代新人的重要手段。

二、大学生主题教育活动的思想政治教育功能发挥的限制因素

当前主题教育活动在高校受到了较高重视,它丰富了大学生思想政治教育的形式,发挥着重要的思想政治教育功能。但在主题教育活动开展的实际过程中,其思想政治教育功能的发挥也受到了很多因素的限制。因此,我们必须认真分析和总结影响大学生主题教育活动功能发挥的诸多因素,以便对症下药,强化大学生主题教育活动的效果。

第一,社会不良风气的冲击。人的思想的形成和发展会受到外界环境的影响。大学生正处于人生成长的关键时期,很容易受到社会不良风气的影响而产生价值观偏离的问题。改革开放后,我国市场经济快速发展,但同时也不可避免地带来了一些负面影响,如社会交往趋利化和功利化、金钱至上等不良风气泛滥。而今,社会思想文化呈现出多样化发展的趋势。在这个信息爆炸的时代,大学生接收信息的渠道越来越多、速度越来越快,时刻都会受到外界环境的影响。在网络时代,互联网成为西方文化渗透的重要工具和载体。而大学生作为使用互联网的主力军,极易受到网络上信息的影响,互联网环境对大学生价值观的塑造具有重要影响。这些都对主题教育活动提出了极大的挑战,主题教育活动的思想政治教育功能的发挥会受到这些因素的

影响甚至被淡化。

第二,思政工作队伍的不足。一方面,开展主题教育活动的教育者素质不高,对活动主题理解不够深入,对学生引导不够重视,阻碍了主题教育活动思想政治教育功能的发挥。要真正发挥主题教育活动的思想政治教育功能,达到塑造人的灵魂的目标,需要高素质的思想政治教育工作者。然而就思想政治教育工作队伍的现状来说,很多人缺乏深厚理论基础知识的支撑,理论功底不足,在开展主题教育活动的过程中就很难让学生信服而做到内化于心、外化于行。古人讲:"身不先,则不信。"很多教育者言行不一,即不能够做到言传身教,自己都无法践行自己在开展主题教育活动时所表达的思想观点,学生自然不能够将这些思想观念贯彻到现实生活中去,思想政治教育功能不仅不能发挥出好的效果,反而会适得其反。另一方面,许多主题教育活动的内容和手段是落后的。其所承载的思想政治教育内容不能够与时俱进,脱离了现实。这些针对性、时效性不足的主题教育活动起不到育人作用,严重阻碍了思想政治教育功能的发挥。部分思政工作人员采用的手段不够新颖,例如在疫情期间必要的时候不擅长使用网络开展网上主题教育活动而导致思想政治教育功能难以发挥。

第三,学生逆反心理的影响。社会心理学认为逆反心理是一种特殊的反对态度,是受教育者态度的基础,它会支配大学生的行为和选择。大学生面对新的教育信息时会产生新的情绪感受,如果产生不良情绪并且这种情绪不能够有效地被化解,逆反心理就会转化为一种逆反行为,使大学生去抵制思想政治教育的信息的传递。一是大学生对教育者本身具有怀疑和反感等负面的情绪,这样的消极感受会使大学生漠视、抵抗教育者在开展主题教育活动时所传递的思想政治教育信息。二是教育者忽视了大学生的主体性。大学生的自我表达欲望很强烈,具有高度的自我意识,渴望被理解和认可。当他们自身的思维模式被外界打破时,就会产生逆反心理,而在这种情况下,如果教育者在进行主题教育活动时不重视大学生的主体地位,学生就可能会与教育者唱反调。三是教育者在开展主题教育活动时设置的目标和任务不契合大学生的需求,使得大学生兴趣不足,甚至采取敬而远之的态度。主题教育活动存在的这些问题都会影响到其思想政治教育功能的发挥。

三、大学生主题教育活动思想政治教育功能发挥的路径

由于存在诸多影响大学生主题教育活动思想政治教育功能发挥的限制性因素,探索如何更好发挥大学生主题教育活动思想政治教育功能的路径就成为重点关切的问题。针对上述出现的问题,应当从主题活动初心、思政工作队伍以及学生参与意识这三个方面对症下药。

第一,牢固主题教育活动的初心。高校开展主题教育活动有助于加强大学生思想政治教育,促进大学生全面发展。在开展主题教育活动中,要将开展主题教育活动的初心一以贯之。一是在开展主题教育活动时要坚持马克思主义理论的指导。主题教育活动作为发挥思想政治教育功能的重要载体,要坚持以马克思主义为指导的原则,用科学的观点指导学生,教育者不仅要向大学生传输理论知识,同时更要强调实践的作用,在活动中坚持实践,在活动中引导学生全面发展,实现育人功能。二是要提高学生分辨是非的能力。在纷繁复杂的思想政治教育环境中,部分大学生由于缺乏足够的认识能力、分辨能力与理解能力,无法清醒地识别与选择有用的信息,在各种不良社会风气的冲击下容易迷失方向,导致价值观混乱,迈入认知误区。作为教育者,要在开展主题教育活动中注意培养学生对各种文化思想的分辨能力;作为大学生,要客观理性地对待外界环境所传递信息,要积极主动地融入到主题教育活动所营造的正能量氛围中去,在潜移默化中得到熏陶,提升自己的修养,进而全面提升综合素质。

第二,强化思政工作队伍的建设。要发挥主题教育活动的思想政治教育功能,这就要求思政工作队伍本身要具有较高的能力和素质。一是思政工作队伍中的教育者要提高与大学生进行沟通、交往的能力。人与人之间的关系会在交往中密切起来,有效的沟通有助于教育者和大学生之间良好关系的形成。针对大学生成长的环境和特点,思政工作也要与时俱进,教育者在开展主题教育活动时要善于构建新型话语体系,强化与大学生的沟通交流,拉近与学生的距离,从而促进思想政治教育功能更好地发挥。二是思政工作队伍内部要加强学习交流以及监督的力度。在开展主题教育活动前,思政工作队伍内部就要对其活动内容进行审查,同时在开展过程中也要加强监督,从而避免主题教育活动不符合主流价值观的现象的出现。一方面教育者要想进一步发挥主题教育活动的思想政治教育功能,就要强化意识,树立科学的思维,提高思想政治教育工作水平。主题教育活动的开展一定要体现科学性,

在此基础上不断丰富主题教育活动的内容,从而激起大学生参与主题教育活动的兴趣,提高其参与的积极性。另一方面,教育者要不断丰富知识,提升素质。在开展主题教育活动时,大学生能够从教育者身上获得最直观的感受,教育者的整体形象对于主题教育活动思想政治教育功能的发挥起着至关重要的作用,因此思政工作队伍要对组成人员严格要求,加强学习力度,从而推动教育者不断提高自身素质。

第三,提高学生自我参与的意识。主题教育活动面向的是大学生,因此在开展主题教育活动的过程中一定要重视大学生的参与。一是主题教育活动的开展要坚持以人为本的原则,对人的尊严和价值予以肯定。教育者对学生重视度不够会挫伤学生的积极性。要想很好地发挥主题教育活动的思想政治教育功能,教育者在开展主题教育活动时就要充分地尊重大学生的主体地位,认同并激发教育对象的主体性,引导、鼓励学生的发展,尊重不同学生之间的差异,鼓励学生创造性思维的发散,推动主题教育活动贴近学生生活实际,切实解决大学生的实际问题。二是大学生自身也要提高自我参与的意识,明确自己的主体地位,积极主动地参与到主题教育活动中去。同时,大学生们在参与活动的过程中要自主地激发创新思维,尽情地发挥想象力与创造力,提升自己的思想境界与认识深度。只有更多的大学生乐意并积极地参与到主题教育活动中来,才能更好地发挥其思想政治教育的功能。

注释

[1] 沈壮海.大学生主题教育[M].北京:高等教育出版社,2016:1.

[2] 教育部思想政治工作司.加强和改进大学生思想政治教育重要文献选编(1978—2014)[M].北京:知识产权出版社,2015:267.

[3] 陶鑫杰,路丙辉.论思想政治教育导向功能发挥的现实困境及应对策略——基于国内抗"疫"取得基本胜利的新阶段[J].西安建筑科技大学学报(社会科学版),2020(4):6—12.

[4] 习近平.习近平谈治国理政(第三卷)[M].北京:外文出版社,2020:36.

新时代青年理想信念教育有效路径优化探究

罗啊飞　李　涛[①]

摘要：理想信念是正确的人生方向、不竭的精神动力。习近平总书记指出："一个国家，一个民族，要同心同德迈向前进，必须有共同的理想信念作支撑。"[1]可见，对新时代青年学生进行理想信念教育是社会、国家发展的需要。当前，新时代青年理想信念教育存在教育内容空泛、理论与实际相脱离，教育手段单一等问题。丰富教学内容，有针对性地进行青年理想信念教育；创新教育方法，丰富适宜青年理想信念教育的教学方式，是优化新时代青年理想信念教育的有效路径。

关键词：新时代；青年；理想信念教育；路径

马克思、恩格斯曾指出："代替那存在着阶级和阶级对立的资产阶级旧社会的，将是这样一个联合体，在那里，每个人的自由发展是一切人的自由发展的条件。"[2]可见"每个人的自由发展是一切人的自由发展的条件"是马克思、恩格斯基于对人在社会中发展的思考，用来反对资产阶级，要"代替那存在着阶级和阶级对立的资产阶级旧社会"，同时又为无产阶级确立了的新的使命和崇高的奋斗目标。无产阶级"实现共产主义，解放全人类"的崇高理想，使得无产阶级政党的一切运动都是围绕为广大人民群众谋利益的伟大运动，这本身也就赋予了无产阶级运动的崇高性。正如马克思、恩格斯所说："过去的一切运动都是少数人的，或者为少数人谋利益的运动。无产阶级的运动是绝大多数人的，为绝大多数人谋利益的独立的运动。"[3]这一崇高理想就像"真理"一样，一旦确立就不能被推翻，这就要求广大无产阶级者要具有坚定崇高的理想信念，要求无产阶级政党要进行常态化不间断的理想信念教育活动。习近平总书记在《决胜全面建成小康社会　夺取新时代中国特色社会主义伟大胜利》中指出"青年兴则国家兴，青年强则国家强。青年一代有理想、有本领、有担当，国家就有前途，民族就有希望。"[4]可见，青年是国家的未来、民族

---

①罗啊飞（1992—），男，贵州铜仁人，遵义市中共凤冈县委党校助教，研究方向为思想政治教育、理想信念教育等。
李涛（1993—），男，四川德阳人，德阳市博雅明德高级中学教师，研究方向为思想政治教育、中学德育等。

的希望、社会主义的接班人,这势必要求我们国家和社会,特别是教育工作者要肩负起对广大青年进行理想信念教育活动的责任,要用合乎新时代新发展、新要求的,科学有效的教育方法手段对广大青年进行引导,进行教育,使其树立坚定的马克思主义理想信念,肩负起中华民族伟大复兴的中国梦,做合格的共产主义接班人。

一、新时代青年理想信念教育的内涵

中国特色社会主义进入了新时代,这给中国政治、经济、文化、政治、生态文明等方面的建设都带来了欣欣向荣的大好态势。但同时,随着不断的发展,经济全球化、政治多极化、文化多元化以及信息多样化也给我国青年树立正确的世界观、人生观、价值观产生了较大的冲击,这尤其体现在对青年的理想信念教育上。新时代青年理想信念教育的内涵又将面临新的变化。

(一)新时代青年理想教育与信念教育相统一

"理想"一词在现代汉语词典中被解释为"对未来事物的想象或希望(多指有根据的、合理的,跟空想、幻想不同)"[5],而"信念"则被解释为"自己认为可以确信的看法"[6]。理想信念是理想与信念结合在一起的表达方式,意指对未来事物的追求,并且认为自己很确信,即有根据地追求可以实现的美好事物。其中包含将对美好事物的追求和向往转化为自身的内在动力的含义,即坚信可以实现而自觉的能动行为。理想信念教育作为一种结合的表述,并不是简单地将理想教育与信念教育相加或结合,也并不是理想教育与信念教育的总和,而是超越了理想教育与信念教育的本身含义的一种表述。因此它具有更加全面,更加丰富,超越其本身含义的新的内涵。

(二)新时代青年理想信念教育理念与马克思主义教育思想相统一

新时代青年理想信念教育归根结底是关于人的教育,是关于社会主义接班人的教育。马克思曾指出:"人,作为人类历史的经常前提,也是人类历史的经常的产物和结果,而人只有作为自己本身的产物和结果才成为前提。"[7]说明了人具有形成信念的基础,人的信念是对客观现实的映射。只有对"人"进行符合人的学习规律的教育,才能将其自身的内在动力激发出来,形成信念。习近平总书记在同各界优秀青年代表座谈时强调:"广大青年一定要坚定理想信念。'功崇惟志,业广惟勤。'理想指引人生方向,信念决定事业成败。

没有理想信念,就会导致精神上'缺钙'。"[8]可见理想信念教育的重要性,它关系到青年个体乃至党和国家的发展。中国共产党作为马克思主义的执政党,对新时代青年理想信念教育始终是以马克思主义为指导思想,结合中国新时代的特点进行的理想信念教育,与马克思主义教育思想始终是存在统一关系的,并且是在继承马克思主义教育思想的基础上创造性地被提了出来。

(三)新时代青年理想信念教育目的与美好愿望相统一

新时代青年理想信念教育的目的是培养未来党和国家建设的合格人才,培养社会主义的接班人。而根据理想信念的本身含义,它包含了有根据地追求美好事物,确信可以实现的。可见,理解理想信念教育本身就包含了教育目标的设定与未来美好的愿望相统一,是具体的且能够实现的。

我们知道,国家和民族的发展不可能一蹴而就,需要我们新时代的青年坚定理想信念,将个人的理想与国家的发展结合起来,以实现个人的人生价值。

二、新时代青年理想信念教育的现状

中国特色社会主义进入了新时代,意味着对青年的理想信念教育的要求发生了转变。传统的青年理想信念教育已经无法满足高速发展的社会的需要,已经无法适应新时代青年的需求。当前阶段,新时代青年理想信念教育主要存在以下问题:

(一)新时代青年理想信念教育内容针对性不强

当前,新时代青年理想信念教育在内容上存在"空泛""理论不能联系实际"等问题。理论与实际是紧密相关的。理论来源于实际,同时理论又可以用于指导人们的实际生活和工作。任何脱离了实际的理论都不是一个好理论,任何实际离开理论都是不能成的。新时代的青年理想信念教育在内容上存在"从概念到概念""从大纲到大纲""从教材到教材"的这种"坐而论道","远离实际生活"的教育素材,既是对新时代青年理想信念教育的僵化,又是对新时代青年理想信念教育深入的阻碍。"空泛"的教育内容就像"空中楼阁",落不到青年学生这块"实地",自然而然,青年理想信念教育就不能适应新时代社会发展的需要。长此以往,这不仅不利于青年的发展,甚至严重阻碍了国家更好更快地发展,威胁到党和国家的安全。

(二)新时代青年理想信念教育手段单一

新时代青年是在科技、经济飞速发展的新环境里长大的,特别是在网络时代的高速发展下成长起来的青年更是自带"网络基因"。他们接收的信息更多元化,接触到的新鲜事物也更丰富。而在当前,青年理想信念教育存在教育方法单一,脱离的青年的实际生活的问题。教育工作者们未能根据青年的"网络化生存"状态,丰富理想信念教育手段,使得青年理想信念教育脱离了青年的生活实际,无法实现理想信念教育的目标。

三、新时代青年理想信念教育的有效路径优化

在新时代,我们需要用适合新时代青年特点和需求的方法与手段进行理想信念教育,这对青年树立坚定的理想信念具有重要的意义。结合新时代广大青年主体的特点,优化新时代青年理想信念教育的有效路径可以主要从以下几方面入手。

(一)丰富教学内容,有针对性地进行青年理想信念教育

当前,我国改革正处于攻坚期和深水区,青年在不断发展变革的社会环境中,面对国内不同的声音和西方各种错误的社会思潮冲击,他们的思想难免会受到影响。当代青年是社会中最为活跃的人群,他们极易受到外界环境的影响,如果不对其加以正确的引导和教育,他们就很难形成稳定的、适应时代发展需要的正确价值观。

因此,为了适应时代的发展和青年这样的特殊群体的发展,新时代青年理想信念教育应当要有针对性。教育者应当贴近青年生活实际,抓住青年的兴趣点,选取可信的、真实的、充满正能量的教学素材充当教学内容,如我们身边的榜样故事、红色故事等等。还要有针对性地选择适宜青年生理、心理发展规律的教育手段,将理论联系到青年的生活实际,用鲜活直白的语言,为其解疑答惑,使其能够更好地认识社会,认识世界,彻底解决他们思想上的问题,提高他们明辨是非的能力。这也对作为思想政治教育主要场所的学校,对我们铸魂育人的灵魂工程师提出了更高的要求。当前,新时代青年理想信念教育更应立足中国特色社会主义现代化的伟大实践,应结合青年学生的人生价值追求,进行有针对性的理想信念教育。

(二)创新教育方法,丰富适宜青年理想信念教育的手段

在网络飞速发展的大环境下,青年学生已彻底摆脱了传统媒介环境下的被动接受教育方式,他们主动从网络中获取大量的信息,在错综复杂的网络环境中有着各种铺天盖地的信息,青年学生往往难以辨别真假,这无形中对其价值观的形成造成了一定的影响。而今,青年学生是网络主力军,因此,学校应当及时抢占这块青年学生理想信念教育的网络主阵地。

就目前来看,学校对这块"主阵地"的理想信念教育覆盖面还较小,还存在较多盲区,因此,要创新理想信念教育的方法,不断拓展理想信念教育网络阵地,加强民族传统文化信息化的建设,瞄准当代青年学生的兴趣点,结合青年学生的现实生活,将理想信念教育的内容不断地融入到网络之中,并将其常态化,持续不断地对青年产生影响,扩大理想信念教育的覆盖面。这种结合网络信息技术,针对青年学生兴趣点,不断推进理想信念教育与网络的融合,以适应网络生态发展的创新教育方法,成为推动新时代青年理想教育的必然要求。

注释

[1]任平.筑牢民族复兴的精神支撑——坚定我们的制度自信[N].人民日报,2019-12-30(04).

[2]马克思恩格斯文集(第二卷)[M].北京:人民出版社,2009:53.

[3]马克思恩格斯文集(第二卷)[M].北京:人民出版社,2009:42.

[4]习近平:决胜全面建成小康社会 夺取新时代中国特色社会主义伟大胜利——在中国共产党第十九次全国代表大会上的报告[N].人民日报,2017-10-18(01).

[5]中国社会科学院语言研究所词典编辑室.现代汉语词典(第7版)[M].北京:商务印书馆,2016:800.

[6]中国社会科学院语言研究所词典编辑室.现代汉语词典(第7版)[M].北京:商务印书馆,2016:1461.

[7]马克思恩格斯全集(第二十六卷·第三册)[M].北京:人民出版社,1974:545.

[8]习近平.习近平谈治国理政(第一卷)[M].北京:外文出版社,2018:50.

[本文原载于《锋绘》2021年第3期,有改动]

加强高校共青团对继续教育青年大学生思想引领的对策研究

段雨吟　毕春伟[①]

摘要：《中国教育现代化2035》提出要建设高质量教育体系,总体实现教育现代化的目标,高校继续教育应承担服务高质量教育体系建设的基本责任,为构建服务全民终身学习、建设学习型社会贡献力量。高校共青团作为思想政治教育主阵地,应落实立德树人根本任务,遵循继续教育青年大学生成长发展规律,发挥思想引领的作用,落实全员全过程全方位育人,不断巩固和扩大党执政的青年群众基础,培养德智体美劳全面发展的社会主义合格建设者和可靠接班人。

关键词：高校共青团；继续教育；思想引领

一、高校继续教育青年大学生思想引领存在的主要问题

(一)网络思政教育仍需加强

自2000年国内高校兴起网络教育试点开始至今,高等学校继续教育已发展为传统的电大开放教育、函授夜大教育、网络教育、自学考试等四大办学类型[1],向内涵式转型升级发展道路迈进。继续教育学生大多选择线上教育学习,集中在校上课时间有限,人员较为分散,且很多学生属于"回炉"教育,在入校前已基本完成社会化,初步形成固有的价值观。新媒体发展给继续教育学生带来学习和工作便利的同时,对学生的负面影响不容忽视,网络媒体中不正确的价值导向容易引起学生价值取向的错位,导致社会舆论与校园文化建设出现矛盾冲突,使部分学生认知偏离、信仰缺失、理想迷茫。[2]以网络为平台的主要培养方式,客观上形成了继续教育青年大学生思想政治教育工作

[①] 段雨吟(1984—),女,重庆璧山人,重庆师范大学继续教育学院团总支书记、学工办主任,主要研究方向为高校党团建设、大学生思想政治教育。
毕春伟(1985—),男,内蒙古呼伦贝尔人,原共青团重庆市委高校部副部长,主要研究方向为共青团工作与大学生思想政治教育。

时效性不够、针对性不强、有效性不够的现实窘境。对此,学校作为培养主体,也很难拿出有效举措,更多的做法是要求学生提高网络素养,只要"没有舆情"就"鸣金收兵",而实际上兼具社会、校园双重身份的继续教育青年大学生网络素养仍需进一步提高。一旦出了问题,更多的是将学生归于"社会"身份进行处理。笔者认为,这也是"校园"网络思政教育功能发挥得不够。

(二)思政课程主渠道功能发挥不到位

当前,针对继续教育青年大学生的思想政治教育主要还是通过开设思政课程来进行,教育模式依然是利用灌输的方式,老师讲授、学生聆听。与普通高等教育不同的是,受学制和学分限制,继续教育思政课程体系以马克思主义基本原理等少量必修课为主,很少配套有形势政策课、通识课等,客观上造成了思想政治教育表面化、形式化、考试化、学分化等问题。[3]另外,相比高等学校全日制学生,继续教育学生基本是高考和中考的落榜生,自身存在学习能力不足、知识储备少、理想信念缺乏等特点,对获取文凭的功利心较强,大多数学生缺乏终身学习的学习动力和规划,再加上继续教育学生多在业余时间学习,干扰学习的因素多,学习条件较差,导致学习效果不好,思政课程在继续教育青年大学生中教育功能发挥还远远不够。

(三)共青团组织育人功能发挥不够

2017年,共青团中央和教育部联合印发的《关于加强和改进新形势下高校共青团思想政治工作的意见》中提到高校共青团在高校思想政治教育中的生力军作用,关系到高校为谁培养人和培养什么人的重要任务。在新形势下,高校继续教育思想政治教育要实现"以德为先,德育树人"的育人目标,应充分发挥共青团的教育、团结和联系学生的优势,为继续教育学生成长成才服务。当前,高校继续教育中共青团组织普遍存在基础薄弱以及人员分散、流动性大、年龄超龄等特点,团组织对继续教育学生的吸引力不够,活动开展难度较大,团组织的凝聚力不高,团组织的管理与服务很难延伸到团员。

二、加强高校共青团对继续教育青年大学生思想引领的对策

(一)巩固线上线下"阵地",创建服务引领型团支部

1.主抓线上阵地

依托微信公众号、抖音、微博等平台,打造团建网络宣传服务阵地,将团旗插上"网络翅膀",通过为继续教育青年大学生提供贴心服务开拓思想引领新路径。一是以党史学习教育为重点,加强网络交流,让团干部、学生党员、团员在学生群众中亮身份,真正地紧密联系群众同学,了解同学们的实际困难,特别要对特殊困难群体进行重点关注,如心理困难、就业困难、学业困难等的同学,开展一对一帮扶活动。这是党史学习教育的重点任务,也是办好"我为群众办实事"实践活动的重要体现。二是整合教务、食堂、宿舍、交通等校内服务部门信息,安排团学干部值班,为继续教育青年大学生解决实际困难,使其能够享受学校便捷服务。三是挖掘服务青年的优秀事迹和先进人物,树立团员榜样,开设"青年说"微课堂,塑造团员学生"名生"典型,在团员学生群体中产生积极的影响。四是抓好"青年大学习"活动,及时推送继续教育学院团支部的相关活动信息,实现学生团建思想理论学习便捷化、组织生活的常态化、互动交流实时化等。

2.筑牢线下阵地

习近平总书记在2021年"七一"讲话中指出,新时代的中国青年要以实现中华民族伟大复兴为己任。这需要团员青年的积极参与,继续教育青年大学生也是其中重要的建设者。立足新发展阶段,继续教育青年大学生也应积极贯彻新发展理念,构建新发展格局,投身创新创业、乡村振兴等中心大局工作,贡献青春力量。一是共青团应发挥组织优势,组织继续教育青年大学生结合自身学科专业特点和地方发展需求,建立区域性校地合作机制,形成具有特色的"123"社会实践服务体系。1指"1个目标",即知行合一。2指"2个方向",即公益实践服务、研学志愿服务。3指"3方联动",即建设学校、政府、企业三方联动机制。二是共青团应发挥凝聚青年的优势,联合教务处、学工部等部门,协同出台激励办法,选拔青年骨干教师指导、参与学生社会实践,鼓励支持继续教育青年大学生投身社会实践,通过三下乡、"扬帆计划"、"西部计划"、大学生返乡创业等形式,锻炼专业本领,积累实践经验。三是共青团应发挥服务青年的优势,吸引继续教育青年大学生入驻创业孵化基地。配

合教务处、招生就业处等部门制定实践能力培育文件,组织动员继续教育青年大学生参加"互联网+"、"挑战杯"等各级各类创新创业比赛,培育创业项目,为其提供创业政策咨询、创业资金支持、场地交通保障等服务,充分发挥继续教育青年大学生社会经历丰富和社会资源整合的优势,服务地方经济建设。

(二)打造思想引领"品牌",创建学习教育型团支部

1. 强化"青马工程"

"青马工程"聚焦增强政治素养、提升思想境界、优化能力结构、锤炼作风品格等方面,应将继续教育青年大学生骨干纳入培养体系,引导他们增强"四个意识"、坚定"四个自信"、做到"两个维护"。[4]一是突出理论学习,筑牢信仰"根基"。优化完善课程体系,坚持将马列主义经典原著、马克思主义基本原理作为基础课,将习近平新时代中国特色社会主义思想作为必修课,增强"青马学员"的政治意识。二是切实加强阵地建设,积极探索新的培养形式,广泛开展理论教学、师资培育、课程开发,规范化、系统化开展人才培养。三是深入开展理论研究,联合有关部门开展专项社科项目研究,在青年运动与共青团历史、青年工作、共青团工作和共青团改革等方面的研究上多出成果。

2. 深化主题团日活动

高校共青团应"以学生为中心",注重因材施教,结合青年团员的思想关注点,紧跟时代发展脉搏,开展形式多样的主题团日活动,达到在活动中吸引团结广大青年,起到让广大青年增长才干、教育与自我教育的作用。继续教育主题团日线下活动的开展难度大。因此,结合继续教育团员青年的实际情况,线下可以把握新生入学、毕业论文答辩等重要时间节点,开展继续教育团员青年仪式感教育,加强继续教育团员青年理想信念教育,线上则以主题研讨、微团课等活动形式开展主题学习。主题团日活动还可以与实地调研相结合,组织团员青年前往革命遗址,追寻革命伟人的足迹,对团员青年进行深入的爱国主义教育,激励团员青年铭记历史,奋勇前进。

3. 推进"第二课堂成绩单"制度

在高校推行"第二课堂成绩单"制度,是推动高校共青团深化改革,切实发挥共青团服务高校立德树人根本任务和人才培养中心工作的重要举措。一是将继续教育学院纳入专设机构,共同推进第二课堂建设工作。二是设置必修学分,纳入继续教育人才培养方案。三是设置经费保障,鼓励专任教师及团学干部积极参与第二课堂课程建设。四是建设网络平台,促进工作提质增效,研发App,运用"到梦空间"平台开展第二课堂活动,将继续教育青年大学生原有的碎片化时间和单一型的服务项目有机结合起来,打造继续教育人才培养的有效载体。

(三)建立组织管理"机制",创建改革创新型团支部

1. 党建带团建

构建党建带团建机制是共青团加强自身建设必须坚持的一条重要经验。[5]一是加强思想建设工作。深入学习贯彻党的十九大精神和习近平新时代中国特色社会主义思想,通过读书分享会、"学习强国"平台学习、学生理论宣讲团等形式,深入开展《习近平总书记教育重要论述讲义》等理论学习,教育引导继续教育青年大学生以马克思主义中国化的最新理论成果武装头脑,增强团员青年意识,引导他们树立正确的三观,永远紧跟党走,牢固树立远大的共产主义理想。二是做好推优入党工作。在高校继续教育学院建立"学院党委—党支部—团支部"三层培养体系,学院党委常态化坚持对团员进行党的基本知识、党的光荣历史和优良传统教育,引导团员加深对党的认识,把加入党组织作为自己更高的政治追求。团支部协助党支部对团员中的入党积极分子进行培养、考察,并将考察情况及时汇报。对经考察已具备条件的积极分子,以团支部为单位,执行"推优"程序,按党组织要求进行推荐。

2. 深化共青团改革

在新形势下,高校继续教育学院共青团应该主动参与高校共青团深化改革,将校园文化建设、基层团组织建设、团干部队伍建设三个方面作为着力重点。一是创新激发活力,文化润育更加细腻。通过指导教师指导、学生广泛参与,以文艺作品、文化活动以及文创产品为载体和输出形式,以优秀的文艺作品滋养涵育学生心灵,以丰富的文化活动充分发挥以文育人、以文化人的作用,以创新的文创产品提升学生审美能力和创新创造能力。二是创新工作机制,加强活力支部建设。实时掌握继续教育青年大学生的思想变化,深入了解学生沟通交流的新方式,集聚团员青年做好组织建设创新,积极探索新型团组织设置,如团组织设在宿舍、社团、网络等形式,让团组织遍布于团员青年群体中。三是创新教育形式,提升团干部队伍素养。高校共青团干部是推动高校共青团工作的基本力量[6],应努力提升团干部的专业素养,打造"学生味"浓的精品团课,邀请专家教授进驻支部指导团学研究,选拔优秀的团干

部参加校级、省级、国家级培训,拓展团干部的配备选拔渠道,建立完善的考核机制,让团干部更好地服务青年,带领青年,从而实现团组织建设有提升、团支部活动有影响、团支部成员有成长。

三、结语

高校共青团是高校思想政治教育的重要阵地,发挥着引领青年、凝聚青年、服务青年的重要作用。继续教育青年大学生是高校青年群体中的重要组成部分,做好这部分学生的思想引领是顺应教育现代化建设发展的战略需要,应发挥高校共青团在继续教育中的思想引领优势,提升继续教育青年大学生的思想政治教育效力,不断巩固和扩大党执政的青年群众基础,为党和国家培养德智体美劳全面发展的社会主义合格建设者和可靠接班人。

注释

[1]孙斓.高等学历继续教育发展的困境与改革策略研究[J].当代继续教育,2021(220):11—15.

[2]刘秀贤,刘建龙.继续教育院校网络素养教育与思政教育相融合的策略研究[J].现代职业教育,2021(35):12—13.

[3]高治军.普通高等院校成人教育推行课程思政探索性实践——以公共关系课程为例[J].人力资源,2018(8):96—99.

[4]栾宇航.新形势下高校共青团如何做好思想引领工作[J].现代交际,2020(8):145—146.

[5]孙利华.新形势下高校共青团工作的创新性问题研究[J].山东省青年管理干部学院学报,2009(4):41—42.

[6]李悦.浅谈高校共青团工作存在的问题及工作思路[J].赤峰学院学报(自然科学版),2011(3):231—232.

[本文原载于《教育》2022年2月刊,有改动]